U0896972

# 不疾不徐

## ——一位高考生的母亲手记

贾雪萍 著

中国铁道出版社

2017年·北 京

**图书在版编目(CIP)数据**

不疾不徐:一位高考生的母亲手记/贾雪萍著. —北京:
中国铁道出版社,2017.11

ISBN 978-7-113-23864-3

Ⅰ. ①不… Ⅱ. ①贾… Ⅲ. ①高中生—家庭教育
Ⅳ. ①G782

中国版本图书馆 CIP 数据核字(2017)第 237839 号

**书　　名**:不疾不徐——一位高考生的母亲手记
**作　　者**:贾雪萍　著

---

**责任编辑**:朱景芳　　　**编辑部电话**:010-51873407
**封面设计**:傅嘉仪
**责任校对**:王　杰
**责任印制**:高春晓

---

**出版发行**:中国铁道出版社(100054,北京市西城区右安门西街 8 号)
**网　　址**:http://www.tdpress.com
**印　　刷**:中煤(北京)印务有限公司
**版　　次**:2017 年 11 月第 1 版　　2017 年 11 月第 1 次印刷
**开　　本**:700 mm×1 000 mm　1/16　**印张**:21.5　**字数**:300 千
**书　　号**:ISBN 978-7-113-23864-3
**定　　价**:45.00 元

---

# 目　录

# 做一个有温度的人

## ——这样一个田心女子

她生于田心，长于田心，是一个内心波澜壮阔，做事风起云涌的人，她喜欢将她认定的事情做到“极致”。她是一位田心女子。

与她初次见面，在大连；去年，在田心，二次见面后，我们联手出版了《动力株机　多彩田心》。

对她有感，只因她是一个生活的忠实记录者。本书是她女儿嘉高考那年，专属的额外收获。

### （一）

2011 年，得知数理化成绩尚好的嘉决意画画，选择文科走艺考之路时，她第一反应是同意并全力支持。她深知，热爱是最好的老师。她写道："艺术较其他行业，应保有更多浪漫的情绪。纯个人体验，才易出彩，去与飞扬、创意、玄幻、不可思议相联通。我希望从艺的嘉，穿越世俗，力所能及地自我保护，活得纯粹一点。做人格独立、精神自由的人。"

接下来的日子可想而知，同中国大多数有孩子的家庭一样，父母无微不至，全力以赴给予参加高考的孩子生活上的照顾。艺考生身背专业课和文化课的双重重担，难上加难，先要通过专业考试才能进入文化课的学习。于是，孩子和家长，进入了口碑良好的美术专业考试培训机构学习美术知识。孩子的目的是先要通过专业考试，拿到资格合格证书。她的目的本为辅助孩子高考，做好后勤工作，一年下来，文字累积，有了《不疾不徐》。

她是这样解释书名《不疾不徐》的："人生道路很长，做想做的事，不跟别人去比，每一步走稳走好就是了。"

全书，她以手记的形式，以日为经，事为纬，结绳记事般记录了女儿2011年下半年到2012年初在艺考途中，母亲行走在长沙与田心之间的平凡小事，从一个侧面记述了一位普通母亲面临女儿高考的心路历程。书中两条线，一条线是写女儿，一条线是写母亲。学习考试，一次联考、七次校考，每次的备考、上考场、等待成绩出结果……

一边是淡定从容地应考，一边是焦虑多思的伴考。时间与耐心，无时无刻的自省和自我成长。60后的妈，90后的娃，横亘了30年的时光，两代人不同的生活方式和理念，数月牵肠挂肚的日日夜夜，从最初的不适应，到最终地有点喜欢和不舍。期间有蓝天白云，有阴天下雨，更多的是风和日丽，教育就是这样，三分教，七分等。"生活中有遗憾、有无奈、有不平，不良情绪在心定后删除。最终，人从事件中走了出来，走进大千世界，又一种美，绽放。"

书中，我读出了母亲满满的爱，以她独特的温度，温暖体贴着宝贝女儿，并从女儿身上求得了安慰、乐活、力量。

女儿选择了“远方”，“远方”除了遥远和寒冷可能什么也没有，那里需要坚强和创造，需要耐力和持之以恒的学习动力。需要延续和践行自己最初选择专业的激情和诗意，你可以完全按照自己的心愿来，生活是自己的，不用活出别人的希望，因为你不仅是母亲的女儿，而首先是你自己。

凡是金贵的东西总是慢慢生长的，只需自由和足够的信任足矣。文字中我们可喜地看到了女儿的成长，母亲把最好的品质遗传给了孩子，不气馁，有召唤，爱自由。随着考期的接近，女儿养成了好性情，积极乐观的心态，助人利他，精深的专业素养……

成长不就是这样吗？不疾不徐，渐渐平和、温柔、克制、朴素，不怨不问不记，于安静中慢慢体会生命的盛大，“港湾”的温度，成长就是时刻能感受到幸福。在这场高考中，女儿努力、坚强、抗压地坚持了；那个不羁、俏皮、浪漫的妈妈欣慰了，通过通勤伴考朝夕相处，两代人一起成长。

情已不知所起，而一往情深。表面潇洒内心细腻的这位田心女子，通过柔软的文字，将“高考”所带来的细碎记忆和累积起来的情绪，小到不足以叙写，依旧深情地记述，充盈着她寻常的日子。多年后触摸：温度还在。

## （二）

这位田心女子，既是一个与时俱进、懂得尊重、能够反思的母亲，同时也是一个长于学习、脚踏实地、能够成事的职业女性。她感悟于心、倾力于行的精神特质感染了许多的人。

在女儿大学期间，基于工作的特质，她寻思出了工作和人生新的方向。2013 年底提出打造一间书吧的概念，2014 年将动议提交职代会，2015 设计规划装修，同年 11 月，“读读书吧”横空出世。

没有人知道这期间她经历了什么，支持？迷惑？反对？耻笑？赞同……喜怒哀乐，冷暖自知。“生活需要慢下来，需要一个场所，让普通员工在书吧这样一个舒适安静的环境里待着，哪怕不是为看书而来，至少有了一次给员工培养阅读习惯的机会。”秉持着这样的初心，点滴记录下书吧从无到有的全过程，以致于，当书吧成为田心的文化高地的时候，她又收获了个人志之十《余勇可贾》。

年与时驰，志于日去。读读书吧现已存在一年又九月，渐渐成为田心人的精神地标，书吧的经营也走向正轨。2015 年 11 月 9 日至 2017 年 7 月底，阅读人数 100420 次。已出读读书吧独立专刊 19 期，专题板报 32 期，专题阅读活动截至 2016 年底 17 次，今年，“读读书吧”特色阅读活动《娓娓道来》已进行了 7 期。8 月，9 月，除一期笔者交流会之外，还将进行两场《娓娓道来》……日前，她的下一站地标：社区书店，正在启航。

尼采言：每一个不曾起舞的日子都是对生命的辜负。

她通俗表达：生命不息，“起舞”不止。

**罗桂英**

2017 年 8 月

# 水到渠成

女儿16岁时，教了我一个词——同人。

那是2010年。心血来潮，想将自己即兴书写的文字汇集成册。问女儿，有我这样自己给自己出书的人吗。女儿说，多啊，同人志。

于是效仿，开启了同人步伐。

自此一发不可收。

脚步平缓，不曾刻意，边写边捋，走出了一条一年两集的“轨迹”。2010年至2017年上半年，十三本个人志，两百多万字。

厚厚的书稿，放在书架上，常会迷惑于她们从何而来。可每当驻足翻看，一行行文字，帮我回溯了生命历程时，对自己褒奖有嘉。

周围会有人说，正规出版吧。

没兴趣，自娱自乐的事儿。如扩展，累得慌不算，或还会带来不适。

2015年11月，一间名叫“读读书吧”的四百余平方米的小书吧，在公司正门口落户。她是除了文字以外，我精心培养的“另一个孩子”。因为她，我的思维渐渐转变。

2016年，公司八十周年庆，读读书吧和公司的一群文学青年，联合中国铁道出版社，编辑出版了《动力株机 多彩田心》。由此，我与出版社结缘。

基于读读书吧的体验，也为给自己退休后找一处安静场所，萌生了开一家社区书店的想法，现正付诸实施。

社区书店，如何定位，思考进行中。中国铁道出版社罗姐抛来橄榄枝：想出书吗？

可以的。试一试。

那就从个人志之四《不疾不徐》开始吧。

2017 年 7 月 26 日

# 找自己

## （一）

便河边，我常常驻足。

一个连长沙人都很少知道的地名，通勤的三个月，天天与之擦肩。

营盘路与芙蓉路的十字路口，东北角，叫便河边，长沙古护城河故址，界碑立于此。界碑南面刻着便河边的历史，北面刻着便河边人文风情，标明长沙老城区便河边方位。时事变迁，古老的便河边早已不复存在，代之而起的是营盘路、芙蓉路、体育路，只留下一个叫便河边的社区。

界碑一侧，是长沙建鸿达现代城，毗邻湖南省新闻出版大厦；正前方，隔着营盘路是长沙南方明珠国际大酒店，酒店身后连接长沙市一中（嘉的学校）；界碑右面隔着芙蓉路是湖南财富大厦，一楼是长沙最新最潮最酷的酒吧（D1-CLUB）；界碑斜对面，运达喜来登，长沙奢侈品中心美运达坐落于喜来登裙楼。

三个月里，在阴雨绵绵，夕阳西下的日子里，我回陶玻家前所做的必修课，就是站在界碑处，面向十字路口，静然地看着交警指挥交通。

闪过眼前的，是年轻帅气的交警、穿校服的学生、推车叫卖的小贩、正装的公司职员、社区内的大叔大婶、以及穿梭在开福区著名 CBD 区间的高富帅、白富美们……

看乏了，离嘉下晚自习还有些时间，我便从芙蓉路，绕道体育路、东风路、营盘路回家，或者进入烈士公园西便门，从烈士公园南门折返回家。

荧光闪耀的世界，有没有人知道我的存在？动态的现实，我个体处于一种怎样的状态？

繁华省会与宁静田心，有什么不同？陶玻家与民主村的家区别何在？为什么选择通勤？是不是非如此不可？两个角度，不同的侧重点，能做到高度和谐统一，不致扭曲吗？

每个问题，无是无非。左右摇摆。

## （二）

人在这世界上，千万别指着为别人而活的由头行事。实际上，颠来倒去，一切都是为了自己。就像我，初始动机，表象是打着为嘉服务的旗帜——跑通勤。事实上，我的这个宝贝，你无论把她丢在哪儿，她都会坚守不偏不倚的原则，从容地度过属于她的日日夜夜。倒是我自己，如果不找通勤的理由陪嘉，置身于田心家中，会夜夜在猜疑中度过。

为了让自己安心睡眠，减低强迫症所带来的不适，通勤成为唯一。

几个月长沙株洲间往来，改变了我生活节奏，挑战了我固有的生活模式。从不适应、到接受、再到喜欢，在打破既有框架后，发现了另一个坚定的、从容的自己。

我与嘉穿过芙蓉路，上营盘路，看着烈日下指挥交通的交警，帽檐下一张张稚嫩的脸，我说："同学，他们也是公务员唉，如此年轻，为了我们的安全干这种可以看到头的工作，即使他们有机会升迁，也只是转为管理岗位，轻松一些罢了。"

"你的工作不也是一眼望得到头吗？"嘉不动声色地回答。

是啊，如果工作之余，再插科打诨，那日子不一下就看到了头吗？所谓生活的意义，真实存在吗？长期生活在一个相对狭小的圈子里，人很容易太过自我，放大优势或劣势，遇芝麻大的事儿，会导致情绪大幅度反转；而置身于一个相对大的环境，就像我在十字路口或在快巴上，个体极为渺小，无人知你，你的喜怒只有自知。当他人毫无兴趣猎奇你的时候，你自然会调整，将自己缩微（档案专用词），遇事平和，淡然处之。因为这时，你没有依靠。

去陶玻，对我而言，是一个求新求变的机会，换一种活法，挑战适应能力，让人生的过程尽可能参差百态。一日吃自助餐时，受邻桌一家三口的感染，我与嘉谈到了父爱与母爱，嘉说有人曾这样形容过父母之爱：母爱是无条件的爱，父爱是有原则的爱。

母亲节，嘉文综测试，虽然心情不好，她依然记得买了一支康乃馨送我。

通勤时，终于，我将爱回馈家人。十字路口，我总喜欢想入非非；可一旦行进在路上，我却无比顽强与执着，个体存在感大大增强。

以前，天天吃在父母家，嘉和嘉爸都不用管，清静无聊，还徒生烦恼，心思全花在无谓的事情上，导致失心，毫无自我，白发频生，焦躁难耐。

通勤三个月，开启双脚，大步“度量”长沙。陶玻家方园半小时商圈，变得通熟。光是家润多超市，除火车站的以外，我掰着手指算着就有：营盘路、东方路、蔡锷路和黄兴路四家分店，家家超市几乎都光顾过，为的是比较哪家的货品更新鲜。

购买食物方面，对我个人而言，喜欢就买，即买即吃。面包新语，泡芙，章鱼小丸子，笨拉拉，各色铁板烧，臭豆腐，朝日、蓝带、青岛啤酒，都成了我的“乐活新宠”。

青菜，选择有机蔬菜；酸奶，选卡士；水果和主食，尽量选知名品牌。母亲节前后，在某超市发现有新西兰奇异果，每去必买，除管够嘉以外，带回家给老妈吃，叮嘱她每天必吃一个。

通勤之初，以为的困难、障碍，在后期，全都化为念想，我甚至觉得堵车都是一种享受。在同样不可控的情况下，堵车比起天灾人祸，已是万幸。抱着这种心态，我越来越快乐。

和妹某次通话，她问我在哪，我说将去田心立交坐快巴，老妹说：“这是你人生最精彩的乐章，而且耐人寻味。”短短的几个月，我的感受是，其实快乐很简单，心灵很富饶——面对孩子的高考和家庭，我脚踏实地，自我激励。走过、路过、看过的每一瞬间，虽是平凡超越平凡。

## （三）

三个月里，除表象上受制于嘉的时间外，我处于解放与自由并存的状态，全然虑去一切羁绊。寻常日子里必须或不必要的应酬，消失在个体生活空间，只因有了“高考”这美妙的借口。

于是乎，一个不羁、俏皮、庸俗、猎奇、浪漫的中年女人，永远一身休闲装，不定时出现在长沙的大街小巷，走着、玩着、吃着、买着。

乐和城，《桃姐》《晚秋》《嫁个一百分男人》《冏蛋奇兵》《春桥与志明》《台北飘雪》《纽约行动》《超级战舰》《泰坦尼克号》《杀生》《黄金大劫案》《形影不离》《影子爱人》《复仇者联盟》《我 11》《醉后一夜》《神奇海盗团》《马达加斯加 3》等电影被我“一网打尽”。

对于电影，我愿看故事性强、幽默搞笑片，不太待见思想过于深刻的影片。从前电影看得较少，现在有时间上网去了解、反复琢磨，将影片掰开去解构，可以写下观后感。

这三个月，我在院线所看的电影，加起来比三年看得都多。嘉常问我在电影上花了多少钱，我只说，频繁看电影的主要目的是消磨时间。观影中，令我领悟出一种新感受：我为什么去解构电影，难道我生活的全部不足以支撑自己去品味？观影，就是与时间对博，别将自己弄得像影评人似的，毕竟，将观影后的想法集中，再有逻辑、连贯地去表达，非我强项。凡事都戴着有色眼镜，我不屑。喜欢看，笑笑，不喜欢看，也笑笑。

长沙株洲间往来，快巴上，遇见很多陌生人，他们为生计努力打拼，搞推销、订产品、忙考试、找工作，真实体味到了普通人生活的不易；田心立交下，我常遭遇被快巴司机捡上车的“潜规则”（正常情况下，应在车站买票，不可中途上车），似有同流合污的嫌疑，如此这般，经历着世俗社会不可或缺的阴暗，不是愤愤不平，而是正视自己内心某刻的不洁，依旧浪漫温存地向前，何尝不是一种境界？

5 月 12 日，周六，汶川地震四周年，老天“泪洒”大地，下了整整一天。我举步艰难地走向书店。陶玻至袁家岭的新华书店，常日慢行不过一刻钟，而暴雨情境下，走走停停，一个小时才进入书店。袁家岭新华书店比定王台新华书店（做团委工作时经常到此书店）体量小三分之一，在这儿，能找到我在团委工作时留下的“青春足印”。

一个书架，一个书架，慢慢看过去。手里，一本、一本，中意的书累积。

《窦文涛跟陈丹青聊天》，既非窦也非陈撰，而是根据二人在《锵锵三人行》中的聊天编著而成，基于对二人的喜欢，将书拿下；李海鹏《佛祖在一号线》，邓曾送我她亲自下载并打印的该书文集，此番买下，回赠邓；《我的非正常生活》，洪晃著，洪晃一出现在我视线中，我都会给予关注；蔡明《7 姿 16 式》，是唯一一本，根据封面选择的书，后翻看内容，挺值；《张艺谋的作业》，近期《南方周末》，周晓枫写的一篇关于张艺谋的文章，提及该书，作者方希是一位女性，定有独特视角；高晓松《如丧》，说来有趣，网上看见过高晓松在狱中翻译的马尔克斯的《昔年种柳》，文笔风趣、幽默，想目睹一下他自己为文的风采；《重点所在》，美国女作家苏珊·桑塔格著。

七本书，令身体负重，心儿却满心欢喜。还剩四周通勤的日子，这七本书，够我在一月内品读。

雨，一直在下。我支撑着小伞走路回家，嘴里哼着陶喆的《找自己》：

……

哗啦啦啦啦啦天在下雨
哗啦啦啦啦啦云在哭泣
哗啦啦啦啦啦滴入我的心
不用说我只会胡思乱想
不用跟我说我只会妄想
哗啦啦啦啦啦让我去淋雨
我只希望能再能够再一次回到那个美丽时光里
找自己

……

## （四）

“我们都是囚徒，需要靠变化来逃出牢房。”

某月某日，某书中读到它。让我想以《过客》为题，描写三个月通勤的内心变化。后来，渐渐适应了通勤的生活，将它变成常态。每日通勤生活落在了笔下，它们像流水账，有日常生活的乏味、琐碎、无聊，偶尔的愚昧、平庸、悲哀、无奈，我秉持认认真真的态度，尽可能保持平缓的心态，记录我与嘉相处的点滴。

记录，成为当时最乐意为之的事情。人的生命走到这个阶段，自然而然地不着色、不加料，原汁原味地写，好比去餐厅吃自助大餐。水果或蔬菜区，摆放着原材料和调味品，根据需要和爱好，自制水果沙拉和蔬菜沙拉，独享相同原料的不同搭配。

每日，从长沙火车站走回陶玻的路上，思想最活跃，连带出的想法，回到陶玻家，再怎么疲惫，都要进入片刻的宁静，展开与心灵的对话，将心得录入。以前发生的事，做过就忘记了，而这样的流水账，如同让我增加了一道生命的轨迹，一面走，一面留。

我以“大无畏的革命精神，个人英雄主义气概”成就本书。写作的过程常遭遇自我怀疑，不知道写作结果如何，但读过梭罗的《瓦尔登湖》、普鲁斯特的《追忆逝水年华》后，又看到雷蒙德·卡佛等人对记录性文学的肯定，我时刻提醒自己要坚持、再坚持。

日常的生活最难写，画鬼容易画人难。日日手落键盘就是一件难事，更何况是对自己进行回忆，让记忆为自己服务，盯着自己写，虽说少及其他，可其实自己就是“人群”的重要组成部分。因而，我时常告诫自己：记录。这个过程中，我发现，我更倾向于有规律的生活，不喜欢去探究未知。规律生活中的点滴，所透露的简单和快乐足够让我满足，乐此不疲。

写一样东西，必须处于事件漩涡，下笔才带劲。一旦抽身，置身事外，事中的那些想法，那些词语，会全然记不起来，好似什么都没发生。哪怕当初记录的是碎片，过一段时间，回头整理，慢慢再修葺，都是幸事。只有当下的自己，才是最能触到的真实。

文字的描写，一定是细节的描写，作为我本人，读自己写的片断，思绪会重返写作时的那一刻，会心一笑，何所求？很多人怕面对正在进行的事情本身，即使面对，也只谈好的，避重就轻，这是人的常态，但回避，意味着什么？

三个月行走的时间，不面对，就是否定，否定正在发生的事情，就是否定自己。这样的结果，只有一个：对自己越来越缺乏自信。对家庭责任越来越不愿担当，遇蛛丝般小坎，即会爆发全局性崩溃。

所见、所闻、所思、所想，牵扯出我在田心时全无落墨的多重故事，发现了自己作为独立个体的 N 种可能性。文字中有遗憾、有无奈、有不平，不良情绪在心定后梳理，最终，人从事件中走了出来。走进大千世界，又一种美，绽放。

2011—2012 年，一个小家的高考岁月，因文字，印下草蛇灰线。

2012 年 5 月 24 日

# 不疾不徐

## 引一

2012年2月9日，阴有小雨。

嘉在师大美术学院参加华中科技大学校考。我在考场附近，麓山南路一个家庭旅馆，花50元钱，租了钟点房，让嘉洗澡。在等待嘉洗澡时，开启电脑，记录我在旅馆中所看到的一切。

嘉出来后，看我记着，说："老妈，你又在写'浪漫艺考路'？"

我："你怎会觉得这艺考路浪漫呢？"

嘉："翔哥上次去画室看我时，在画室狂拍照，说了这样的话。"

## 引二

4月20日，一中高三年级组召开高考前家长会，嘉先我回到陶玻家。

会后，我一见嘉，开口："哎，同学，跟你讲，你知道我准备给第四本书起个什么名字？这个名字承前启后，与我前面的《日复一日》、《自说自话》一样，都用了叠字，且是借用了曾经教过你的老师形容你的成语。"

"哦，我知道。"嘉一下兴奋起来，"就是那个，那个。"她一时语塞。

"曾经用在你身上的，你们老师给你的评语。"我提示。

"我知道，我知道。"嘉说，"青竹湖的，初一一期。"

不得不夸夸我的嘉，记性好、悟性高、太有才，瞧我就这么一说，她便能带出这么遥远的回忆。我真的怀疑，她未必什么都记得？

“是的呢，就是肖老师的评语：‘你文静秀气，不疾不徐，恰似晚风的那一抹云霞，颇为写意。’”我深情地背着，伴着优美的肢体语言舞蹈着。

“我记得，我记得，最后一句，写着：‘期待你的爆发！’”嘉情绪高涨。

“是的，是的。就是这么写的，我今天特意将你青竹湖的手册拿出来，好好看了几遍。”我说。

嘉说，那个学期末，一些男生被肖老师叫去誊分，他们看到这评语，对着“期待你的爆发”大笑，他们说，“要肖老师爆发了，可就把我们炸死了。”

“他们敢这么说？”我问道。

“哎哟，吐槽与恶搞，是 90 后的标签，你不懂的。”嘉说。

“那我呢，60 后？”我问。

“你们啦，生在新社会，长在红旗下的，主流啊。”嘉坚定地说。

“我觉得我不太主流，我是非主流。”我答。

“你还不主流，那没人主流了。你顶多算是主流人群中非要装作是非主流的人。”嘉定义道。

我没再接下，喃喃自语，《不疾不徐》，太妙了，就是它了。

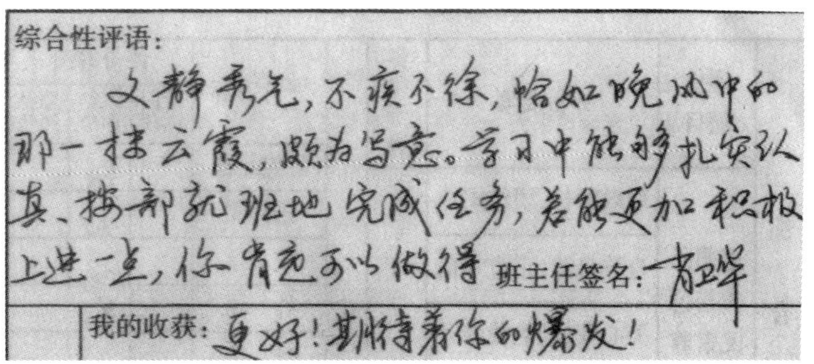

综合性评语：

文静秀气，不疾不徐，恰如晚风中的那一抹云霞，颇为写意。学习中能够扎实认真、按部就班地完成任务，若能更加积极上进一点，你肯定可以做得 班主任签名：肖卫华

我的收获：更好！期待着你的爆发！

标题的诞生，还有故事可言。

校考期间，当“浪漫艺考路”从嘉嘴里脱口而出，我抱定了选择它做书名的想法；等待校考分数期间，所经历的一切，让我爱上了“风雨兼程”这四个字；随着校考一门一门公布分数，一起一伏的心态转变，将“穿越中国式高考”作题；而后，又决定启用“每一步，我们共同走过”见证高考，至

“不疾不徐”从记忆的长河中掠现，书的题目就这样敲定了！

## “比”之伤

一个“比”字，世人皆逃离不开。

现实社会，很多家长因为“比”，过早透支了孩子的未来，将孩子当作实现自己理想的工具，将孩子变成了格式化的标本。孩子很小的时候，就常常拿自己家的孩子去跟别人家的孩子比，总说，看：谁谁的孩子考第一了，瞧，某某的孩子比你强了。而我主张自家孩子的唯一性。所以对嘉说：“做自己，少去比，你是最棒的，坚持自己比什么都有用。”

高考这一年，想了很多，明白了一个浅显的道理，即使这个世界有时充满了黑暗、阴郁，也得正视它的存在，只有正视它，绕开它，才能保有内心的纯净，坦然向前。

当嘉决意画画，且努力而稳健地行进在她自己选定的路上时，我就指望着她最好别轻易踏入体制内。体制有强大的生命力，任何纯粹的东西放在它的面前，但凡与它抗衡，即刻倒下，无需过程。我看到了一些真心喜欢、爱好艺术的孩子，在一轮又一轮体制内考试中，被扼杀于无形；我也看到了，无甚天赋的孩子，因艺考的所谓捷径，而挺立潮头浪尖。

艺术较其他行业，应保有更多浪漫的情绪。纯个人体验，才易出彩，去与飞扬、创意、玄幻、不可思议相联通，就像电影《马达加斯加 3》，做到了创意无限，令人捧腹大笑。我希望从艺的嘉，穿越世俗，力所能及地自我保护，活得纯粹一点。做人格独立、精神自由的人。

也许某刻，我会因内心不平而犹豫，但最终还是扼住了自己进入讨巧行列的想法。对大多数人而言，真没什么捷径可走。只是媒介渠道多了，听得多了，人们便以为什么都可以走捷径。走来走去，伤得最深的定是那走捷径的人。

## 校考

七场校考过后，是漫长的公布分数时段。

表面上看，我们不断重复什么结果不重要、结果不重要的话，实际上，我们就是在盼望结果的早日来到。似乎只有结果才能让我们做出如何开始走下一步的决定。

4 月 14 日，在去乐和城看《泰坦尼克号》时，接到翁老师电话，他得知嘉没过清美和央美，害怕嘉情绪受挫，特意打电话过来询问。我告诉翁老师，嘉只在得知成绩的当晚，愤怒咆哮了一会儿，继而很快平静，投身学习。翁老师听后说：“没有什么的，已经很不错了。”

很感激翁老师的来电，对他说我不希望嘉去选择复读，她只要凭自己的努力，考上任何一所大学，我都会为她骄傲和自豪。

我和嘉爸常对嘉说，人的一生，大学绝不是什么终点，它连起点都算不上。行走在任何道路上，只需抱有一颗安静的心。

4 月 15 日，最后一门校考川美成绩公布，尘埃落定。其实，川美过与不过，嘉都不会选择它。川美校考通过，只是对嘉七次校考的一份安慰。

嘉自己挺一关，复常，我即复常；她处于挣扎中，我就处于挣扎中；她一难受，我心绞痛；她比我抗压力强，平日不动声色，内心却藏巨大的能量。

## 文考

和嘉一起，晚上学习的时候，嘉常常告诉我，学习不仅是移植，更是纠错的过程，是将一个个从小养成的错误纠正。

参加完校考，嘉回到学校，文化课突显出来。六校联考，11 次综合训练，模拟高考一模、二模、三模，加上每天不同课程测试，每一次，成绩将混入文科排名中，滚动一次，名次的上下，班主任会择出来梳理，通报，将成绩进步的同学表扬一下，捎带暗示成绩落后的同学。

作为艺考生的嘉，手执两校专业合格证，我们对她文化考试信心满满，压根不觉她该有压力。关键在于，嘉所在的班是一中文科试验班，学习氛围浓郁，被迫参与根本不属于她的竞争中。每考一次，心灵洗刷一次，个性屏蔽一次，本我磨灭一次。多次测试后，有定力和约束力的嘉自语：讨厌学习，只想立即高考，学习文化已丧失了求知的初衷，成为手段，可悲。

嘉是慢热的孩子，高中一、二年级时，成绩一直稳中有升，对各门功课保持着同样的兴趣，物理、化学理工科门类，她仅凭上课，即可“手到擒来”。对生物，更是如数家珍般。面对我这号从不讲科学原理的人，常常嗤之以鼻。我呢，喜欢打着哈哈应付她，当她知识累积到一定程度，她不再问我问题，倒是我经常请教她。

学生通常经过了小学六年，初中、高中各三年，需要交待，需要结果，需要一个说法。这就是一个普通中国家庭生活、工作谈资的基础。嘉选择画画，读文科，起初我们也犹豫，但仍支持她。高二结束，她的状态告诉所有人，她很不赖。班主任李老师每遇我，总为嘉选择艺考遗憾。

高考结束，再次踏入孤注一掷的等待情境，等待文考公布成绩。

## 相处

三个月通勤，与高考生朝夕相处，成全了我，多了一次华丽的蜕变。

跟着嘉穿越高考，我又多了些力量，成长的空间似乎渐阔。与嘉相处，秉承个体独立的原则，我不认为她从属于我，也不会认为自己从属于她。大多时候，我们交流和沟通在同一个水平线上。但，不乏冲撞，相遇“暴风骤雨”，无法忍受时，我劝自己回避，离她远远的；“风平浪静”之时，我会正面对嘉，提出我的想法。

我很清楚，一些问题让嘉立即做出决定，本身有失偏颇。当我想问她一些问题的时候，我总犹豫再三，对嘉说：“同学，你看我一眼，问你一个问题。”

嘉会眼睛依依不舍地离开手机屏，瞥向我，说：“你想说什么？”

每遇此，早已在嘴边酝酿了多次的问题，被阻。良久，再吐钢镚式地、断断续续从嘴里问出：“你对高中生谈恋爱有什么看法？”“你到底想上哪所学校？”“你会不会选择复读？”“你到底将来想干什么？”

嘉，小小年纪，无法给出答案。心情爽时，她会跟我探讨一下；心情暗时，她撇撇嘴，不搭理。她看得清自己，并不要求自己做到超出能力范围的事，晓得努力过了，就可以了。

她喜欢网络小说，喜欢动漫连载，从未间断看过，但她知道什么时候该停下。和她在一起，除非走路，但凡有片刻空闲，她都低头，专注于手机上网。她涉猎过的网站，动漫网站和文学网居多。如果她沉浸在自己的世界或网络世界，无论我怎么搞怪，怎么发脾气，她都不会有任何反应，甚至连挤出一丝微笑的时间都鲜有给我。对此，我只能仰天长叹。

她有时会气得我“吐血”，但都是基于我自作多情造成的。

她知道关爱父母，但仅限于她自己的方式。

我不确定是否真的很了解她，但我有努力去了解她的意愿。

对我来说，只要家人身心健康。我个人，无甚追求与过度期盼，只是想平凡度日。

2012 年 6 月 12 日

# 第一章

## 起点·拐点

决定了。

再多的顾虑全让位于嘉自己的决定。

2011 年 7 月 9 日，长沙河西湘江 700 楼内，黄红蓝画室高考部，我将床铺好，生活用品安放好。嘉画画集训拉开序幕。

嘉喜欢画画，义无反顾地选择画画。

上午嘉参加完高二期末考，下午我和姐夫接她回家，休息不到一天，午餐后，和嘉爸就带着嘉赶到画室报名。我俩 7 月 2 日到画室了解过情况。再次来到画室，看到仅一周的时间，学生报名数由上周的不足百人升至三百人，好的寝室已被先到的同学占据。

随后办入学，交费。2011 年 7 月至 2012 年 3 月，学费 12000 元，住宿费 2800 元，其余杂项 600 元，共计交费 15400 元。另充值校园卡 500 元。

同往学画的嘉的同学有宸和一毛。她们仨从小到大，都在一起。此番住宿，自然选择一间。四人间的宿舍虽有空调，但寝室送电时间有统一安排，学生上课期间寝室不供电。寝室内两张高低床，铁架摇摇欲坠，咯吱作响，床上木板几乎全由边角余料拼成，都已自然落掉黑木屑。我和一毛的妈妈经过一个多小时的整理，才将一间落满灰尘的房间整理得有个样。

学校管理严格，学生出入校门一律凭假条。每周无缝隙上课，起床铃6:00，晨读后画画，画画时间为8:00—12:00；2:30—17:30；19:00—23:00。就寝灯23:30熄灭。联考前一个半月，晚上上课延至23:30，就寝延至23:50。每周安排周一下午半天休息。

这8个多月，比之嘉的文化课要辛苦得多，我想着就心痛。而娇小的嘉却从未在我面前表露过一丝的畏难情绪，也没有过任何抱怨，她超级坦然地接受了她所挚爱的画画给她带来的一切。

她的态度感染着我，支持她的选择，竭尽所能地做好我该做的。

选择黄红蓝作集训基地，缘于嘉与黄红蓝创始黄校长十余年师生情。我与黄红蓝的黄校长及禹校长也是十几年的老友。嘉正式做出集训的决定后，我便先后同他俩联系。

黄禹是夫妻。他们2004年从田心转入长沙开办画室高考部后，我们联系减少，再见黄校长是前两个月在档案馆，他因公司博物馆一事来田心，我特请他来馆聊聊。禹校长，曾是公司档案馆员工，虽偶尔也来田心，但一般是办完事便离开。与她久未照面。

9日，因送嘉入住黄红蓝，一早发信给禹，说我们下午到。禹回信说她和黄校长正在搞装修，要晚点到黄红蓝，或许与我们错过，但她说周日和黄校长一同去看嘉。

将嘉入学入住事儿全部办完，电话禹。禹接电后和黄校长马上到学校。黄禹到学校时，宸同学和她妈也来了。黄禹请我们一行人，在画室对面阳光100社区旁的一家“饭怕鱼”的餐厅吃饭。

席间，与禹叙旧，黄校长则针对嘉、一毛和宸同学的集训讲了些注意事项，简要介绍了黄红蓝集训时的分班规则。

与禹的沟通中，适时地传递了我对嘉学画的态度。我说，嘉是一个个性独立，不娇气的小女生，希望禹阿姨（嘉这么叫她）在专业上多关注，找最好的老师点评嘉的画，跟画的最好的学生放在一起去锤打，让嘉能将个体的能力全部发挥。至于她自己能做到何种程度，考出什么样的成绩，一切看个人造化。

在嘉画画的问题上，我一直秉承依个人爱好和能力的原则支持她。对嘉强调最多的话：尽力就好。不愿意嘉为选择考一流美院去压迫自己，只想她抱着喜欢画就画的态度，一步一步，快乐地行进在这条路上。

晚 9 点多才回家。眼见着嘉吃苦开始，情绪久不能平复。再用我的方式，给她发去一条短信。

**我：同学，从今日起，你将走上一条艰辛之路，一切将由你自己把握，你得在关照自己身心的同时开始跋涉，我一直为你骄傲，觉得你行。可也不希望你透支去实现目标，一切只尽力就好，慢慢并快乐地接近理想。这发自你老妈的肺腑之言，你懂的。你是我和你老爸的骄傲，做你自己，我们永远支持你。**

**嘉：嗯。**

这是一个零起点，一切刚刚开始。

10 日，黄红蓝入学分班考，而我，则为完成对嘉的承诺，要去长沙，欲到学校帮嘉拿手册。宸妈说已帮我拿到手册，我于是赶往画室，将 9 日没有配齐的生活用品补充到位。

宸妈说，一中交待，16 日高三同学成“整建制”补课，宸同学想回校先上课。我询问嘉意见，是否去上文化课，嘉说她将安心在黄红蓝画画，不再左右摇摆，否则两头失塌。她想的是，专业校考过不了，文化深将形同虚设。意志坚定，令我敬佩。

目前，嘉的文化课成绩还不错，至于放弃的 8 个多月的文化课，她会如何，亦喜？亦忧？不得而知。

过程中，经历就是阅历，丰富的人生一环扣一环，是起点，抑或是拐点，嘉正稳健地走在自己选择的路上。

2011 年 7 月 10 日

16 日，周六的早晨，天刚蒙蒙亮。被短信声惊醒，睁开了眼。5:38,居然是嘉发的。

嘉：老妈，带蚊帐和窗帘布。

我：好的，我下周一中午来，请你们吃饭。

嘉：你怎么醒着！

我：你的信息声“刺激了”我一下。

嘉：哦。

我：你能坚持两天吗？我今天将东西配齐。

嘉：我比较郁闷窗帘，一般是见光醒。

我：哦，你上铺来人没？

嘉：没，你睡吧。

我：你也再休息一会儿吧。

画画集训已一周，她相当累。她释放压力的方式就是将生活细节或自己的作品用手机拍下，通过 QQ 空间上传，借 QQ 说说，“输出”心情。就像昨晚，她 23:40 的 QQ 说说中写道：对开的纸 5 元，加上铅笔橡皮，10 块都赚不回成本价。压力大啊。我在下面留言：还未休息啊，同学，明天又是辛苦的一天。接着，一人辗转反侧，一会儿电视、一会儿开灯看《读者》，颇感小失眠状。

好不容易入眠，却一直处于梦中。这不，一接到嘉的指令，像被打了鸡血，“腾”地跃起，在家翻箱倒柜一番，找到了一个原来在组织部发的蚊帐，又弄出了两条家中搁置不用的窗帘。不用花钱去买了，为自己的节省傻乐了一下。无负累上床，睡回笼觉。

刚合眼，熟悉的手机铃声响起，嘉爸来电。向我通报这两日行程：今天从马来西亚回国，明天一早去北京，转机去俄罗斯。他说，今天的主要任务是帮嘉买巧克力，好让我下周一带去。我故作抱怨地对他说：“嘉唱罢你登场，快被你们俩折磨得神经衰弱。”电话那头的他笑笑，不以为然。

我又跟他汇报了两件事：一是聪的夫人生了个六斤多的儿子，我们得送个大红包；二是翔同学下周决定回趟长汀。

放下电话，人彻底清醒。想着今天是 16 日，嘉一中开始全面上课，她因画画不能参加，编了条信息给嘉班主任李老师，为嘉请假。

老爸老妈去郴州看生病的外公，我的午饭没着落。

还有好长的时间，上街去。

2011 年 7 月 16 日

这一周，阳光威猛。

这一天，画室放月假，休一天。常态下，画室周休半天，月假一月一次。

嘉在回与不回的双向选择中，选择不回家，留守。而我，尽管大前天才和嘉爸看过她，为满足嘉的胃，启动长沙行议案。嘉爸出差，首选姐夫，提前向姐夫的宝贝儿小王备案，望他与我们同行，小王同学，自是答应。

7 月 25 日，周一，二伏的第二天，天气预报最高温度 37 摄氏度。哪止啊，太阳从早晨起来就没再被遮蔽。先上班，梳理工作，10:00，按计划，同姐夫和小王同学一道，驾车去长沙。

姐夫取道长沙至株洲湘潭国道，经由芙蓉南路，上猴子石大桥向河西，这条路最近，且不收费。可一路上交通灯多、大货车多，加之芙蓉路下修地铁而交通管制路不好走，但还算顺利，1 小时到画室。

和小王同学上五楼，到寝室，11:15，寝室清凉，空调显示 24 摄氏度，嘉正蒙被大睡。我正窃喜嘉可能太累了，睡得真香。小王同学却惊呼："嘉，你太舒服了，我老妈还叫我来体验生活，看看你艰苦的环境，哪知这么爽，我也愿意来住。"怕嘉被吵醒，我忙对小王同学说："去去，别吵。我带你去参观画室，让你见识什么是辛苦。"

我带小王同学下楼，转到第三栋，上二楼。整个二楼被贯通，成为画室的第三块教学场地。画室内，只有极个别学生在画画。我俩无声地走着、看着。小王同学不时地点评着一些简易黑板上学生的作品，摇头晃脑地、用他特有的手势，指着哪张好、哪张不好。

再回寝室，嘉已洗漱完毕。去长沙"打牙祭"。河西向东，猴子石大桥堵得厉害，姐夫果断决定绕一桥走。一桥也堵，车在暴烈的阳光下缓慢蜗行。好不容易，到了自助餐厅所在的宾馆前坪。我正想说，去地下停车场吧，姐夫眼尖，瞄准了门边一空档，欲将车停入。待他将车停好，前方停着的奥迪车的司机下来，径直朝我们走来，我们感觉有些不妙，有事？那奥迪车司机瞧瞧奥迪车屁股，我们也随着他的眼光看去，有一处刮痕，半个指甲大小，一点油漆皮卷曲着粘在车上。说实在，我们丝毫未感我们的车与奥迪有接触，车的前面也没有任何痕迹显示，但奥迪司机说他是在车内感觉有震动才下车的，下车后看到了车尾的伤痕。

无法解释，那司机看样子也不像老赖，可我们的车又反映不出状况，我们仨在反复推敲时，那俩屁孩完全无视我们，进入酒店大堂，坐在大堂沙发上玩起了 iphone 手机中的鲨鱼游戏。

这是个高素质的场所。没有人围观我们，我们相互佐证了半天，也无法弄清原委。姐夫对那司机说："算了，我们不扯了，都有事，你提个解决方案。"那司机掏出手机，打向修理厂，问补漆费用。修理厂给出 200 元价格，我拿出 200 元。在奥迪司机拿钱后，我特意让他在一张湖南省车辆通行费发票背上写下一张收条，并请他出示身份证，将他的身份证号码写在上面。直到这时，我们才看清这奥迪车的是湘 0 牌照，司机姓蔡，80 后。

扯清了，吆喝了大堂中的俩屁孩，上自助餐厅。电梯上，跟他们说，这种车与车剐蹭之类的事，经常发生，保持平和心态，妥善处理即可。200 元，影响不了心情。四人，自助餐厅，愉悦地进餐。餐间，我们还看到了那位奥迪车司机。餐毕，续沿五一路向河西，送嘉回画室。

忽然想起了什么，大脑又空空如也，不知表达什么。傻了吧唧地对嘉说："同学，拜拜。""好的，拜拜。"嘉不看我。我不甘心，说："看我一眼嘛，我们亲一个。""耶，一身的鸡皮疙瘩。"嘉和小王同学异口同声。"那好啰，那就抱一个。"话音未落，我便强抱嘉。

嘉不甚习惯，紧缩身体，任我抱，突感鼻微酸，眼眶中好像有东西涌入，松开嘉，自嘲地说："哎哟，再抱一会儿，我就要流泪了。""不至于吧，老妈。"嘉说。"哈哈，你又不是不知道，我总这样。"我回答。

心满意足。回程。

2011 年 7 月 25 日

# 第二章

## 艺生·集训

好久没有详写嘉，心里有些亏欠的。

不是不写，是心中压着怕的情绪。怕字里行间充满着对嘉的期望，怕字行间行积累着对嘉选择的担忧。

从 7 月 9 日至今，8 月 19 日，一个月又十天。

很多等待诉诸于字面的言语，呼之欲出。仍压着，站在办公室窗边，看着烈日下茁壮成长的青青小草……

可不是吗，集训中的嘉，就像花带中的小草，必经烈焰、风雨、雷电的考验。她早已不是温室里的花，从她认定了绘画的路开始。

嘉的执着与坚强鼓励着我，我需为她多做些。值此流水文。依时记下她集训中的彩章。

8 月 19 日

集训已进行了一个半月。

画室每周安排周一下午休半天，每月一次月假，周一休一天。正常情况，我和嘉爸每周一去看嘉一次，送些水果。

8 月 1 日、8 月 8 日、8 月 15 日，嘉因牙痛，每周一中午时分，接回治牙。原本三次可治愈，但她的牙顽疾重，医生建议多做一次治疗。

刚入校时，嘉由于很久未画，手生，速描、速写没有进步，水彩倒是得到了老师的表扬。与黄校长沟通，黄说从画中看，嘉小时候的灵气还在，希望嘉将目标定高些。我似吃了定心丸，对嘉大加赞赏。

学校基本是一周一小考，依考试成绩分 A、B、C、D 四档，最好的放在 A 班。嘉在入校一周后，经过自己的判断和观察，选择 A 班待待、B 班待待。嘉话儿不多，但特令我服气，她所选，定有她的理由。

8 月 13 日，学校首次分班大考。根据学生的专业成绩，划分两个专业版块，设计班和造型班。8 月 14 日，成绩公布。全校近 500 名学生参加速描、速写、色彩考试，嘉排名 26。这成绩，我和嘉爸暗喜，嘉更加自信。

交钱，分班，选择设计班，需交纳 5000 元费用。我将银行卡交于嘉，让她交。关于设计班老师，我咨询黄校长，问及选择谁的问题，黄校长推荐了两人：谢老师和张老师。我向嘉传达，可在这二者选其一，张负责清设班，谢负责央设班。嘉权衡后，选择了央设班。

这一个多月集训，嘉其他爱好也保留着。有空时，她仍会在手机上看网络小说，对她曾经的挚爱《哈利波特》维持着“高温”。随着《哈利波特七》（下）的大结局，她萌生了购《哈利波特》7 本英文书的想法。

嘉趁 8 月 15 日补牙的下午，守在家中电脑整了一个下午淘宝，还是没将购书事宜办妥，气得她什么似的，心情沮丧。晚上，翔同学和我一起送嘉返校。翔同学知道了情况，主动请缨，说帮助嘉上网淘书，嘉默许。

8 月 22 日

原本该于 21 日晚上接嘉，画室安排周一外出写生，占用半天。

关于外出写生，从嘉短信中窥视一下。

17:43

嘉：明天去写生。

我：去哪里？多久？还接不接你，几点接？

嘉：杜甫江阁。

我：嗯，那我中午时分到校？

嘉：不吧，在写生的地方吧。

我：我不知道地方啊？

嘉：我打听一下，应该不远。

我：好的。

嘉：打的一二十分钟。

我：同学，这不是答案，我要方位，或附近的典型的建筑名。

嘉：明天我问司机或老师。

我：好，我也上网查，明天再联系，你把要带回家的东西准备好。

嘉：嗯，提醒我带静物。

我：好的（我以为是静物书）。我已经查到方位了。

20:43

嘉：可能去太平街。

我：是杜甫江学阁中的吗？

嘉：不是，是购物街。

我：啊，不是一个地方？

嘉：老师还没有决定好。

我：没事，明日到目的地再告诉我，你们老师也蛮纠结的。

21:45

嘉：太平街

8月22日

早7:30

嘉：出发了。

我：好的，太平街是老街，多看看，多走走。

早上10:00，我和翔出发。

线路已查清楚。从机场高速、高桥、人民中路、芙蓉路、绕上解放西路，顺利到达。将车停好，径直走向朝太平街。

穿过太平街，在五一路口与太平街交汇处，见到了嘉和宸同学，11:30。

嘉是守时的好同学，老师说 12 点下课，她便不肯马上跟我们走。

半个小时，我和翔去找可吃午餐的地方，沿五一路向东，米线店、粉店、日本料理、必胜客、肯德基等一一入眼，我只想快点回家，并无很大兴致留在长沙吃，翔却想“把握机会”，他要吃好的。

他选择了日本料理。随即走入松临日本料理店。

店内装修颇具日式风格，许是未到午餐时分，除我俩，暂无顾客。商量着让翔留下点单，我则去接临近下课的嘉。

再见嘉，她也无心思对景速写，我于是叫她走，她不肯，说还未下课。哎，怎么会有如此刻板之人。我说去跟老师请假，她掏出手机拨通谢老师电话。谢老师让找秦老师，拨通秦老师电话，依旧未果。直到秦老师出现，看着秦老师在学生名单上嘉名字右下方划了个 B（名字右上方划了 A），放人。

日本料理店，只有几个台位坐了人，大伙都很安静，整个餐厅间能听得到的声音只有来自服务员迎接客人的问候语（日语）。

翔告诉我们，他在点单时，还未点几个菜，费用已过百，服务员告诉他，“包干”划得来，“包干”每位 150 元，随便吃。于是，翔选择“包干”。

翔前期点的菜上来，餐盘不少，量少得可怜，三人一人一筷子就可撤盘，根本不够吃。拿菜单，将未点的菜，依菜单顺序又点了一遍。第二遍吃罢，翔仍觉未能裹果腹。又第三次点单，耗费一个半小时，翔才果腹。

翔直接将我和嘉送回田心医院，嘉在牙科作了最后一次虫牙治疗，将牙补实。医生建议打磨牙齿，上牙套。我多方征求意见，决定缓几年。补牙章节就此告一段落。

翔说，《哈利波特》全套英文书已到货。晚餐前，包裹取回，7 本，全套，英文。

嘉爸下午出差回家，晚上送嘉回画室。

8 月 28 日

周末。嘉 29 日放月假，休一天。

嘉所在学校高三年级组短信通知：各位家长，8 月 31 日、9 月 1 日为高三第一次考试，请督促小孩在家认真复习和按时参加考试，凡在籍学生必须参加考试，因故缺考学生必须向班主任和年级申请，没有履行请假手续的一律视为旷课。凡因故没有参加考试的学生如果在后续有关学校推荐时受影响后果自负。

嘉决定让我帮她在画室请 5 天假，回校参加考试。9 月 2 日再返画室。

28 日晚上 8:40，我和嘉爸赶到画室。嘉们在央设班画速写。

请长假需要央设班主任谢老师批准，在教研室，找到谢老师。正欲说明情况，有人叫我，抬头一看是黄校长。跟谢老师说明原委后，问黄校长，嘉画画近况。黄说最近他没有看画，无法评说。转而问谢老师，谢老师概而括之：一毛、嘉和宸同学仨都不错。

我心中犯嘀咕：当然不错，具体点嘛。脸上笑着对谢老师说，多费心，这仨同学从田心一路走来，不易。且都是画室骨灰级学员，多多肯定。

请假手续办完，我和嘉爸来到嘉画室。嘉和学生们正在画速写。我们趁机观察画室，画室的布置每周都有新内容，一个小组的周围，布满了学员们近期画作。

时间不早，强行令嘉放下画架，收拾好东西，与谢、秦二位老师招呼后，出了画室。在 503 寝室，她将高三第一次月考需用的书籍，一股脑装入我带的布袋中。

返程时，嘉爸有些嗜睡。他将车开到某处的休息区，稍事片刻休息，强打精神，费力将车开回家。

一切顺利，悬着的心放下。到了家，澡也没洗，他爷俩倒床就睡。

我躺在沙发上，打开手机，好几条信息，是老妹的女儿静同学用他爸手机发的。

静：萍阿姨，不考到德福我绝对不出国。我申请德国需要 800 学时的证明，我已经拿到 150 学时了，继续努力。我不找中介，全自己申请学校，靠自己比较靠谱。（表情符号）（附：学时证明为北京市海淀区私立新东方学校

的学时证明)

我：好样的，保持良好态势，加油。你真的很棒。

8 月 29 日

我和嘉爸正常上班，嘉仍蒙头大睡。

上午 11:00 左右，和嘉通电话。她说明日再去学校，家中太舒服，再留宿一晚。我毫不犹豫她说，回家放松，想睡就睡，不要想太多。

她却不无担心地说，她这次考试肯定是裸考，会筐大瓢（筐瓢湖南方言指出错)。我对她说，裸就裸吧。

中午去老爸老妈家，我带了两本冠林同学在北京帮嘉买的书，央美、清华双保生作品集，问嘉关于造型与设计的区别。她没有回应。

餐后，路上。嘉主动回答了我关于美院考试中造型与设计考试的区别，我似懂非懂地鸡啄米般点头。

宸同学 9 月份选择回校学文化课，我有意问嘉，如何看待这事，画画和文化课如何驾驭才算合理。她说因人而异，有人适合这样，有人适合那样。我又问她会画画中读书，读书中画画吗？她回答说不会，她选择所有美院校考完成后，安心回校读书。我内心顺应她的选择。

下午，联系了嘉学校旁的商务宾馆，预订了标间，供 3 天考试用。

8 月 30 日

早 10 点，我携嘉“雄赳赳，气昂昂”的奔向田心立交，乘上大巴。

到商务宾馆前台，报上名，领到房卡。

标间内并列两床，卫生间不错，但衣柜很脏。我选择了宾馆的高层，不正对主路，比较安静。

放下物品，已 12:30。说服嘉就地用餐，她勉强同意，因为她和宸同学在此饭店吃过两次，一次印象不错，一次不佳。

这日，开启嘉独自一人开房住宿的历史。我心中的担忧可想而知，但她却很不以为然。用一如既往的方式对待我。

离开前，我打电话给总台，设置了 7:00 的 Morning Call，向嘉交待了住宿的几条项事宜，临出门前，我说了几遍："同学，我走了。"嘉低头看手机，压根没顾及我情绪和话语。

黄昏时，我惴惴不安，发短信给嘉。

我：同学，出去走走，明日有雨，可买把伞。我忘记给钱了，需要用钱就找同学借，后天还。

嘉：我正吃饭。

我：哦，好的。钱够用吗？

嘉：够，有几百。

我：安心吃。没有熟人在场尽量不要看手机啊。

嘉：在宾馆里吃，打包的。

我：啊，你真宅。饭后伸伸手、下下腰，活动一下。

嘉：呃。

夜里，在被人追杀的噩梦中熬过去。31 日一早，估摸着嘉已醒，打电话到嘉房间，对嘉啰嗦了几句，才放下心来。

8 月 31 日

嘉考试。午餐在原室友刘同学家吃。刘同学妈妈从老家过来陪读，在学校附近租了房。

晚餐后，嘉到教室与同学聊天、自习。晚 9 点多回到宾馆。

9 月 1 日

宾馆 Morning Call 起嘉唤醒，但她又倒下睡着了，以至醒时，已开考。当她赶到教室，迟到 10 分钟。老师没说什么，放她进了考场。

我与嘉约定，中午接她，不到 12：00，我和翔已抵达宾馆，在大堂候着嘉。

请嘉和翔吃自助。这一日，吃自助的酒店迎来店庆四周年，席间不断穿梭着推销打折卡的公关人员。

店庆，自助餐厅并无优惠，菜品也就是"老三样"，我只是喜欢酒店的环境。

餐毕，大家一起奔画室。

9 月 2 日

中午，收到嘉短信。

**嘉：我不行了，我要泪奔！总分 492.5，年级 114 名，数学 $70^+$，政治 $50^+$，两科不及格。**

看罢，先是愣了愣，随后解读嘉短信，两遍后，释然。

嘉主动将考试成绩发给我的次数不多，每考后必是我主动问她，她还得选择性回答，如此直白说出成绩，我颇为意外。

看排名，她两月未学习，还能考百余名，我认为很好，随即回信：

**我：你是淡定妹，Hold 得住。**

又将短信转发给嘉爸。嘉爸见信来电，对嘉成绩也比较满意。

9 月 5 日

7:32

**嘉：中午 12 点杜甫江阁，下课，吃饭，下午去一中，晚上坐公交回黄红蓝。带一千元和历史第一册。**

**我：我跟你老爸说了来接你，你画完画后，在杜甫江阁等我们。**

打起精神，今儿个可是周一啊。

嘉爸可以继续睡，我得上班。将工作安排妥当，再依计划去长沙。

11:00，按约定，嘉爸开车，去杜甫江阁。

线路，早已查实：S21—长沙大道—杨家山立交—人民中路—人民西路—湘江中路杜甫江阁。我虽不开车，遇嘉有事，我都会做足功课，确保第一时间能完成她交给的任务。到杜甫江阁时间是 12:15，见嘉，她说 12:30 才能走。

接上嘉，沿着湘江中路拐上劳动西路，此时，肚子咕咕叫。四下张望，希望能找到一家餐厅。在劳动西路拐向韶山路岔口，火宫殿出现。

这几年，每次到长沙，总有去火宫殿吃饭的想法，为的是牵出几年以前对火宫殿的回忆，一直未实现。

车停妥。入得餐厅，人不少。刚落座，一个个推着湖南名小吃服务员鱼贯而至。久未应付过这场合，有些措手不及。见着稍有感觉的食物，就径直端上。很快，桌满了。没吃多少，就有饱感，瞧着桌面还剩好多。

吃饭的时候嘉问我："老妈，你为何钟情'火宫殿'。"我跟她讲述了我年轻时在团委工作，我们团委胡书记每季度或半年批准我们办公室的年轻人一起到长沙购书的事情。

20 年前，1990 年至 1993 年，坐绿皮火车。下火车，沿五一路步行到袁家岭新华书店，购书后，中午吃火宫殿，下午乘火车回。这样的方式在我工作中延续了两年，直到胡书记离开团委。

嘉爸说，回忆永远比现实要好。那确实。二十年前点单，小心翼翼，各种菜品都会尝试，但总是刚刚好，从不会出现浪费。而今，下手点单，却拿捏不好分寸，所点菜还未上齐，已有饱感。时过境迁，心中感叹：不一样了。

离开火宫殿，将嘉送到一中。我和嘉爸开始消磨整半天时光。天气很闷，只要不在室内，动动就是一身的汗。嘉爸决定去烈士公园。

烈士公园。主路两旁是茂密林子。林间，市民聊天、打牌、搓麻将，一片祥和。这边的麻将局，一位中年妇女接了上家一炮，即刻起身，身旁一中年男人顺势坐下，继续。上家将一元钱递给中年妇女，中年妇女边收钱，边对大伙说她得赶回家做饭，从公园到家她还得乘一小时的公交；那边的两女一男，吞云吐雾，聊得尚好。吸烟的妇女穿黑色短袖，劲头十足，对着另外两位，大谈相亲之道；还有几对情侣，在树间挂着吊床，悠闲地躺着……

近 18 点，在一中门口，接到嘉。开车驶向阳光 100。路上，问嘉在学校的感受，她用平缓声调说："就那样。"

阳光 100，在私房菜的餐厅。点了 4 个菜：平锅鲩鱼、煎蛋、苋菜和田鸡。第一次吃，味道不错。这天，从早 11 点至晚上 9 点，十余个小时，真累。

9 月 5 日

21:54

嘉：忘带洗面奶了。

我：哦，没有事，下次买。

嘉：每天以尘洗面。

我：像你无瑕疵的脸蛋不洗也无妨。我不看好化学用品，你懂的。

嘉：唉，记得带啦。

我：好的。

嘉：你抢我台词。

我：好的！

9 月 6 日

18:30

嘉：日历还有？

我：有的，我已经准备好，上次忘带了。

嘉：我们在看篮球。

我：同学，看得懂吗？

嘉：打酱油呢，我们班要赢了。

我：哎呀，为班级加油

嘉：打完了。赢了。

我：有没有看上眼的？

嘉：歪瓜裂枣。我没有认真看。

我：哎，眼光太高了。

嘉：我们推迟半小时上课。

我：同学，我又有可写的东西了。

嘉：噢，不说了。

9 月 8 日

我：同学，下周一过节，如何安排？

嘉：回，半天假吧。

我：是周日晚上接你吗?

嘉：是，也说不定。

我：你确定后早点告诉我。

嘉：好。

9 月 10 日

嘉：放一天。

我：好的，那我们明晚 9:30 来接你。

嘉：好的，记得提醒我打印图片。

我：OK.

9 月 11 日（中秋前夜）

晚 6 点，我和嘉爸到一中，按与嘉班主任李老师约定，在校门口会面。

见到李老师，先把她帮嘉垫付的钱还上，再询了她对嘉高三第一次考试的看法，并希望她及时通报学习进展，以便我们家长对嘉进行督促。

离开一中，20:40，车开往画室。黄红蓝央设班，嘉在速写，绕过其他同学，悄悄走到她身旁时被她感应到，她起身，走到她扔在地上的手提包前，拎起包，拿出钱包，掏出寝室的小钥匙交于我，嘱咐道：“你到寝室等我。”我说：“就在这儿等，让我看你画画。”嘉说：“别，到寝室去。”

拗不过她，只能按她的交待，去寝室。21:30，下课铃响。21:50，嘉慢悠悠至寝室。她有些兴奋跟我们说道：“我们央设班选班长，开了班会，每个人都做自我介绍，班会那晚，90 多人一一上台，直到凌晨呢!”“班长是谁?”我问。“一个复读生。”“你被选上了什么干部？小组长?”我又问。还真让我猜对了。我其实不用猜，这只是我惯常信口开河的基本词汇。嘉从小学到高中，无论在哪个学校，当得最大的干部就是小组长，这点不像我，我从小到大不是班长就是团支书。我印象中，嘉爸倒是什么都没有当过。后据嘉爸说，他真的当过短暂的小组长。

“一毛和宸同学呢？哦，宸到一中上课，一毛呢？她应该也有官当吧?”

我继续问。“没有。”嘉回答道。“你们分了几个小组，你是哪个组的组长？”

“不是你讲的这个组，是速描、速写、色彩三个专业大组。”

我一时未明了，又问：“你们组多少人？”

嘉有点不耐烦：“不是分的这种小组。”

我突然开窍：“哦，速写、速描、色彩三个大组？”

总算弄清楚。继续追问：“哪个组？”

嘉不愿说。

回程车上，续将问题拎出，问嘉，哀求的口气说：“同学，你就告诉我吧。”

嘉不动声色。

我说：“那我猜你是速写组的组长。是吧？”

嘉回答道：“不讲”。

我开始换方式。我对嘉说：“我跟你讲两件事，第一件是关于静同学的。静同学前天随他爸一起回田心。昨天，她主动约我散步，跟我讲述她在新东方德语班和首都师大上德语课的奇闻趣事。讲到好多男生对她示好，主动递写着电话号码的纸条给她。静同学首师大的家教跟她说，在首师大，学外国语的男生比女生少得多，男生俏，女生美，这样的情况，男生鲜有跟女生递条求交往的，静是特例，一来学校，就有男生递条，稀罕啊。家教这一说，弄得静同学美滋滋。加之，新东方培训那边，也有一男生开车天天主动接送静同学。静同学跟我说，她现阶段主要任务是学习德语，感情的事其次，不占据主要时间，也不会分散她学习德语的坚定信念；

另一件事是小王同学的。他所在的数学建模小组即将结题，遇到瓶颈，小王同学很着急，小组会上，他提出建议，小组成员无一认同，群起抵制。小王同学非常郁闷，一气之下，离开小组，给我打电话。我劝慰他，让他将事情的来龙去脉重新梳理下，小王同学说小组在建模中，有三次遇到障碍，得益于他的建议，问题得以解决，现在他又提出解决方案，小组成员却不采纳。我问小王，是不是在每次提建议的语气和方式方法都有问题，刚开始都会被拒绝，小王说是。我说：“这就对了，是你太强势，小组活动，一定不能突出个人，即使是个人提出建议，如事情进展顺利，功劳也归属全体组员，小王同学，你太过于让大伙重视你、肯定你，这样效果适得其反。”

我想，小王同学听进去了，语气渐渐平缓。但他说他不肯低头去跟小组成员道歉。我继续劝导他关于建议方面，他坚持他的观点本身没有错，但他提出建议时应该用商量的口吻，这样才不致犯众怒。而他现在，是因为他的张扬激怒了小组成员，他应该反思并勇于面对自己的不足，就他冲动地离开小组这一举动，向小组成员道歉，这才是大男人的风范，才算个有肚量的男人。

话题转回，我对嘉说：“同学，你看看，无论是静同学还是小王同学，都会第一时间将他们的喜悦和烦恼与我分享，而你呢，每次求你都不说。你可得当心，有一天，他们会认我做妈妈的。到时，你可是后悔都来不及哦！”

嘉冰雪聪明，立马明了我话中含义：“哎哟，老妈，你何苦呢，兜那么大个圈子，就为了让我告诉你，我是哪个小组的组长。”

我说：“是的，你就说嘛。”

嘉笑而不答。我自作多情地说：“你知道为什么猜你是速写小组的组长吗？因为这三大项目中，你刚参加集训时，速写最弱。两个月时间，你突飞猛进，我虽看不太懂你的画，但我能感应到。我希望你能成为速写组组长，这样，你的水平就均衡了。”

嘉终于放下身段，承认了。

23:00，回到家。我和嘉爸一致认为，嘉当上速写小组组长对她的自信心有极大帮助，面对央设班众多复读生，她能脱颖而出，值得我们骄傲。无论她将来考得如何，她正在画画过程中享受幸福和快乐。

9 月 12 日（中秋节）

一家三口起得算早。嘉爸和嘉 9 点边吃早餐，边继续昨夜的话题。

嘉爸问嘉：“你那个组长是荣誉称号还是工作任务？”

嘉：“应该有活干吧，现在老师还没派活，才选出来。”

他俩聊，我一旁在写日记。嘉问：“老妈，你又在收菜？”

我将笔记本转向她，说：“同学，看，你老妈正在写东西呢，你怎么老是搞反，我是在写作中收菜，而不是在收菜中写作。”

嘉爆笑：“这有什么区别?”

我说：“当然有，写作中收菜，写作为主，收菜为辅，你那种说法，是在放大我的缺点，隐藏我的优点。”

嘉笑着不再吱声。突然间，她跑到我身旁看我的文章。

她看完，嘉爸也来看，咧嘴笑着，指出一些地方让我修改得更委婉些。

10 点多，三个人去商场，是为嘉购睡衣和鞋，她七八月画画全穿着拖鞋。

送嘉返回画室。中秋小长假最后一天，猴子石大桥，进城的车排起了长龙，堵到很远，选择长谭西高速回家，正确，一路畅通。

9 月 15 日

21:46

嘉：今天上英语课的老师还可以。

我：哦，那就好。

9 月 17 日

17:13

我：同学，暴雨如注。久不见了，终于狂泻了一把，那雷声惊天动地。长沙有吗?

嘉：我没有听到，宸同学说有。

我：宸同学，她回画室了?

嘉：在一中唉!

我会错意，以为嘉也在一中。

我：为什么?你在一中?

嘉：发短信，发短信。

我继续会错意，急打电话给嘉，我问：“你在一中?”嘉说：“不是呢，是宸同学在一中发短信过来说的。”我明了，回过神。

9 月 18 日

17:39

嘉：带衣服，天冷了。

我：OK. 照片洗好了，我一并带来，还需什么？

嘉：没有了。

我：心情尚佳？明日我来，有人与我们饭否？

嘉：一般般。宸妈请吃饭，明天不知道会不会写生，我再问。

我又理解错误，以为明日嘉和宸妈吃饭而不与我吃，急急回信：罗妈请？你和谁吃？

嘉：宸同学。

误会继续，赶紧电话追问：“为什么不与我吃饭？”

嘉：“老妈，你怎么老是弄错我的意思，我是现在正和宸同学及她妈吃饭。”

“哦，这样。那就好。”我挂了电话。

9 月 19 日

11:00

与翔去长沙。当我们到达画室。嘉已下课，谢老师还在交待一些事情。

等待中，我打量学生挂在墙上和黑板上的近期作品。嘉有一幅老人头像，我觉得很生动，用手机照下来。

谢老师一直在讲，讲画室学生的水平，我隐约听到：落脚子……发挥潜力……下课溜得最快……吃饭最积极……总是跟差的去比……近朱者赤……近墨者黑……家长花钱不容易……过小年前会考……考得好可过个好年……重点放在校考……好好补习文化课……那方面弱就加把劲……

谢老师语重心长，不知道嘉是否在听，只见她一直低头完善她的速写作品。

终于讲完，我兴奋地招呼嘉，嘉并不太理会我，径直走向她的画架，边走边吆喝：“交作业，交作业。”

我也尾随着她学她大声喊："交作业，交作业。"

嘉回头看向我。

我立即闭嘴，朝着她傻笑。

她这个小组长还真要做点事儿。

等到作业收得差不多，教室人也没几个，嘉将作业交给谢老师。

我们没回寝室，开车出画室找饭店，嘉叫上一毛与我们同行。

我建议去吃私房菜，嘉不同意，又建议去吃饭怕鱼，她说腻了。翔开车带我们驶上潇湘中路。在潇湘中路与靳江路交汇处，有两家相邻的鱼店，门口停着不少车，翔把车停在了九号渔港。点了个最贵的鱼，鱼花了160元又点了4个菜，共花费282元。不好吃，我没有饱。

回画室时，我们又谈了几个话题：比如让嘉高考完后帮我在新房中作画；谈及凤凰卫视晚间一个节目"筑梦天下"……

没谈多少，嘉便说："老妈，你想那么多做什么，难怪一头的白发。"

"哎，同学，别把话说得那么直白嘛。"我说。

离开前，交待嘉穿暖衣服，保护好身体。我们从长潭西返回。

9月23日

我：同学，几天没有联系，怪想你的，下周一有何安排？

嘉：老妈，带内衣裤，橘子和洗衣粉。

我：OK. 注意天气变化，保持良好心态。

嘉：画色彩郁闷啊。

我：同学，没关系，你行的。

9月25日

早餐后，我和嘉爸依计划购水果、买肯德基，再去画室。

选择走长谭西，这条路比S21快10分钟左右，但过路过桥费高10元。

到画室，已是11:40，离下课还有20分钟。央设班，四下搜，看到了嘉，她已将正在画的水彩画卸下画板。她定是先瞧到了我，才会有这么个举动，她特别不愿意我看见她画的时大呼小叫。

画室外闲看。画室接待室门上，张贴告示：由于画室招收学员爆满，不再接纳文化课 400 分以下学生入画室。我俩一阵嘘唏：黄红蓝，真牛。

下课后，我急忙将巧克力、橘子、肯德基放在小方凳上。芙蓉汤、土豆泥、鸡翅、原味鸡块，都还有温度。招呼同寝室的小郭一起吃。嘉与小郭，蹲在地上吃，那个香啊！

禁不住地让嘉看了看嘉爸为我买的红珊瑚项链，并告诉她这是她老爸买给我的结婚纪念日礼物。

嘉："呃，还好啦。"又补充一句："像颗红豆。"

9 月 30 日

17:00

去长沙河西。

此次接嘉，一波三折，嘉爸不在家，姐夫去海南，约翔，翔说，他的朋友们要帮他过 30 岁生日，晚上聚会。揣摩着叫谁时，老姐告诉我，姐夫因海南台风，航班停飞，取消行程，我于是再约姐夫前往。

所有人都放假，长沙车满为患，选择长潭西。已近黄昏，天色朦胧，毛毛雨飘落在车窗，很难拭去，把握车速，均速前行。

途中，嘉来电，问我何时到，我说已在路上。我问她，学校发信息说 10 月 2 日第二次月考，她作何打算？嘉毫不犹豫地告诉我，她不去考。

有点懵，但我却镇定地告诉她我会向她们老师请假。

我一直跟嘉班主任李老师说，在她画画期间，逢月考就参加。嘉选择不参加，我有点措手不及，如何是好？支持嘉是一定的，她一旦做出决定，很难说服她，何况，她对自己的情况总归比我清楚许多。

放下电话，我平复了一会儿，心中多少喘了口气。嘉不去月考，省我很多事，不用订房、不用来回送她、她还能好好休息几天。想着，坦然。

我（发信息给嘉爸）：嘉决定不参加月考。嘉爸：好的，休息是对的，免得受打击。

没什么好说的，支持嘉的决定。

车在向猴子石大桥方向进入大堵行列。出长谭西收费站向东，开始一步步缓缓挪动，告诉嘉，让她别急，安心在寝室等待。

车速虽同蜗牛爬行，但未停滞不前。多花了二十几分钟，到画室。

大批学生拎着包，拖着行李箱，在画室外马路上候车，整个湘江 700 内，全是等待回家的学生。

见到嘉，她的表情比较凝重，我知道，这是她才考完试的常态，小心翼翼，不去触碰她的情绪。将需带回家的东西清理好，下楼。嘉告诉我放假 3 天，她要好好在家睡 3 天。

阳光 100，在私房菜餐馆，点了 4 个菜。嘉的情绪渐渐好起来，话多了。宸同学来电话，问她考得如何？她滔滔不绝，诉说她考试中的点滴。

10 月 1 日

从凌晨开始下雨，淅淅沥沥，未曾停歇。

嘉睡得极晚，我醒了两次，她仍在摆弄电脑和手机，我假装生气地叫她睡，但每次都不知道她是否入睡，我即又熟睡过去。

9 点，嘉问我吃什么，我说，为处罚她睡得太晚，决定不买馄饨，喝牛奶。嘉说：“老妈，你讲话不算数。”我说:“瞧瞧，外面大雨，你忍心看我外出?”

她没坚持，煮了两鸡蛋，加一杯牛奶对付她早餐。

心情不错。嘉主动找我聊天，聊这次画室月考。她说:“考了三门，速写、速描和水彩。速描和色彩加入了创作和默写元素。色彩考试，不摆实物，让学生通过记忆描写物品的形状，考试时间一天，中午休息，可出去或查看书籍，观察实物，再回来凭记忆画。速描则是画照片，依据照片画出头、上半身和手。考试比照美院考试命题，比前次入学考增加了难度。速写是画老师。”

关于美院近几年的考试题，嘉如数家珍，她说，考试一年比一年难，一年比一年有创意。她们要在脑海中刻入一些特征、比例，如男女老人、男女中年人、少男少女、儿童、婴儿，刻入日常物品的形状，刻入普通人的日常动态……这些东西得信手拈来，根据考试命题，毫不费力将人、物、情境合理地拿捏，笔下生风，整合于纸上。

我问她，考试中大家都坐在一起，那不是随便看见他人的构思，拿来一用？嘉说："别人能看你的，你也能看别人的，这对等。关键在于个人的能力和发挥。有人堪称考场杀手，气场全开（全开纸，画室专业用语），水平不够的学生看这种人的画，会立即丧失自信，有的甚至将笔直接撂下，弃考。"

我说："啊，还有这种人啊。"嘉说："有啊，我们老师就讲了一个，她叫涂腾一方，她以专业第一名的成绩考进央美附中，又以第一名的成绩考进中央美院，在大学一年级，她又以优异的成绩，考进艺术家的圣地——巴黎美院。巴黎美院，她幸运的考进当代知名的绘画大师之一让·米歇尔阿尔贝罗拉的工作室。本科毕业考试中，她出色的创作能力征服了欧洲最权威的评委，成为应届生唯一一个直接通过考试，继续攻读研究生的学生。由于她在一系列重要考试中所向披靡，她的老师和同学戏称她为"考场杀手"。

她平静地讲述，我则啧啧称奇。建议，午餐后去看电影，她没有明确答复。

选择坐T19路去万达，上公交，不对劲，公交车朝铜锣湾方向开去。我问周围人，怎么T19路改线路了？乘客说，没有，就是这条道。有人说，这是T6路，不是T19路，我才明白，看走了眼。去千金影院。

千金门口，人不是一般的多，售票窗口旁，人挨人，我俩极不自在，我指着《亚瑟》、《赛车总动员》、《鸡妈鸭仔》、《洛克王国圣龙骑士》等海报，让她任选一部，她说，一看这海报，就没什么好看的。人太多让我也没有任何兴致加入观影行列。拽着她胳膊，离开了影院。

株百，人头攒动，不胜其扰，迅速将物购得。到书城二楼"成才书屋"，先拿了本安妮宝贝的《春宴》，再挑了本马尔克斯的《百年孤独》。

交款后，提及我买了《百年孤独》，嘉亮嗓说："我书柜里有唉，诺奖作者的书大多看不懂。"我没附和，上次嘉说《洛丽塔》看不懂，我却看得蛮好。

以前，我不太明白，为什么一些经典的书会看不懂，现在知道，当一个人阅历越来越深的时候，翻看曾经不懂的东西，再看会很容易明白。

逛累了，嘉要找地方休息，我指指王府井，去DQ？

在DQ，问她要什么，她说清香抹茶。排队，点单，交款，收银员示意我可加曲奇粉和水晶，以为不要钱，感激并请她都加。看账单时，赫然写着曲奇粉与水晶价格，各2元。一份清香抹茶，原本26元变成了30元。

出DQ店，毛毛细雨变成小雨，我俩共用一把伞。人多，抢不到的士，走向3路公交站。雨已将小腿裤淋湿，我们几经转折，快到站台时，一辆的士停在旁边，下来两人。

晚餐，东门罗莎蛋糕店旁，我们俩要了两份酸辣粉。

夜色深沉，还是共用一把伞，与嘉有滋有味地聊她小时候雨天踩水，陪她学古筝时，和她吵架、打她，滑旱冰，聊为什么爱上画画……嘉说，她所以喜欢画画，是因为画出来的东西显而易见，不像弹琴，弹完便消失。我应声答，我之所以将作品集结成书，大概也有这种情结，觉得是虚荣心在作怪。嘉说，她说不出那种感觉，总之就是喜欢。聊动漫，聊网络小说，聊穿越，聊她选择将美术当专业参加高考。我似乎发现嘉在目标设定上有所改变，不像先前，一定要学动漫。她说道，每个人的志向是会随年龄的增长有所改变。嘉还说，想学好一些，考一所比较好的美院。很有思想的嘉，无论干什么，我都支持。

晚上，福州小姐的儿子冠林同学来电，冠林大一，主攻油画。通过电话，嘉和他聊了一个多小时画画的心得体会，从未见她这么能聊。

10月2日

好像有事存于心，6点，就醒了。想起嘉不参加高三第二次月考，还未给班主任发信息请假。捱到近7点，给李老师发出信息，请假。

完成嘉想吃馄饨的夙愿，购安庆馄饨一份。路遇小郭和她妈妈买菜。

趁嘉早餐，我秀出昨天在书城买的两个iphone3手机套。两个塑料外壳，卡通的。一个是海绵宝宝，嘉知道；还有一个画的是熊，嘉也不知出自何处。手机套10元一个，掏钱时才觉得贵，已是淘汰产品，都不思还价。向她推销道：“哎，同学，送你一个手机套吧。”她笑笑。她应该喜欢那款海绵宝宝，她曾推荐我去看海绵宝宝的动漫视频，嘉接过去，套在手机上。

拿出那款棕熊的套，套在我的手机上。棕熊套子上，画了一只正吃冰淇淋的熊，配有一些英文字母，让她帮我解读。“Everyday Feels Happy；Like a Rainhow”，快乐每天，像一个什么？“Rainhow”不认识，嘉上网一查，说写错了，应该是“Rainbow”彩虹的意思，每天感觉快乐，像彩虹似的。再查这头棕熊出自何处：“RilakKuma”——日本玩偶创作旗舰公司San-X，主打产品。它叫松弛熊，也作懒懒熊。

手机套话题放下，论及《春宴》。我说：“这书目录有点像村上春树《1Q84》的风格，两个人，一人一个章节，交错进行。”大约看了十几页，我又对嘉说：“还没有生根，文字一直飘荡着，无着无落，虚多，实少。”

她答道：“这不就是小资吗？这类文章的架构，像我们英文老师给我们看的电影《怦然心动》，也是这样，一人一段，看似不相干，实则丝丝相扣。”

小说、小散、纪实文学，我们各自说了一番见解。

手机来电，打断了我俩的探讨。是班主任李老师。李老师说，嘉不参加第二次月考，没有关系，但 10 日至 12 日，这三天有学业水平考试的检测，一定要参加。我应声答应。放下电话，告诉嘉。

多争取一些与嘉聊天时机，我想尽办法，趁外出吃饭，带她东门绕行。

路上，谈梨花体，讲赵丽华，跟她讲公司报社折大师，写类似梨花体的诗句，谈我家书柜中两对貔貅的来历（提到绛色偏小的那对），讲我和她爸在乔家大院旁的大庙如何上当受骗，谈旅游中种种购物、烧香陷阱，谈我家楼下走廊上的那盏灯（那灯从 2011 年过年至今，因开关损坏，无法关闭，亮到现在，嘉把它命名为“灯坚强”）……

晚上，拽着嘉，借口到北门寻美食又叫上翔。翔推荐北门厂门口旁的兰州拉面馆，那儿有新疆大盘鸡。翔送了我两本书，是他帮嘉淘书时，对方误寄的。一本钱穆的《中国历代政治得失》，一本刘瑜的《送你一颗子弹》。

10 月 3 日

嘉想吃水煮鱼片，我实在想不出哪家好。为了满足她，只能外出找寻，不能在老爸老妈家吃饭，便叫老爸老妈一同外出午餐。

午餐点了两份鱼，一份银雪鱼，嘉喜欢，一份酸辣椒煮鱼，我们姐仨的最爱，鱼味儿都不错，了了嘉愿，老爸老妈吃得很带劲。一举多赢。

三天，吃饭、聊天之外，或嘉用台机，我用笔记本；或她用手机看网络小说，我看国庆节当天所购《春宴》，各自安静地做着自己的事。

家中绿茶消耗尽，开始享用福建寄来的铁观音和正山小种。从台湾回来的嘉爸曾问我为什么才买回的高山茶不喝。我舍不得喝。嘉爸说我有“烂梨子”情节。国庆节，毫不犹豫拆封嘉爸买的阿里山极品金萱乌龙茶。阿里山高山茶罐，看上去很精致。铝合金外壳，内置半透明白色塑料易拉环，设计缜密，不像金属拉环，易伤手。

于乌龙茶，我有话想说。记得我 30 多岁时，个人情绪极度不稳，经常使性子，发脾气，将自己弄得不愉快。而发泄的方式就是独自一人，打的到市区某宾馆或某高档茶吧，叫上一杯 20～30 元人参乌龙茶，略带甘甜的茶水就着苦涩的泪水，孤独地打发时光。只是不知道当时为什么偏偏点的是人参乌龙茶，印象中，好像当时能喝这茶，才能彰显一定的身份和地位，曾经的可笑，可不是一般般。

台湾乌龙，茶汤浅，茶香淡，叶片饱满，无杂质，纯纯的，是原始发酵制成，不像曾喝的人参乌龙茶，因噱头，浓浓的人参味完全覆盖本色茶香。

《春宴》几乎是一口气读完。平心静气，逐章逐句，甚至逐句逐字，读到贴近想法的桥段，会划上标记，希望再读时能多留意。

《春宴》写了两个边缘化女性的成长轨迹和内心情感，其中不乏性爱和为人处世的描写等。对于这两位女性的描述，读起来觉得作者把捏的精准，可现实中，这类型的女性委实太少。

读完，合上书，重回现实。熟悉的家，感受到的是嘉与我气息相通。

10 月 6 日

接嘉指示，帮嘉弄“研究性学习课题研究报告”。我选择的题目有两个：“光污染的调查报告”和“我们周围的电磁辐射”。

我：同学，研究性学习课题研究报告表，从宸爸手中拿到，随机找一篇抄，还是你选题？

嘉：随便。

我：要抄在表上哎，3 页纸，好久没手写，难呢！

嘉：呃，不会怎么样的。

10 月 8 日

李老师：学业水平考查是 11、12、13 号三天，请按时参加！收到回信。

我：收到，一定来。谢谢！

将一中班主任李老师的信息重新编辑，转发嘉。并问她何时返校。

嘉：10 号返校。今天感动中国的李丽来演讲了。PS：“研究性学习课题研究报告”，辛苦了。

我：好的。PS：你是在表扬我吗？

10 月 10 日

一毛：阿姨，你们住哪呀？可以收留我不？

我：我还没订房，你问嘉，她同意我便没意见。

一毛：她同意。

我：好的，我订了一个标间，你俩住。你得带上洗漱用品和换洗衣服。再：下午 5 点左右我们来接嘉，你跟我们一起吗？

一毛：嗯，好，谢谢。

一毛爸随即发信息给我：谢谢你对小女的关照！

我：哟，太见外了。乐意嘉有伴，上次她一人时考试迟到了。喜欢一毛。

嘉来电，让我跟画室老师请假，告知画室老师，她们要回到一中 3 天，进行学业水平考查。画室老师接我电话后同意请假。

嘉爸没有出差，恰逢周一，一堆事，早上的办公会，马来西亚维保公司、近期海外投标，等等。他需在纷繁复杂的事情当中斡旋并决策。

终于在下午 4 点多，嘉爸电话告诉我，可以出发接嘉。

出发时间比计划时间晚，害怕嘉久等，长潭西高速向长沙西。

刚到画室，接嘉电话，她要我们去寝室等她。

知道嘉不喜欢我去画室看她画画，脚步仍坚定地走向画室。她在水彩写生，专注于画。很多学生在水彩写生。照理，周一下午休息，画室却仍有很多学生，包括嘉、一毛和宸同学，都选择在画室继续画画。

嘉画的对象，实物架上铺着随意搭着的淡黄布，布上一匹飞奔的白马，马上有尊财神，白马脚边有两匹神态各异的小马，布上放有一个苹果、一个果盘，果盘内有几颗葡萄。

嘉的画基本完成，细瞧她的画。我不由得内心赞叹。那白马画得栩栩如生，“马踏飞燕”这词跳入脑海。小财神也挺传神，整体构图一气呵成，我不知道用什么词语赞美才好。（后嘉告诉我，她画的是三羊开泰。）嘉终于感觉到我的存在，并未像以前那样赶紧收画，而是对着画继续润饰，我知道，她也满意她的作品。她没有放笔的迹象，我于是四处瞧，再没有看到比嘉画得更好的色彩画作，心中喜的一浪一浪的。

周围有学生看见我，问嘉：“是不是你老妈啊?”不等她回答，我抢着回答道：“一看就是啊，年轻吧。”同学又问嘉:“你妈是干什么的?”我又回答：“老师啊，看着就像吧。”弄得嘉同学说:“阿姨，你真的很好玩耶。”我说：“那当然。”我问同学：“你觉得我家嘉性格如何?”同学道：“好好的，跟你一样，很有趣啊。”

啊，这回答，第一次听到。我以为同学会说嘉安静，稳重，没想到同学评价她性格与我一样。好现象，说明她为人处世越来越开朗、大方。

时间不早，催嘉收笔，她有些恋恋不舍。带着嘉和一毛，开车向东驶上猴子石大桥，再向北拐上芙蓉路，再向东上营盘路。虽正值下班高峰，不过，还算顺利到达预定的酒店。递上身份证、交押金，拿房卡。这次预订的房间，比上次要贵。上次是普标，这次是商务标间。酒店没有普标是因为有两个会在酒店进行。接待我的营销部袁经理曾事先态度诚恳地通知过我。

商务标间配有电脑，衣柜很干净。整体上感觉比普标好。

安顿好嘉和一毛，四人吃了晚餐。嘉和一毛到一中，我和嘉爸开车回家。

10 月 13 日

（在一中三天，嘉不像在画室那么紧张，中途我打出的电话，她立即就能接到。这表明，她时刻都在专注于手机的网络小说。我笑对嘉说："同学，过了三天轻松的日子。"）学业水平考察结束。昨天，她电话告诉我，早上可完结，让我 12 点前到酒店。

这是周四，嘉爸虽在家，却要去中南大学上 EMBA，我俩协商他先上课，下课后再来一中与我会合，送嘉回画室。我本想着先上两小时班，再乘大巴去长沙。结果天空不做美，7 点大雨倾盆。只能放弃上班，一心一意去长沙。

10 点多，人在雨中走向田心立交，上快巴。

车上收到嘉短信。

嘉：考完了。

我：你亲自考啊。

嘉：呃，还代考啊？

我：不是抽考吗？

嘉：不是抽考，但下雨没考跑步。

我：哦，还考体育？

嘉：高二每周的两节体育，只有一节音乐或美术，没有信息技术（电脑），还有劳技。这些都要考。

我：这就是素质教育吗？

到宾馆，嘉和一毛都在房间，一毛看"倾世皇妃"；嘉看手机网络小说。

办理了退房手续后，和她俩一起吃午餐，才知道嘉所在的长沙一中高三五班有七八个艺考生，一毛所在的六班只有她一个艺考生。嘉班上有一位艺考生在外地学习，没有返校考试，理由是在外地上一堂课 800 元，缺课，钱照交。另有一位同学坐飞机从北京赶回校参加考试。

这之前，我老想着来回接送嘉，吃呀、住呀都得操心，蛮麻烦，但听到有同学坐飞机回来考试，我立马觉得自己这点真不算什么，是小儿科罢了。

餐毕，嘉爸赶到，他已在学校食堂吃罢。嘉爸将我们送到画室，先走了。他回中南大学继续课程，因晚上出差去北京，他需抓紧时间多学些。

我慢悠悠和嘉将物品放回寝室后，便离开了画室。坐上 908 路，换乘 1 路，到火车站、坐快巴、去田心立交……到家上楼时已累的提不起脚。

10 月 17 日

不知道是否放月假，因上周四才送嘉返校，主动提醒嘉，让她不要回家。理由是我参加的书法班快结束，近期要练习写作品，我周一晚上不能缺课。

为此，嘉爸还说我，说我专制，不愿多付出，限制嘉。这哪跟哪儿啊，有这么说我的吗？不予理会。嘉倒挺善解人意。未出示反对意见。

周一，嘉爸在公司没有时间。我有预知，事先商量，让他别去，说我一个人坐大巴去。可嘉爸不同意，一定要去。如我所想，嘉爸一天的会。上午，我苦苦等到 11:40，他才边打电话，边从公司办出来。

驶向长沙。车上，他又联系下午两点电视电话会事宜，令我紧张和不快。

赶到画室，嘉已下课。一家三口，在阳光 100 饭怡鱼饭店吃午餐。半小时的时间边吃边聊。嘉状态不错，她只觉得时间过得太快，不够用。

餐毕，将她“丢”回画室，我们急回。下午整两点时到达公司。嘉爸准时参会，我则大喘了口气。

10 月 24 日

老爸老妈准备了桔子和柿子，将它们码好，放在一个纸盒，以方便我和嘉爸带往长沙。嘉在画室快 4 个月了，时间已过半。

画室的床上用品有些惨不忍睹，不得不换；她穿的灰白运动鞋，被炭笔灰覆盖，成了名副其实的黑鞋。我给嘉带上一套可换床上用品，连同换洗衣服、鞋子，加上老爸老妈准备的水果。

嘉爸周一上午，照例有会。这日下雨，我不免有些犯急，但并未表露，耐心地等待嘉爸来电，期望我们能安全顺利地去画室。

嘉爸 11 点唤我出门。一路上，嘉爸开着车，电话不停地响，我心中那个恨呀，还得憋着，嘉重要，嘉爸的工作也重要。

到了黄红蓝，径直走到寝室，换床上用品，收拾她要换洗的厚衣服，调换妥当，嘉才慢步到寝室，一脸淡然。见此等表情，心安，感知正常。

力邀嘉寝室其他同学与我们一道午餐，齐齐拒绝，两名复读生约好同学去长沙，宸同学回一中。我们仨，找店午餐。还不错，餐中点了雄鱼，做成鱼片火锅，嘉喜欢吃。嘉主动建议，剩下的鱼片给她打包，晚上到同学租的房子用微波炉热热，再吃一餐。好崽（湖南娄底方言），嘉会照顾自己了。

餐间，嘉跟我俩讲了近期班会的事情。她们班会每月一次，谢爹（央设班主任）特能说，嘉没说他说什么，只说待谢爹讲完，已经很晚。谢爹叫同学发言，结果，无论是班干部还是普通同学，没有一个愿先讲。嘉说，她第一个站出来开口，班会上，她讲着讲着，居然流泪了。嘉说，她自己都弄不清流的是什么泪。

我和嘉爸眼神相互对视片刻，异口同声道："没事，流就流了。"

嘉又说，在她的带动下，同学一个接一个，发言踊跃，可讲的全不在重点上，大多与画画无关，跑偏了。

嘉还说，画室内的复读生，有些很努力，但相当一部分仍然漫不经心，该玩还玩，该闹还闹，真不知他们到底想复读多久。

我与嘉爸再谈论嘉发言及流泪一事，由衷赞叹。我俩认为，嘉是一位有正义感的小女子，懂得什么是她这个时候该要的，什么是她不该想的。平日里表面上她不声不吭，实则内心里自己暗自较劲，也替一些不努力的学员着急。

嘉长大了，她远比我想象中的要成熟。我常说，看她那么小，骨子里却蕴含强大的磁场。她对自已设定目标的追求，点滴感染和激励着我。

她有趣的地方还在于，只要和我在一起，定会将她所需之绘画用品和书籍"一网打尽"，全然不顾及我花钱的心痛。她清楚地知道，关于学习、爱好、兴趣，她需什么，我给什么，从不多问。于是，这个午餐后，黄红蓝画室所在的靳江小区内，配钥匙、买画笔、买各大美院色彩范例，冒着小雨，撑把伞，我们将靳江小区转了个遍，我倾囊而出，嘉满载而归。

10 月 27 日

天凉下来。信息叮嘱嘉，吃饱穿暖休息好。

嘉来电，我问她本周回否，她说要月考。

这是画室第二次月考，第一次月考，她考得不错，但她却不愿主动告诉我，我分别发信息问郭和宸同学，才得到消息，说她考了第 33 名，在众多复读生“包围”的状态下，考得很好。

10 月 31 日

周一，照理应该看嘉，因月考，她让我周二再去看她。

这一日，第二次月考。中午，她主动打电话给爷爷奶奶，说她考试了。奶奶问她考得如何，她说一般般。

我接过电话，“虚情假意”地问候一番，醉翁之意在询问她考试的状态。嘉故意气我，就是不说。只说她上午考了速描和速写，站了三个多小时。很累。

尽管她不说考试情况，但她主动来电，足以说明她自我感觉良好。果然，我上班后，在北京机场候机，准备去乌兹别克斯坦的嘉爸来电，说嘉给他发了信息，说第二次月考考得可以。

嘉是永远故意吊我的胃口，而让她老爸安心的人。

这日晚上，考试后，学校为了使学员放松，给他们看电影。

嘉：今晚看电影。

我：蛮滋润的嘛。

嘉：寒风中等待。

我：多穿点，在露天看吗？

嘉：没想好看不看。

我：不在画室看啊？

嘉：篮球场。

我：多穿衣服，去看啰。放松放松，让生活多点味道。

嘉：呃，我很宅的。

我：别宅啊，多无趣，看啰。

嘉：再说。

11 月 1 日

嘉爸出差，联系开车去长沙的人。

嘉爸交待，让我带着热饭菜去看嘉，让她感受家的温暖。当确定嘉不回家后，我就跟老妈说，帮忙准备好鸡汤，我带去长沙。

我不想麻烦他人，做好一个人去的思想准备。

嘉来电，说要带毛毯。我思量，一个人，大包小包加汤和菜，肯定搞不定。联系姐夫，请他开车。他说要开会。联系老妹，老妹答应的很勉强。

打电话给姐夫，他不接电话。又打电话给老妹，敲定了出发时间。结果姐夫又来电，说原计划会议改期。我再打电话老妹，说姐夫去。老妹舒了口气，说金萍租的小店今试营业，她得去捧场。

找个开车的人这么复杂，只有这时，我才觉得会开车真好。

姐夫 10:30 开车赶到我父母家，我老妈正热火朝天地准备菜品。

装满了两个保温桶的汤和菜。11 点出发，去长沙。

路上，嘉来信息。

嘉：我们搞大扫除。

我：好的，等我们，一起吃奶奶做的大餐。

到了校，我唤她一同到食堂吃饭。她不甚情愿，说将饭打回到寝室吃。我说寝室没地儿。嘉勉强同我和姐夫到了食堂，打了两份饭，一元一份。

打开两个保温盒。清炖鸡汤、煎蛋、辣椒炒肉和炒四季豆。菜都是热的，鸡汤温度正好。黄红蓝每遇周一放假，90％学生选择外出吃饭，食堂只有三四个菜品，五六位服务员。当我将菜打开放于桌上，服务员们纷纷上前，一探究竟，并啧啧称赞。

在乌兹别克斯坦首都塔什干的嘉爸特发信息：到长沙了，她在喝你送的汤？

我：是的，我们在喝鸡汤、吃煎蛋、辣椒炒肉和炒四季豆。

嘉爸：她心情还好？考得怎样？

我：没出成绩，心情永远一般般。

我们餐桌旁坐着两个同学，嘉认识，主动跟他们打招呼，许是她班上的，一男一女，两人长得比较“粗犷”，女生留着男孩的发型。

当我不停地给嘉夹菜，叫她喝汤，那一旁的男生，居然吃吃笑着，调侃道：“再吃也长不高。”

我气愤地回答：“个小儿怎么了，浓缩的都是精华。”

嘉答腔：“喂，喂。”

我赶紧闭嘴，老实坐下，以免嘉发飙。

小事过后，我们心平气和地吃饭，没再论及什么。饭后，嘉仍说：“好像没吃饱唉，早上饿得太久，已不知道吃饱的感觉。”

我笑笑，收拾残食，将未吃完的饭菜装在一起，晚上自己热了吃。

内心很想知道嘉第二次月考的成绩，嘴上不说。饭后，我们在学校四处逛逛，一会儿瞧瞧大门上粉笔通告，一会儿走到橱窗看张贴着什么，试图找到公布成绩的地方。嘉一眼就看穿我的想法，直接唤我：“老妈，走，没有的。”

我失望地朝她走去：“哎，怎么还不出来呢？同学，出来了，你就主动告诉我啊。”嘉硬梆梆回应到说：“不告。”

我就“喜欢”找没趣。高兴的是，嘉情绪明朗起来。离开前，她主动拍我的背。我说：“同学，心情不错啊。”嘉自嘲道：“我总会有两天的考试综合征。”

将所需带回家的东西整理完毕，准备离开，嘉说：“我也出去，去买点东西。”我说：“好，还要钱吗？”嘉说：“还有。”

晚上，按耐不住寂寞，发信息给嘉。

我：同学，昨儿个看的是什么电影？

嘉：《原代码》

我：这是电影名吗？外国的？好看否？

嘉：我没看。

我：我准备将中午的剩菜剩饭一热，做为晚餐。你呢，准备吃什么？

嘉：下去买。

我：哦，吃点好的啊。

嘉：看看吧。

我：出成绩就悄悄地发个信息给我。

嘉：不发不发。

我：哎……

嘉：表情符号。

11 月 2 日

老妈家吃午餐时，接小王同学来电，聊了一阵。收到一条短信。

嘉：25 名，249.3 分。

止不住的兴奋。

我：耶，很好。谢谢你告诉我啊。

嘉：表情符号

我：你总是不温不火的。今早郭同学妈妈来我办公室聊天，她说她喜欢你，说你是淡定姐。

嘉：呃，我不淡定的。

我：她还说你内心很成熟呢。我在你这个年龄，傻乎乎的、大大咧咧的。

嘉：星期天去一中体检，好像。

我：好的，你可否跟宸同学去，你老爸出差。

嘉：不知道，再说吧。

我：好的，再定，我应该可以到一中陪你。

聊完，又赶紧将嘉第二次月考的成绩转发给在乌兹别克斯坦出差的嘉爸。

嘉爸：牛。

11 月 4 日

收到一中嘉班主任的信息。

李老师：本周日下午 1:30 在第二教学楼体检，请提前 10 分钟在生活委员处领表！请通知小孩按时参加，希望您回信！李老师。

我赶紧回信，说一定参加。并转发老师的信息给嘉。

嘉回信：好麻烦。我：我跟老师说按时到。我会在中午来接你。你先把假请好。嘉：老妈，带身份证。我：好。

11 月 6 日

出差一周的嘉爸，5 日才回家，今日又将起启，去英国。好在，离家时间是晚上，于是我俩有机会同往长沙。

中年人，记忆往往会产生偏差，5 日晚上，嘉给我电话，要求我带些外套，我满口答应，可出发去长沙时，这样的承诺已消失在空气中。车开出 20 分钟，才想起承诺，为时已晚。不能跟嘉爸说调转车头，默不作声，任凭他开向长沙。暗自在内心决定，周一再独自乘大巴将衣物送去。

到了画室，嘉还未下课，我和嘉爸趁机跑到接待室，查询画室第二次月考成绩。在此，得知与嘉同一寝室的郭同学考了第一。

教室里，人满为患，连过道都是学生。在央设班，左找右找，才在同学的指点下，看见了嘉。她正在画水彩，已勾出基本框架。这时，已近 12 点，叫她收拾工具同我们离开。看到了谢老师和秦老师，询问嘉的表现，他俩都说，嘉有很大进步。没有过多地交流，我只能悻悻地带嘉离开。

时间不多，往长沙一中赶，需要在 1:20 完成午餐并让嘉进校。车上，嘉提及衣服，这对我来说是较敏感的话题。我莫名地开始发火，越来越大，止不住，对嘉一顿咆哮。说她怎么怎么磨我，我买的衣服她几乎不喜欢，说她自已又不愿意逛商店，经常弄得我在商店看着衣服无所适从，等等。

嘉和嘉爸见我如此，都不吱声，任我发脾气。到了一中，对嘉说，没有多少时间，你自己选一家店吃。她知我气未消，径直走入一家。我气鼓鼓地往餐桌旁坐，嘉爸点菜。我生气的间隙，嘉主动跟我搭话，和颜悦色的，弄得我火上不去，一时又难于平静下来。正好我带着网购的什锦菜，开瓶对她说："同学，尝尝，很好吃的。"拿牙签挑了一根放入她嘴，她顺势接下，气氛缓和了。

嘉爸点多了菜，我们努力地“消费了”它们。餐毕，嘉走向学校，我和嘉爸则驱车去大卖场，为嘉购买外套。

五一路在修地铁，不熟悉长沙的人，易走错。在路上，我先前憋的火还没有发干净，关于走哪条道与嘉爸争执起来。到了卖场，我们谁也不理谁，只一门心思奔向适宜的专柜。商场专柜，我们各挑各的，拿下五件上衣外套，两条长裤。只管售货员开票，也不管嘉是否喜欢，买了再说。为嘉购物问题上，我们从来不眨眼，惊人一致。

购物完成，嘉信息到，她体检完毕，我们可随时接她回画室。回到画室。放下她，交待她如果所购衣物不喜欢或大小不适，不要将吊牌弄丢弃，下次有空去换。她答应了，我们离开。各自心中憋着气，一路无话。

晚 7 点，嘉爸离开家去北京，转道去英国。临行前，交给我一张纸条，上面写着他同学联络方式，让我有空将他同学在株洲照的照片传至同学 QQ。

11 月 9 日

嘉中午发了一条问候我健康的信息。

不知何意，想她是关心我。

下午在打印《自说自话》，不经意看了一下日期，11 月 9 日。

从 7 月 9 日至 11 月 9 日，嘉在画室待了 4 个月整。二分之一的时间过去了，还有 4 个月，她将结束集训，回到一中恶补文化课。

11 月 14 日

不愿尝试新事物，喜沿旧迹行事。

迫不得已时，会在内心作好铺垫，然后义无返顾，作出舍我其谁的姿态，向着设定的方向迈进。

2011 年 11 月 14 日就是这样。没有依靠的我，不能这么说，是故意不寻依靠的我，决定坐公共汽车，长沙行。

早早上班，将工作梳理完毕，安排黄师傅照应，9 点，出发。

出差专用的红格皮箱，内装满了嘉的换洗衣服，纸袋装了两双鞋，背上一斜肩包。

9:38，在田心立交登上大巴。线路不像去一中那样烂熟于心，多少有些忐忑。手机写下：大巴上，心儿堵，是要见到嘉的缘故？

坐了N次快巴，首次在高桥下车。高桥，人车混杂，感觉两眼一抹黑。先后问了两位协管，才从高桥立交下北到南、东到西，找到公交站。

看站牌，木然。似乎没有到达河西的车。寻思着问一位摩的司机，他告诉我，905路可到河西，我再瞧，站牌未显示905路车讯息。再问，摩的司机肯定地告诉我等着就是。5分钟左右，905路来了。上车问公交司机是否到阳光100，司机说不到，要我在南郊公园转908路或912路。车到南郊公园，换上912路，到阳光100。

11:38，到嘉寝室，瑶同学仍在睡觉。她说她感冒了。我早已和嘉说好中午请寝室同学吃饭，问瑶同学去否，她说不去，她爸来了，说完她继续睡。

等待嘉着下课。12点多，郭同学先回，嘉随后上楼。进寝室嘉直嚷嚷饿。赶紧招呼嘉和小郭一同出门吃饭。临出画室前，联系宸同学，她不跟我们去吃饭，要回一中。于是请宸同学将嘉的身份证带给班主任李老师。宸同学虽有些担心，她还是顺利将身份证带到。

依然是在饭怕鱼点了4个菜，香辣雄鱼片、砂锅豆腐、水晶红煮粉和娃娃菜。吃得很香，我与小郭同学很聊得来。

小郭也是田心人，父母都在公司工作，她老妈是我同学。小郭幼儿园和嘉一个班。小郭未上中班，因此她比嘉早上一年学。小郭从小也画画。中间停下来，高二重拾。她画画，不是因为成绩不好，而是和嘉一样，喜欢。

小郭跟我说，她今年遭遇了人生的第一次打击，三月，美院出成绩，她以差2分的成绩未上央美。当得知专业成绩不佳，她回到学校复习文化课时，她便下定了复读的决心，结果，她秉持轻松的心态参加高考，考了530多分。

文化课成绩拔尖，她被江南大学录取。而她，在遭受专业“重创”后又遇到读与不读的两难。暑假，她尝试先复读。在复读学校，她感受到复读生们的浓浓的学习氛围，决定放弃江南大学。暑期过后，她再次住进了黄红蓝。

早先从小郭妈妈口里得到小郭可能复读的消息，跟黄红蓝沟通，希望能让小郭与嘉一个寝室，黄红蓝批准，尽管中间有个小插曲，在小郭未确定复读时，床铺已被她人预定，可还是给了小郭。这样，嘉得以与小郭一个寝室。

复读的小郭，选择清设班。心态调整到位的她，专业水平有了很大提升，第一次月考，在整个画室设计造型班 600 人中，考入前 10，第二次月考，她考了第一。两次都得到了黄红蓝的奖励。嘉跟她住一起，有目标，有方向。当然，嘉也不错，第一次考了 33 名，第二次考了 25 名。在画室复读生重多的情况下，她真的很了不起。

小郭跟我说，当她知道她专业成绩离央美差两分时，她先是错愕，而后是难过。她说，她是因为太在乎了，所以考的时候发挥不稳。而当她决定复读，平常心去考文化课时，却考出了比文科生还好的成绩。

小郭说，她觉得她的选择是对的。一是基于她在画室很快乐，再怎么累，她都觉得是享受；二是她说她成长了，这次打击，对她，有极大的帮助。

我与小郭也讲了自己的一些挫折和对待困难的态度，彼此投缘，好像有讲不完的话。嘉则一旁吃着，偶尔笑笑附和。小郭觉得奇怪，对嘉说："你妈这么开放好玩，你怎么都不大笑？"我说："她听得太多了，不稀奇了。"

和小郭谈到了感情，谈到了她父母，谈中学生行为，谈她将来想从事的工作，也谈到了她月考考第一名的事……言谈中，我加深了对小郭的了解，很喜欢这个双子座的女生。三人非常开心。说真的，现在的女生，非常了得，比我们那时懂得、想得、学得可多多了。

离开饭怕鱼，我与小郭相约，每周一起打牙祭。她说："阿姨，我怎么什么都敢跟你讲呢，跟我妈，总是欲言又止。"我说："那就对了，这是所有嘉同学对我的共同看法。我适合当老师。"小郭马上接："心理老师。"

周一，画室照例下午半天假。小郭说她准备去长沙看电影《失恋 33 天》，我让嘉跟小郭一起去看，嘉没兴趣。

红格箱子中又塞满了嘉穿脏的衣物和一些杂物。拎上替小郭带回的保温盒，向小郭与嘉告别。对嘉说："好生爱惜身体，吃饱穿暖。"嘉说："老妈，你怎么总是这么几句。"小郭则对我说："阿姨，路上小心，注意安全。"

912 路，想坐到终点站高桥，再转车。谁知，终点站根本没车可换。于是，拖着箱包，绕着高桥转圈，好在，方向感是有的。估摸着走穿过了四分之一高桥片区，来到东二环上。在长沙海关站，坐上了121路，到达火车站。下车，看手机，我居然在路上耗去了两个小时。收到嘉的短信。

嘉：到家了吧？

嘉会关心人了。我有点激动。

我：还在长沙火车站呢！

嘉：噢，你小心啊。

再感动。

我：晃晃悠悠，清楚线路了。下次不会绕弯路。已上大巴。谢谢关心。

搭乘公交，有波折，欣慰自己依旧保有不变的激情；相识小郭，畅所欲言，欣赏她的成熟、她的心智、她的才情；看望嘉，波澜不惊，欣喜嘉开始用短信对我“注入”关爱。

充实的一天。

11月19日

今日是嘉画室第三次月考，整整一天，考三门，那累可想而知。而画室，却没想让学生们休息片刻，晚上还按平日作息要求学生上课，确实太残酷。

嘉：晚上还要上课，郁闷。

想着，应该回复，吃得苦中苦，方为人上人。可手指落在手机屏上，却写出：今天考得很累吧，要不，跟老师请个假，休息休息，你们谢爹像“法西斯”。嘉回复：主要是不想画画。了解她的心情，画了一天，精神紧张一天，是人都会有某刻的倦怠，是该歇歇。

打电话。嘉很快接听。从声音中感受到嘉情绪不错，猜想她考得比较自信，尽管她依旧跟我说考得“稀里哗啦的”。

下周一去看她，会知道第三次月成绩，很期待。电话中，她还说了周边同学考试后的状态，如她一样，也都不想晚上上课，对老师的决定多少有些怨言。前两日，嘉短信通知我，今年湖南省联考时间确定为12月31日。

11月21日

生气。揣着恼怒的心情，踏上大巴。

惯常周一，去画室看嘉，告诫自己，一看见嘉就立即“绽放花儿般灿烂”的笑容。而在去长沙的大巴上，仍持续纠结在令人生气的事情上。为平缓糟糕的情绪，在手机中写下：“阳光灿烂，内心阴霾。有气要生，不必憋屈”。昭告天下。且暗自决定，晚上酒。无论独饮还是众饮，都要酒。借酒疏通、借酒发泄。

11 月 22 日

我：同学，我的第三本书已横空出世，叫《自说自话》，已拿到手，好得不得了，你恭喜我一下吗？

嘉：呃，恭喜你啊（随信息附图片一张）

我：你画的，好好哟。

我：弱问一句，考得咋样？

嘉：还没有出

我：好的，晚上天凉，保护身体。

11 月 23 日

嘉：26 号好像要填表

我：是的，我 26 号到一中，已和李老师说好。

嘉：哦，好的。

我：有秘密要透露给我不？（我迫切想知她第三次月考成绩）

嘉：没有的

我：呃，崽啊，纠结。

实在觉得奇怪，19 号的第三次月考，为何这么久也没出成绩，心理只是想着嘉考得不咋地，才会不思告诉我。发信息给小郭。

我：小郭，嘉这次考得如何？

小郭：速写 88，其他的不知道，这次是联考评卷老师评的。现在他们在上全校的大课，只点评了高分卷，讲速写时有一张 88 分的，像她画的。

看小郭的信息，非常开心，瞧瞧嘉，高分卷哎，就是她自己不肯说。

我回复小郭：哦，谢谢啊，麻烦你及时通报，嘉很不屑告诉我。

小郭：呃，她可能想考得更好一点再告诉你吧。

我：也许吧。

11月25日

因有事情与嘉沟通，发信息。

我：同学，下课来电。

嘉：什么事?

打通电话。告诉嘉，我明日去一中，然后再去参观黄校长画展，可能没有空去画室，并告诉她，如果我不去，下周一肯定会去。嘉回复好。

11月26日

嘉班主任李老师23日发来信息：高考报名相关资料来了，可以进行网上报名！请来学校拿资料，并带220元高考报名和体检费，本班学生报名集中在26日上午9点到9:40，收到回信。

原心中设想，25日先到长沙住一晚，26日不急不慢到校，完成报名任务。可25日，工作太忙，且要安排周六周日加班事宜，致重拟26日一早出发。

到了学校，在逸夫教学楼，见到李老师。李老师已帮我填好报名的预备表，交待我上网报名填表事宜，领我到一中科学艺术楼，四楼机房。机房内，全是上网报名的学生、老师和家长。

网上报名，网速慢得令人无语，一个教室上不去，换一间，再换一间，第三间教室的一台电脑，终于登录。进去了。按提示操作，一步步完成后提交，结果死机。耐着性子，我弄了7次，还是无法完成网上报名工作，最终放弃，决定回家上网报名。我旁边的一些学生，有捶着桌子的、有拍着电脑的，几乎无人能顺利完成网上报名。

回到李老师办公室，想与她打声招呼再离开，看到有一位学生和宸妈都在用笔记本上网报名，就等了一会儿。宸妈帮宸同学在网上报名成功后，我在她的机子上也替嘉报名成功。前往省画院看黄礼攸画展前，给李老师发了信息，告诉她，我已完成网上报名，并谢谢她对我的帮助。

报名期间，收到小郭发来的短信：嘉这次20名，还不错，比上次有进步。

就因为这条短信，让我对上报名的屡次提交失败一点也不生气，我家嘉太值得我为她付出。她在画室一次次月考的进步，都是我前行的动力。

我将信息转发在乌兹别克斯坦的嘉爸。

11 点多得到嘉爸的回应：**刚醒来，收到你和嘉的信息，你们俩信息时间只差 5 分钟，她说我在英国买的饼干好吃，你说成绩。她这次 20 名的成绩也算黄红蓝一流选手了，与第一名总分差 5 分，800 多人考哦，太牛了。**

“问道——黄礼攸作品展”，2011 年 11 月 26 日至 29 日在湖南省画院展出。

老叶在某次餐桌上告诉我信息。欣然答应前往。黄礼攸筹备画展时，他曾给老叶打电话，求几方印章，邀老叶观展，老叶承诺刻印并前往恭贺。

我在学校为嘉填写报名表，老叶来信息：**已在黄礼攸画展展厅，10 点开幕，送了三个花篮，我、你和王。**回复：**好的，我在一中填表，弄好了就来。**

老叶为黄礼攸画展，提前一天到长沙。我本想提前来，可 25 日来馆图纸太多，项目不能耽搁，安排李主管及梁主管小组周六周日加班，折腾到很晚。

在一中忙完嘉的事儿，电话老叶，老叶说他已经离开。我只能独自去了。

11 月 28 日

周六一早，老爸老妈便念叨嘉，并准备好我周一看嘉需带的水果。

柚子是首选，老妈剥柚子水平一流。近期每周日，她会剥好一个柚子，掰成两半，放入保鲜袋。昨天中午，见老妈剥柚子，突发奇想，随口：“哎，明天我们一起去看嘉怎样?”老妈应声说好。我知道，老妈内心有恐惧出门情节，好几次，稍远点，她不是这里痛，便是那里痛，弄得一行人不安心。老爸则不然，根本不用问他，只要提出建议，他一定接受。关于嘉，他永远看不够、问不够和听不够。

打电话联系好姐夫。28 日，周一 11:45，将车开至猴子石大桥西侧靳江小区。

黄红蓝所在靳江小区，在阳光 100 对面。靳江小区前，新盖的楼盘叫湘江 N 百，我们进入黄红蓝时，湘江 N 百封顶，开始预售，11 月，湘江 N 百楼盘撩开面纱，楼盘的外围整理也初现端倪。作为湘江 N 百的邻居，我乐见其成。

可这几周，湘江 N 百楼盘前，营销中心的玻璃门上、沙盘上到处都被涂满了“欠债、还钱”等字样。营销中心前，再也看不到前来咨询买房的人。

靳江小区，周一下午放假，长沙的家长接小孩回家多，停了很多车。姐夫找了路边停好车，他来过多次，说守在车边，以方便让车。

车辆仍往来频繁，我赶紧搀着老爸，他却拒绝我。我心里很不是滋味。在田心接他时，我特地让他先上了车，等我坐定车开了，却看见老爸还在费力地挪动右脚，越过车后座中间的一个小坎儿，将双脚摆平在身子前。这小举动，着实让我觉得老爸老了。

到了黄红蓝，径直带着老爸老妈走向橱窗，这儿肯定张贴着嘉第三次月考的成绩，果不其然。我已知嘉名次，带老爸老妈看，是为了让他们以嘉为骄傲。

指着嘉的成绩给老爸老妈看，他俩很是佩服，连声说不错。老妈说，每次嘉考完试打电话给她，如果嘉说，考得一般般，那就是嘉自己很满意；如果说郁闷，那就是嘉自己不满意。不管嘉满意不满意，我们都觉得，她一直在进步。事实也确实如此，此次会考，832 名考生。

央设班学生在屋外写生。嘉昨夜发信息给我，告诉我她们今天写生，原以为会到市内，后定在小区里。我们到时嘉她正专注画某个树根，老爸老妈也未打扰她。

带着老爸老妈进入央设班，偌大的教室，全是画作、画架、画品和认真作画的学生，人需在物品和学生中穿行，从没有看过此种大规模学生作画的场景，老爸老妈惊讶地四处瞧。翔同学初来画室时，也是他们这样的神情。画室学生，对我们视而不见。倒是谢爹看见我了说嘉在外面写生。

再带着老爸老妈来到嘉寝室。一股浓浓的异味扑鼻，老妈第一句话：“怎么不开窗。”我说：“不能开，否则，窗台上东西会掉下去。”寝室，我们三个几无立足之地。屋里堆满了 4 个人的生活和学习的全部东西，乱糟糟。老妈又说：“天啦，这环境，怎么住人。”老爸则一个劲地问：“还要住多久？”

我说：“没关系，她习惯了，等到画室综合班考生考完联考，去学文化课后，情况会好些的。”老爸又问：“那嘉呢?”我说：“她住到明年 3 月份，考完校考，就回一中。”老爸掐指一算，说：“还要 4 个月呢，4 个月啊。”

不宜久待，让姐夫赶紧将二老送去餐馆，否则他们还会唏嘘不已。我留下等嘉下课，带嘉和一毛走到餐馆。老妈见到嘉说：“哎哟，又瘦了，又瘦了。”我调侃：“瘦什么，胖了。”老爸则一如既往地摸摸嘉的手，捏捏嘉的脸，什么也不说。点了几个经典菜，6 个人好一顿吃，未吃完的菜，打包给嘉，晚上她可以带去一毛租屋内热着吃。

回到寝室，将嘉一周内穿过的厚衣打包，放入袋中。和姐夫、老爸老妈折返。嘉和一毛利用半天假期，还需完成很多速写作业。路上，接到嘉的电话，她平淡地告诉我，我将钥匙落在她的寝室。

先回老爸老妈家，拿钥匙，然后回家帮嘉洗衣。老妈要把嘉的衣服留下洗。我没同意。老妈说：“你上午接了电话，说要去单位审合同，你不怕别人等你吗?”我说：“啊，我说过吗?”姐夫接话：“说过，你早上打电话说下午去签合同。”哦，我这才想起，关于昆明车，随车资料签合同的事。

老爸听力不好，车上他一直闭目养神，不知他怎么也听清楚了，加入游说我的队伍。老妈接茬：“我先放洗衣粉泡泡再洗，洗得干净些，要你洗，还不一下水就绞，根本弄不干净，放这。”

真的，生于斯，长于斯，是我最值得庆幸的事。

12 月 12 日

嘉发信息跟我讲美院网上报名的事情，我连发几条短信给她。

我：我在看《三傻大闹宝莱坞》。好看极了。

嘉：我们同学也看了，跟我说了。

我：真好看，明天再看。明天你老爸回，带他来看。

嘉：剧院吗？不是早下线了？

我：原来是外文片。

嘉：我记得这个电影在我上高二时就有了，他们下载看。好像是印度的教育片。

我：不是教育片，说不好什么类型。就是好看、感人、直达内心深处。

12 月 18 日

11:00，老爸老妈家，两个保温盒，一个装鸡汤，一个装着三份菜。打包好。

我和嘉爸拎上它们，驱车去长沙。

路上，因开车时的嘉爸又接电话，我生气了，不想跟他说话。

嘉下课，强撑着打起笑脸一起吃午餐。餐后帮她买了一个画架。

回程，坐在后排，任嘉爸开车，一路无话。

12 月 24 日

嘉：人家平安夜吃苹果，我们画苹果。

我：幽默！明天送你室友和一毛巧克力。

嘉：别人班都嗨死了，我们被压着画画。

我：是谢老师吧，呵呵，你用内心嗨的方式去抗争啊。

12 月 25 日

生活总被绕不开的东西牵着。

很难刻意为某个日子去计划，一切自然而然。

平安夜不期而至。中国人成熟了，对圣诞的关注不似往年那么神往；抑或是我变得温婉，激情褪去了大半，对被冠以节日的一天，已无任何念想。

昨儿午餐后，突然接到嘉爸的电话，说他们 EMBA 班同学晚上共度平安夜，让我去长沙住一晚。回家收拾带给嘉的衣服和嘉爸给嘉寝室同学的圣诞礼物——巧克力，整三大包物品，想也没想怎么拿，拎上就出门了，直奔田心立交。

路上，才感觉东西重，却坚韧不拔地前行。渴望相遇贵人，助我一臂之力，正想着，一辆黑色崭新凯美瑞真就停在我的身旁。车窗摇下，唤我上车。我的邻居，老妈原同事，李叔叔。他恰去田心立交修理车胎，顺带捎上我。

与嘉爸敲定住宿等事宜。他同学聚会在韶山路上的火宫殿，晚上在解放路某酒吧，商量后订下了离中南大学、火宫殿和解放路较近的宾馆。平安夜，长沙城拥堵，大巴慢慢挪到火车站，我转乘公交，赶到酒店。

嘉爸交待的有活儿要干，需将他在马来西亚买的巧克力包装好，以礼物的形式在圣诞这天送给嘉的室友和一毛。天已全黑，拿上巧克力，出了宾馆。沿芙蓉路找寻礼品店。在家乐福芙蓉店找到两家，结果因店内人手不够，没有时间给包装。只好灰溜溜地将巧克力拿回。

25 日，和嘉爸一同早餐，睡眠到位的嘉爸跟我大谈特谈与 EMBA 班同学们一起共度平安夜的点滴。

他继续去中南大学读书，我去画室。嘉这一段时间有些低落，月考成绩有所退步，我需将不爽之事留下的痕迹去除，打起十二分精神，面对她。将圣诞礼物送给嘉室友们。嘉爸在课后赶至画室，一家三口在圣诞中午齐聚，一起乐陶陶。

12 月 25 日

17:20

嘉：今天吃了好多肉啊。

我：可发热啊。没有事，吃好穿暖就好，翔同学说要打电话给你。

嘉：啊……

我：他说他昨天中彩了，吃了一顿恰好是 666 元的饭，要把好运传给你。

嘉：打电话不知道要说什么。

我：他会说的。

我：忘记了，今天把你们的窗户打开了，晚上关上。

嘉：好的。

12 月 27 日

12:07

我：同学，明天中午我来给你送身份证、准考证。一起午餐，叫上小郭、小罗和小冯，红阿姨也来。还要带什么？

嘉：啊，知道了。没有了。准考证要过塑。带一个厂里进厂证外套样的牌子。

我：好的。

嘉：带个蛋糕怎么样？

我：哦，好的。

12月27日

22:52

嘉：长冻疮了。

我：啊，没关系，我读书也长的。

嘉：表情符号

我：早点睡，明儿见。

12月28日

10:28

嘉：停电了。

我：我们已在来长沙的路上。

我：你待会儿到寝室等我们。

与老姐和姐夫到了画室，将联考准考证和身份证交给嘉，将所购蛋糕放下，大家午餐后，我们一同又到了师大附近。老姐陪我在师大附近走了一圈，介绍校园分布，让我对师大了有基本认知。随后，我和老姐一同到她师大附近的家，把她家中卫生打扫一遍，我们就返程了。

12月28日

22:18

吃完蛋糕后。

嘉：坐地长胖。

我：蛋糕好吃不？

嘉：好吃，还有橙子。

我：好吃就行，早点休息啊。

至此，关于联考前，纯记事流水账结束。

第三章
联考·校考

值得书写的日子

2011 年 12 月 31 日，湖南省联考在湖南师大美术学院进行。

嘉义无反顾地选择将绘画作为专业，迎战高考。我和嘉爸全力支持。嘉爸工作较忙，分身乏术，只能我这老妈扛起。我自我打理，也倒勉强，可要全权将嘉考试这天安排妥贴，一己之力便显单薄。加之我对湖南师范大学一无所知，借力是首选。

姐夫和老姐分担了这一切。28 日，湖师大熟悉场地，预订宾馆。姐夫和老姐对湖师大熟，他们的儿子初高中都在湖师大附中读书，他俩倾囊在师大不远处买了房。原计划，我想将老姐长沙家作为联考日的休息地，可当我们考察过后，觉得太远，重新锁定通程麓山大酒店，并提前预订。

黄红蓝对联考学生的安排：30 日送考生熟悉场地，31 日 8:00 前送考生到考场，除午餐可接受学生预订外，其余事项学生自行解决。

30 日中午，嘉爸从洛阳赶回。我将嘉联考前所有事项告知他，说姐夫和我 31 日已请好一天假，全程陪伴嘉，为她提供一切后勤保障。31 日，嘉爸早上有办公会，下午有表彰会。我与姐夫按约定的时间，早上 9:00 出发。在通程开好房，再去寻考场。这之前，我对湖师大方位有大概的认识，没求甚解，以为麓山路这区间可随意问询得到。结果，我和姐夫绕桃子湖路和麓山路一圈，除在师大工学院，看见有少许考生和监考的老师外，未见成规模的考场，感觉坏事。看师大工学院布告栏，才知道这儿参加考试的是职高学生，参加美术和服装两大专业考试的应届生呢？一头雾水，亏我们来得早，找身上挂牌的老师问才弄清，所有应届生在湖南师大的美术学院考试，那儿叫“左家垅”，我所在的位置是北校区，两者间隔着湖南大学。

知道方位，姐夫开车向正确目标前进，心里没底，车速很慢，约四五站路，终于见到路边站牌上写着“左家垅”三个字。路上，来来往往全是车和行人。麓山南路，分布着湖南师大体育学院、湖南师大艺术学院和湖南师大美术学院，湖南省艺校也在其间。路的两旁，若干的培训机构混杂，好不热闹。

2011 年 12 月 31 日与 2012 年 1 月 1 日，湖南省艺术门类专业联考集中在这两日进行。美术、播音、编导、表演、服装等专业扎堆，应届生的面试、笔试均安排在湖师大所在的麓山南路周围校区内。

美术专业联考考三门：素描、速写、色彩。上午 8:00 至 11:00 素描；上午 11:15 至 11:45 速写；下午 2:30 至 5:30 色彩。

姐夫好不容易找了个车位。这时已是 11:20。我随着人流，一步步挪到中心考场。并依指示牌找到嘉的考点老教学楼。老教学楼是湖南省艺校的所在地，一栋教学楼，一栋学生宿舍，操场不足百余平方米。校区内，站满了考生和家长。11:40，铃响，这是预备铃，表明离速写考结束还有 5 分钟。11:45，考试结束。我翘首死盯，希望在出教学楼的考生中发现嘉的身影。11:52 分，嘉随考生出现在教学楼门口。她在张望，我叫出她的名字。她听见，朝我走来。靠近后，我观察了她一秒，感觉正常，有些忐忑的心稍稍放平。一手接过嘉的画具，一手搂了搂她，没有排斥。我想，考试发挥稳定。紧挨着嘉，边走边招呼，生怕被人群挤散，向新教学楼走去。早约好接嘉同寝室的小郭。接到小郭，带着她俩，从师大美术学院的小巷中走向麓山南路。麓山南路这个片区，此刻全被考生、考生家长、公交车、私车堵得水泄不通。短短的几十米，我们仨走了 20 分钟。姐夫在汽车上等我们，上车后车技高超的姐夫将车开出人车无隙的范围。

解决午餐的地方，想着越近越好，“麓枫华天”赫然入眼，没犹豫选择了它。麓枫华天内伴岛中西餐厅，5 个菜，我们四人，美美地享用。

1:40，将嘉和小郭送至考场附近，替嘉在笔啸轩的商店买了一个调色盘，把她俩分别送入新教学楼和老教学楼。我和姐夫到酒店休整。

14:30，嘉爸来电，问嘉考试的状态。我告诉他，基本正常。

15:00，黄红蓝禹校长来电，问我是否陪考。我说必须的。征求禹关于嘉校考的意见，她提了四所美院和两所综合学院，希望嘉都能去考。

16:45，我和姐夫“杀回”湖师大美术学院。下午 3 个小时的色彩考试，考生们出来的时间不似早上考速写那般集中，17 点开始，有考生陆续出考场。小郭，先从新教学楼出来，在我们约定的旗杆下等我，嘉属中规中矩之人，她出考场的时间是 17:32。小郭告诉我，她考场内的监考老师年轻帅气，对考生很好，感觉色彩考得不错。嘉出考场，我发现她忘带画箱，提醒她，她哦了声，折返考场去拿。嘉见到小郭，小郭询问她色彩怎样？嘉一如既往的不说好也不说坏。

将在甜甜圈咖啡店买的一堆甜品递给她俩，作为考试完成后的“奖励”。

沿麓山南路上长潭西，19:00，到田心。将小郭送还给她爹妈，将嘉交予我老爸老妈。关于联考的一切瞬间从脑海中剔除。

接下来晚间时段。我开始成为自己的中心。

2011 年岁末晚上有重要活动。嘉爸头一天已先行通知我，说有宴请，叫我根据嘉联考的进程拿捏好时间。宴席中的人，已酒过三巡，菜过五味。晚到者，罚酒，哪怕我理由再充分，也逃不了。

每年，这种场面，我都将自己喝到不致醉的程度。这日，因姗姗来迟，错过了精彩时分，成全了自己全身而退。与院士及王姐乘车返家。

酒不醉，必多思。当晚，在空间说说上写道：当我以为，应该得到时，一切都离我远去；当我以为，什么都是浮云时，一切正向我招手。

酒后，独立思考，多角度考量——真好。

公元 2011 年，睡梦中，已然到了 2012 年。

2012 年元月 2 日

相处之道

于道，这世上，大概没有什么人能阐释得清，否则，也没有“道可道，非常道”这句话了。现代人不会有古人对人、对自然那般认识深刻，也不似古人般对人、对自然有敬畏感。

关于新年开篇的文章，想了两天，不知道该取个什么名字。《开启新年》?《1 月 1 日》?《新年纪事》……元月一日晚，坐在床上，想起杨德昌的电影《一一》，就用《一一》，当作文名，打开 2012 序幕。

真待成文，怎看怎觉得这《一一》不适合，太牵强。电影《一一》对一家老小刻画朴实、传神，个性的特征异常明显，每个人对事物的看法不尽相同，却始终是相亲相爱的一家人。

我的大脑，潜藏着想刻画一家三口，由于嘉和嘉爸长久的缺席，总不得如愿。嘉联考在新年到来前结束，画室准休两日。公历新年，嘉爸也不出差，三个人在 2012 伊始，扎扎实实相伴了两日。

人，总是矛盾着。长久一人独居于家，总会有悲、苦、哀、寂的情绪。和嘉爸说过几次，他出差回家的那个晚上，我总会小失眠后入眠，真不知是为什么？嘉爸也难释其因，不作答。无论我有什么样的心思，这个新年，我得让嘉放松，吃好、穿暖和睡好。嘉爸如是。

1 月 1 日晨，嘉爸和嘉用过早餐，嘉爸“怂恿”着嘉出去走走，购买灯具。在花江狗肉店吃过午餐后，嘉在房间内用手机看她的网络小说，我则与嘉爸对家中所有灯具进行清换。在将重新替换的灯具全部打开后，白炽灯照耀下小家好温馨。

晚餐前嘉爸提议去爬山。凡嘉在家，我俩会心照不宣。我不轻易提议，可只要他提议，我就支持。嘉，她喜好虽与我相左，但她在她老爸面前，无“压头”之事时，定会淡然附和。

石峰公园，人寥寥，失趣，转至神龙公园。绕公园行，勾出很多回忆。嘉小的时候，每周都会游公园，带着嘉、静和小王同学出现在跳跳床前、出现在沙画中、出现在滑滑梯旁、出现在鬼屋里，人们都会投来羡慕的眼光。

回忆是美好的、快乐的。

晚餐饱食了老妈最拿手的清蒸鸡。嘉爸又建议晚上看电影，嘉默许，我双手赞成。首选《亲密敌人》，误打误撞的却看了《龙门飞甲》。

观影轻松、愉快，其中穿插与嘉和嘉爸交流，大家观点雷同。两小时五分钟的电影，没有在看手机数时间中度过，证明影片给我们仨之感，还算中上乘。

临睡前，嘉在QQ空间写道：中午看到戴老师了，总觉得还是小学生。

这将嘉内心的纠结一览无余。我明白，嘉不想长大，对现在状态，自己作决定，存在恐惧感。17岁的高考生，理解！

转眼第二日。嘉爸有接待任务，温总理亲临，第三次视察公司。

我帮嘉查询各美院网上报名情况。午餐过，因四川美院有一寸免冠照的要求，叫嘉去田东照相馆。嘉对于照相，万般不情愿。来到田东照相馆，帮她整理头发，她扭扭捏捏，不肯将搭在眼前的头掠开，露出她的脸，也不愿将左右两边的头发搭上耳，致整张脸几乎全都罩在头发中。我强压着情绪拨弄，她依旧抵触，我突然升腾无名火，当着嘉爸和照相馆师傅的面，跳起来大骂。嘉低头不语，一句也不哼。无人接招，再说无趣，由嘉爸去说服嘉。5分钟后，叫师傅打开数码相机让我检验，照片符合要求，只是映着一张苦瓜脸。

这是一种爆发，正常的爆发。我与嘉个性冲撞的结果。我似不解恨，还想叨唠，摆事实、讲道理，想告诉嘉我是对的，她是错的，但知道这样不好，丢下嘉爸与嘉，独自在中国银行待了10分钟，缓过劲来。

很多事情，我不愿较真，平日里，我显得很粗心的，可是对有些事，我认真起来，也绝不含糊。对嘉说：“你的头发，平日想咋地就咋地，我不干涉，但这照相之事，既然决定，就按要求来。”

嘉爸后来告诉我，我骂嘉时，她的眼泪已在眼眶中打转，只差没落下。

嘉下午，自行上网，查询校考信息，主动叫我查看，我为责骂她而后悔。

与嘉讲的最多的是让她做自己喜欢做的，不用去顾及太多。可无忧无虑的日子，也有过腻的一天。这一向，联考加校考，嘉对自己要求很高，无形的压力加在她身上，我替嘉急，情理之中。与她相处，关于她的学习和生活，我一向坚持，别人家的孩子可承受的，她就能承受。当我看着一些有条件的人家，让老人陪读，做后勤保障，羡慕的同时，对嘉的独立自主倍感骄傲。

"人格分裂"的我，有时会痴痴想，为什么人不能相互体谅与分担？念头一经冒出，另一个我会跳出来骂："够了，过了，犯傻了不是？做自己已不易，你干什么呀，回来。"这声音一经想起，即刻能将自己拉回到现实。

短暂的两日相处，让我平生了多层愁思。相处时的点滴小事，无不显示着我们三人个性的不同。一些想法，三个人共通；一些想法，嘉爸与嘉共通；一些想法，我与嘉爸共通；一些想法，嘉与我共通，一家人，排列组合不尽相同，相左相右，N 种结局。

教育方式的不同，带来的是子女将来选择路径的不同，正像与人的个性相仿，无所谓好与坏。以年龄换阅历，乃是颠簸不破的真理。

2 日傍晚，雨雾蒙蒙中，送嘉到长沙。她将继续为校考努力。

我和嘉爸，默然相伴。

2012 年元月 4 日

好事多磨

说好的 2012 年工作会后的周末和嘉爸一起去看嘉。

让位于嘉爸的工作，他上午 10 点飞北京。

只得请姐夫协助。看嘉的目的是送身份证、准考证和一寸照片。嘉元月中旬，将迎来人生中的两次校考：川美和江南。她将独自面对。

见到嘉，表情和言语显示，一切正常。她带了一位卢姓同学，请我帮卢同学网上交费。

离开嘉，和姐夫去一中，给班主任李老师交照片，交考试大纲征订费。姐夫说，嘉看来越来越开朗了，听罢，喜滋滋。

一个健康快乐，喜欢画画的女孩，是我对嘉最大期许。

买两本书，《完美教学的设计类优秀试卷点评和大师风景》，《中央美术学院考前设计》。

这是嘉元月 4 日的信息。我随即转发给翔同学。翔同学是我与嘉间的“二传手”，嘉关于网络购书的工作，全由他协助完成。9 日，快递将书交于我。

我即发信给嘉：你要的书已收到，什么时候要？

嘉：你方便吧。

接信时，我正与一帮堂客及她们的大学生孩子们一起吃饭。饭局由静妹子设，她老公郑总新晋换车，兰妹让她请客，静妹子乃豪爽之人。正值大学生们放假，静妹子顺水，将堂客们及孩儿们一并请上。

餐中酒源自于桂花茶，她将自酿的红酒带来，酒酿得一等一的好。三瓶红酒，喝得好不热闹。孩儿们一学期未见，见面亲热得不行，有的聊。

酒酣间，嘉信息至，正尽兴中的我，一时不得其意。硬是凝神好一阵，才明了她的意图。她是问我是否有时间，藏于字间的含义是，有时间，随时送。

我：方便，你要，我明天可送。

嘉：可以啊。

我：好，那我明天来，还要带什么？

嘉：不用了。

餐后，与朋友“提提”赴九方，想着请谁开车助我送书。早上看到朋友“不立文字”的一则签到：“正式放假，一切的宴席都要停下来。今日还有一个会，家里电脑启动不了啦，子涵难得跟着我睡了一晚。”放假了，请他作车夫。

电话联系“不立文字”，说明情况，他爽快答应。

10 日早晨，约定时间，“不立文字”将车停我家楼下。走长谭西高速，一切顺利，8:50 到画室。找嘉，寻到二栋楼，知她在清设班一楼上设计课。

课堂上，学生乌压压一片，鸦雀无声。学生们认真的程度，令我瞠目。不忍惊动学生们，退出教室。去寝室，将装书袋放于床头，唤“不立文字”，回程。

路上，发信息给嘉。

我：同学，书和水果已放寝室，我回家了。

嘉：噢噢，你好快。

我：你自己照顾自己啊。

嘉：好的。我们在上大课。

我：我看到了，好多人。教室里好暖和。

嘉：你怎么看到的？

我：我进去了，找不到你。看到谢老师，他说要等下课再叫你，我想算了，就去了寝室放东西。

嘉：哦。

信息毕，和“不立文字”聊天。聊到工资、定岗定编、朋友义气、家人相处……

郑州大雾，飞机还在北京没来。嘉爸发来短信，本可回家赶上午餐的他，此刻只能等待。

预料之中的事，去长沙途中，还跟“不立文字”谈及此事。

午餐过后，嘉：《完美教学大师风景精品》，不如寄到学校来吧。

嗯，怎么还要买书。片刻，信息转给翔同学。晚上收到翔同学回信，说网上找不到此书。

嘉：那买一本莫奈的书吧。

11 日上午 10 时

翔：莫奈，已买，下午发货。

2012 年元月 11 日

联考后

已经停滞的，本持续不间断书写嘉备战高考的文字，老被内心的不安所打乱，一个声音对自己说，算了吧，写什么呢？但也会有一股坚定的力量给我记录的勇气。永远不知道这种挣扎是否会有完结的一天，挟持着忐忑，“匍匐”向前。

在现实的社会，被某些从小沉积下来的观念所拘束，多少次尝试着放开，多少次被现实拉回。

徘徊在有意义和无意义之间，害怕自己的主观愿望被击碎，其实本无所谓愿望，我不能替嘉做主，她的路她自己走，我所想见的是自己的期望。

清楚明白，却做不到，人为地替嘉定方向，设目标，暗自希望她能企及，直面她时，却虚伪地说，无所谓，做个邻家女孩足矣。哎，人一辈子怎么那么多矛盾？

我有权预知自己的未来，无权预知嘉的未来，人一旦预设期许，会不知不觉流露出来，给自己压力，给被预知者压力，这对被预知者不公。凭什么，一个十几岁有思想的人，该被亲情的思想“罩住”，受到制约？

11 日晚，嘉发信息，告诉我她联考成绩。

嘉：专业美术，总分 244 分。

当时，我正跟老姐、老妹在做足浴。根本没有想到，嘉这么快将她自己的联考成绩查询到并信息给我。

对这个成绩，讲实话，我不喜也不忧。是她真实美术功底的写照。在画室近三个月，她几次月考的成绩都差不多，最后一次月考，画室请联考老师评卷，成绩是 239 分，此算是在最后一次月考成绩上，进步了，理应表扬。

我：啊，出来了。

做出一副漠不关心状。后觉的不对，再发一条。

我：考得不错啊。

嘉：唆（湖南方言指差）死了。

嘉是个暗自努力的孩子，她对自己要求很高，定有她的内心目标值，这番，可能没有达到。

我：崽，真的不错了。

想想，联考分数线是 150 分，她考了 244，高了近百分，平均每门 80 多分，在湖南省，也该排名在千名左右，很好。

嘉：唉，心都碎了。

我：你要求太高。现在可以将联考放下，面对校考。你总是越来越好的，相信自己。

嘉随即在手机上徒手画了一幅泪流满面的画，传给我。

我的内心并不轻松，想着，她如果发挥得更好些，我和她老爸得到的慰藉会更强烈些。转又想自己真自私，自己不参加考试，却指望着参加考试者无限好，用孩子成绩来贴金。

将嘉联考成绩转至嘉爸，嘉爸回信：考得不错啊。即又问：有名次吗？

我：她发给我的，我还莫名其妙呢！

嘉爸发信息给嘉，并转发我：总的正常啊，这个成绩是保上大学用的，过了联考就不用想，放松心情搞校考。

嘉选了四家美院，参加校考，其中三家：央美、清美和广美，需要经过网报加现场确认的模式，而川美，只需面报。央美和清美，设独立报名网站，登录各自学院，进入网站内网报系统，即可按步骤完成。而广美的报名，需要进入九大美院专业考试联合报名系统。

元月 11 日，我在网络中“奋战”，想将网报的最后一门广美完成。投入精力于其中，几番折腾，网络速度不畅，屡试屡败。白天无果，很沮丧。

得知嘉校考成绩，坦然。家中又登上九大美院专业考试联合报名系统。这次很快进入，三下五除二，将所有报名情况填写、核对、提交、完成。长舒了口气，至此，我可以协助嘉的工作全部结束，余下的，全看她自己了。

2012 年元月 13 日

校考第一场（川美）

元月 15 日，2012 年的第一场雪在空中曼妙起舞。

嘉迎来了艺考的首场校考——四川美术学院。校考设在湖南师大工学院。

逢周日，我需尽己所能为嘉服务。嘉说中午要洗澡，订房是必须的。周六，我就上网找师大附近条件稍好的宾馆。电话预订，但无一宾馆接受预订。这一阵，师大大面积接收省外学校在学院进行艺考，长沙市以外的艺考生们来师大参加校考，住是首要问题，师大附近宾馆供不应求。

宾馆不接受预订，我需选择几套方案。嘉爸周六才从上海回，我们同行。

当我们赶到离考点最近的宾馆问询，前台告知，有一套间刚好空出，还没有做卫生。房间有了，嘉的任务完成一半。剩下就是陪她吃午餐。

所有校考，都需要二至三天完成，有的需四天，头两天面报，第三天考试。川美报名由黄红蓝收齐学生资料后，统一完成。川美考试分两天，造型和设计。14日考造型，15日考设计。

嘉考川美的准考证号：12222773，上午考素描，下午考色彩和设计基础。

11:30，结束上午的考试，接到嘉电话。约10分钟后。见到了她的身影。她由同学打着伞护送出来，雨夹雪，她都不思带伞，真有个性。

午餐，嘉告诉我和她爸，早上，黄红蓝送考的车6:40准时发车，她下楼晚了几分钟，没赶上。与另几个没有赶上校车的同学，一同打了一部黑面包车，赶到了师大工学院。

冬天的早晨7点钟，到处一抹黑，加之地方不熟悉，冒着雨，她找了很长时间，直到听了广播，她们几个打车的人，才找到“组织”。

饭后，稍事休息，将嘉送到考场。我跟着进去。整个师大室内体育馆，东南西北四个厅，黑压压全是学生。画夹、画架、画板、小凳、水桶，每人都打开自带的绘画物件，做着画前准备工作。

我们到时，大部分学生的准备工作已经完成。嘉将水桶递我，我飞奔帮她将水打来。

离开考点，按计划，我和嘉爸去嘉寝室，将所带水果放好，并带走脏衣服。

空中，依旧飘荡着雪花。

嘉爸想查找嘉联考在黄红蓝的排名。接待中心老师说，查不到全省的排名，只可看黄红蓝排名。我和嘉爸原估计，嘉244分的成绩，正常情况，应该排在画室的80名左右，可一查询，发现她在150名上下，她这一个分数段就有10名同学分值一样。

嘉爸不相信，也不理解。我，原本对嘉联考成绩一点也不在意，以为只要能合格就行。况且，她的成绩超过合格线近百分，很不错了。而嘉爸，想法与我不同，他总觉得，嘉应该考得更好，他也不相信，一个画室居然有150

多人排名在嘉前。可事实与排名，就在画室接待室的计算机上显示着，不相信也得接受。我一直对嘉爸的想法持不可思议的态度，但架不住他反复地说，顺应了他的想法，一时，我想，嘉这成绩，可能上不了省重点线，因为去年的省重点线是 247 分。

也许是头夜未睡足，突然觉得，一切都很虚无，放弃的念头油然而生。但奇怪的是，要放弃什么，我自己都不知道。

16 日，嘉参加江南考校，我独自留在长沙，嘉爸回公司处理近期投标事宜。

好难熬的下午。脑子很乱，撑着伞，出了门，一张长沙公交卡，围河西河东坐车绕了两圈，熟悉了师大周围环境，也消耗了时光，天黑了。

宾馆房间外，马路对面一家发廊，一直在放歌，平日这些小噪声，根本不入耳，但这日，长沙师大旁独居，每一点声音都生生折磨着我。

不知道想什么，拿起手机，给嘉发了两个无关紧要的信息。嘉久未回复，急，打电话给嘉，她说在上课。嘉随即发了个涂鸦。

我：同学，什么呀，好难懂的涂鸦。

嘉：横看的

我：一张不阳光的脸。

嘉：表情符号

我：一个“学校”翻过去，又是崭新的一天。休息好，明天见，开心。

老妹来电，喝了酒，问我在哪？我说在长沙。她知道我是因为嘉校考，说：“这是中国家长必经的煎熬。看似是一个小孩考试，其实，就是考家长，哪个家长不希望自己的孩子能有好成绩？虽然，我们嘴上总说考不好，也没有关系。但内心依旧是想好的。”老妹还说她去年就经历这样的过程，甚至还产生了一些极端的想法。但这一切都过去了。无论孩子选择什么，父母能做的，是义无反顾的给他们提供支持和帮助。

老妹说的是对的，她很聪明，比谁都看得清楚。她敢于表达，不像我畏首畏尾。她还有一个长处，能收能放，说出去的话，她不惧怕收回。她给我的最大感觉，就是她勇于活出一个真实的自己。

嘉爸来电，心情不太好。东莞投标，技术分差对手很多，失利。嘉联考没超出他预期，失落。我们交流了一下嘉下一步该如何考，结论是：一切交她决策，我们辅助，不给她压力，能走多远算多远。

会过去的，强迫自己睡觉。

2012年元月15日

校考第二场（江南）

天没亮，眼已睁开。

时间指向6:44。坐在宾馆的桌前，开启电脑，却无心浏览网页。

些许，转眼看窗外，天开始泛白。双手交叉抱于胸前，定睛打量宾馆前的马路。雨雪消失，雾气蒙蒙，路上一片萧瑟。

宾馆对面是湖南师大天马学生公寓，不远处的阜埠路上，是湖南大学天马学生公寓。学生们陆续放假，大冬天的早上，难觅人迹。学生公寓一楼临街门面，除了小型超市、发廊、诊所和网吧仍在营业，服装店和饰品店等已关张。

我所在的宾馆，住着很多艺考生。元月中旬，是艺考生们集中校考的时候，也正是发廊和服装店生意好的时候。整个阜埠路，几乎清一色发廊，每个发廊都写着：专为艺考生设计发型、造型。门店内外，满眼所见：背画箱的美术生、背琴具的音乐生、穿演出服外罩军大衣的表演生……

这日，我的任务是陪嘉午餐。捱到11点，退房。从天马路向阜埠路，再朝南向麓山南路，到左家垅，湖南师大美术学院。

找嘉的考点。这日，有安徽大学、江南大学等三所学院校考，分布在三个考区。在公示栏中，查询到江南大学是一考区，在长沙市第十九中学。

围着湖师大美术学院找了三圈，问了好几个人，都不知道十九中学在哪。至问到湖南省艺术学校传达室师傅，才确切知道地点。走到十九中，已是12:05，12:15结束上午考试。

嘉报考的江南大学的报名流水号：B102950200055，专业流水号：

12040055，准考证号：1029502009461。

考试时间：1 月 16 日 8:30－10:00 素描；10:45－12:15 色彩；14:30－16:30 设计基础。

十九中校门口，遇一毛父亲。一毛也选择了川美和江南，她川美考两天造型和设计。嘉只考川美的设计。

考试结束，铃响后几分钟，一毛父亲看见嘉。我迎上去，挽上嘉，与一毛父亲打了招呼，出十九中。

问嘉想吃什么。她说，想吃路边的小吃。我说不行，平时可吃，考试期间不能吃。嘉说，下午考完后，她自己买着吃，我说行，考完了，你随便。

一路聊着，走到百家百味的餐厅。

等待上菜时，嘉把玩手机，我试探性地对她说："哎，同学，这考试，你怎么看起来波澜不惊呢？"嘉说："那才不，我也波涛汹涌唉。"

"可我感觉不到，我在你这个年龄的时候，凡事都写在脸上，完全没你这么超然。"我说。嘉说："上午考的色彩，可能画得不是太好。"

我心一紧："啊，画什么？"

嘉说："命题色彩，题目是'收获'。考生根据命题自行作画。"

直接跳入我脑海的画面是一堆水果，我问："你画的什么？"

她说："一张桌子，一张椅子，一扇窗，一张试卷，桌上有墨水和笔筒，试卷上压着本书，卷面成绩 98 分。"

我说："崽，很好呀。"

嘉："画面处理可能比较粗糙，画得可能不太精致。"

我："很好了，创意还蛮好的。其余的人呢？"

嘉："交卷时，我看见一个男生画了一束花和一张合格证。大概就是关于艺考的合格证。"

"小郭呢？"我问。嘉："她画了一幅曾经画过的画，从一扇窗出去，一面墙，有一朵花，一篮水果。"

我："啊，画过的，你们练习过这类似的题目？"

嘉："画过的画，在画工上，肯定比我们第一次要到位些。画室老师告诉我们，考试时，千万莫别出心裁，标新立异，那样很容易处理不好画面的整体感。老师还说，评分的老师都是久经沙场的，什么样的画没有看过。除非你有十足的把握，否则，考生按个人能力表达自己想法，简约地传递出来，让评卷老师明白即可。不要自以为有创意，而构建复杂。”

我：“噢，这样，也确实哦。”

本以为，我与嘉午餐会吃得沉重，不曾想，她的心态好到让我敬佩。我在 QQ 说说中写道：对嘉的佩服，如滔滔江水，绵绵不绝。

下午 2:30 开考，送嘉去考场途中，时间富裕，我俩消着食走向十九中，在小玲幸福烧的沿街铺面停下。我跟嘉介绍起这小店，其实我也没吃过里面的东西，但几番路过，对其内的小吃很好奇。

小吃装在蛋壳里，有点像果冻，几种颜色，好可爱，2 元一个。我在湖南卫视曾看过关于这个小玲幸福烧介绍的节目。我们买了两个味道：咖啡味和巧克力味，又买了一个杯装的，稍大点，3 元一杯，抹茶味。

我与嘉一人吃了一个蛋壳装的，抹茶味的她说下午考试时吃。

到了十九中，我把嘉径直送到了考场，她在一楼某教室。她的考场有两大考场杀手：郭和卢，这是嘉自定义的。嘉还曾说过，考江南大学的学生，大多是她们画室的人，画室考生们相互调侃时说他们这是在自相残杀。

留下嘉在考场，我独自离开。

在左家垅，乘上 202 路，至火车站，坐大巴返程。

江南大学，缘否？

2012 年元月 16 日

**附：**

**3 月 14 日，白色情人节。**

**江南大学成绩查询，嘉 487 分，合格线 461 分，获专业合格证。**

春节期间

终于，黄红蓝宣布放假，元月 19 日下午 5 点开始，至大年初三，初四起正式上课。

我是一刻也不思耽误的人，定会在下午 5 点前赶到画室，争取先嘉一步。

这几日，因为春节，私家车、客车等高效运行，集中出动，致各个高速路口大堵。虽说，我们接嘉是短途，但难确保收费口畅通。忐忑不安至株洲北收费站，站外立着一块温馨提示："往长沙方向请绕道。"询问收费站人员，长潭西是否拥堵，收费员说不堵。我们稍稍平复。

前行，至湘潭收费站，好家伙，已现堵塞状。叫姐夫跟在大巴身后，大巴比小车，挪动快些，这是我的经验。果如我所料，我们排的这条队伍，比之其他的车快得多。姐夫小心随大巴挪移，虽慢，却一直在前行。

5 点整，接上嘉与郭，从画室往回赶。车至湘潭收费站，天啊，往湘潭方向，堵车严重，被堵的车已停到高速路上。万幸，株洲方向通畅。

初五，嘉爸说："我刚给嘉发了个信息，说我初七去南非，要坐 20 多小时的飞机，想想都觉得头晕。嘉回信，要我注意保重身体。"

嘉爸又说："有一次，大雨，我一个人送她去长沙，回家的路上，接到她的信息，让我注意安全。哎，太懂事的宝贝嘉。"

"那是，不看看是谁的女儿?"我得意洋洋地说。

2012 年元月 27 日

校考第三场（北邮，元宵节）

（一）

淅淅沥沥的雨下了整一晚。

这一日，嘉参加北邮校考。考试前一天，2 月 5 日，嘉发信息说 6 号元宵节下午和晚上，画室放假，这意味，她考完北邮校考，休息半天。协商这半天洗个澡、吃个饭，再送她回画室。

嘉是一位对很多事都不以为意的女生，我于是担心她又赶不上校车或又不带伞。早上 7:33，收到嘉信息：**南院综合楼不在美院内，在立着音乐考试的小吃街内**。很高兴，懂事的嘉在找到考点后主动告诉我。上次考江南时，我在美院周围找考点找得很辛苦。我回复：好的，谢谢崽。

怀揣着一切正常的心态，和嘉爸约定，早上10点出发，先去一中，跟班主任李老师见个面，再赶赴考点。长沙城内车流不算多，畅通。见到李老师，向她汇报了嘉联考的成绩及后续安排，望她在嘉回校后尽可能多地给嘉鼓励。

离开一中，车上五一路，向河西。一桥上，嘉来电，说早上考试已经结束。我很奇怪，不到11:30，怎么就考完了？嘉解释说，考试提前20分钟，提前20分钟结束。

关于北邮，首先并未考虑，某日，我拖着行李去长沙，楼下李叔叔，顺带稍我到田心立交时，他提到了北邮。当我看到外省校考名单中出现北邮时，我对嘉说，希望她将北邮纳入校考范围。

元月26日，嘉（信息）：北邮网报已经结束了。

我：啊，不是只需面报吗？

嘉随即发来一条北邮美术特长生的招生简章。

我：哦，那没戏了。

嘉：表情符号

放下与嘉信息，打开湖南省外省院校招生名单列表，确认有北邮。嘉看到的是美术特长生，不是美术专业招考简章，给嘉发信息：崽，你看错了，有啊。

嘉：在哪，考什么。

我：面报需交一张素描作品，8开幅面，合格即可面报。2月4日至2月5日报名，2月6日在师大考试。

我：你准备好一张近期8开素描作品，4号我陪你去报。

嘉：考什么？

我：素描是默写人物头像，色彩默写静物，速写场景动态写生。

嘉：默写头像，Oh，my God.

我：没事，相信自己，权当锻炼。

2月3日，我给嘉发信息：同学，明天爷爷生日，打电话祝福。另：北邮报否。

嘉：报吧。

我：好，拿到准考证拍下来传我。

2月4日，嘉将北邮的准考证传我，午餐时分，打电话祝爷爷生日快乐！

嘉报考北京邮电大学，的报名流水号：B100130200091，专业流水号：10013430091，准考证号：100130209488。北邮的设计专业仅涉及数字媒体艺术，全国招生30名。考试时间：2月6日，素描（默写男老人头像）：8:30至10:30，速写（公交车上一角）：10:40至11:40，色彩（默写黄布、白布、葱、大蒜，等等。）：13:30至15:30。

嘉说，她出来时迷路，不知道怎么才能与我们会合。我告诉她，别急，慢慢问，走到麓山南路就可。10分钟后，我和嘉爸到了左家垅。正准备下车，嘉已经赶到车身后。聊天时从嘉的语气中感知她心情不赖。

（二）

基于嘉下午考完后洗澡和嘉爸休息的需求，决定开房。麓山华天前台，一男一女正坐着，男的在电脑上玩斗地主，女的办理业务。

想象中的华天宾馆各项指标都应该很棒，可实际上和想象的不一样。因为没得选，强忍着等待。轮到我，女前台说，无房。耐着性子，几番询问，从标间到套间到麻将房，折腾良久，当我说只住半天时，女前台终于给了一间说是还没有做完卫生的标间。这一月，外省的艺考扎堆入此，麓山华天作为该路段条件优良的宾馆自是俏得不得了。

来到标间，感觉已做好卫生。三人准备小憩。进来一位胖女人，进门就大呼小叫："怎么进来人了？怎么进来人了？你们怎么进来的？办了入住吗？"

告诉胖女人，已在前台办理一切手续。胖女人气冲冲，操起房间电话打向前台，质问前台为什么还没有等她查房就开房给客人。

嘉爸怕胖女人在房间内大声嚷嚷影响到嘉，让她出去再跟前台理论，或去找领导。那胖女人显然更来气，直接叫嚣，说她就是领导。

费了一些气力，胖女人平息下来，对我们说："我不是针对你们的，是针对前台，他们怎么能不通知我，就将房间开出。"我和嘉爸都知道嘉不喜我们与他人发生争执。连声附和她，她终于安静下来。

（三）

下午开考时间 13:30，三人 12:50 一同走路去考点。时间绰绰有余。

有说有笑，沿麓山南路走向师大美术学院。我大脑中有考点印象，兴致勃勃带着他俩走向考点，本已走到，左转向小巷时，嘉非拉着我指示我们往回走，走到小吃一条街，再前行。这里是师大体育学院所在地。第一道大门，关闭，第二道门，仍旧关闭，但门上贴着告示牌：2012 外省院校来湘组织美术专业考试湖南师大美术学院考点三考区由此去，我和嘉爸以为不对，往校区里瞧，空无一人。看手机时间，13:10 左右，怎么校区内不见人影，这时，我们的心中开始有一丝丝的慌乱。

但嘉坚定无比，带着我俩继续向前，终于在第三道校门口，发现有一处可入，三人，侧身进入。湖南师范大学体育教育楼在我们的眼前出现，第三考区就在楼内，而嘉说，考场不在其内，而在一类似地下室的地方。于是我们仨向左，径直奔向嘉指定篮球场方向。步伐虽有力，但心中疑惑重重，无底的内心新增焦虑。一次次问嘉，是否记错了地方，嘉坚持自己，说早上就在这集合，没错。可篮球场旁边，真没有看见任何有考场迹象的地方。

我们没有犹豫太久，不再理会嘉，准备离开湖南师大体育学院。而嘉依旧坚持自己的信念。不让我们离开。她掏出了电话，打给她的同学陈宓。陈宓说她已经在考场，嘉听到，开始慌乱，语气明显不安，嘉爸知道，无方向感的嘉无法从同学嘴里得到具体方位，接过嘉的电话，电话对方，陈同学也将电话递给了另一男生，男生提供了一个信息，说考场旁有一家交通银行。

我和嘉爸当机立断从体育学院出来。嘉虽不情愿，也随我们出来。这时已经下午 13:15。嘉再一次，拨通了陈宓的电话，她对她同学提出一个让我都很为难的要求，让同学出来接她，陈宓说，已经开始考试了。

听到这话，嘉情绪骤变，关闭与陈同学的对话，嘉开始把握不住，将拽有手机的手向前一甩，对我大喊，不考了。我想她的声音落下，地上的手机摔碎声会接着响起。意外，手机没有被摔出，但嘉的情绪已狂躁至极。

嘉爸自行跑到麓山南路，想以交通银行为搜寻要件重新定位，我安慰嘉，说：“同学，别急，如果找不到考点，大不了放弃北邮，这不是什么大事。”

嘉愤怒："那就不考了，我不考了。"

我说："还有时间，还早，考试时间还没到，我们再找找。说着，挽上她，也朝麓山南路跑去。"到了路口，看到嘉爸，我再无迟疑，内心着急，强打笑容，向着我认定的方向。前行 50 米，我的眼睛一亮：交通银行!

知道有了。我大叫：交通银行！像是捡得金砖。

看看时间，此时是 13:21。嘉的表情依旧僵硬，对她说："到了到了，还没有到开考时间"。嘉显然也正恢复中："我还没有打水呢!"

我说："打水，小 Case，我帮你打。"

仅从交通银行旁转了个弯，就看见醒目的红色标语挂在路边：三考区(南院综合楼)。哎，这不就是嘉早上发信息给我的关键提示所在吗?

这么大的标识，嘉自己居然不将其牢记，而我，犯的最大错误，就是没有赶在嘉上午考完前先期到达，在考点外等待。我应该知道，我的宝贝嘉方向感极差，她上午说迷路时，我就该多个心眼先亲自熟悉考点，再午餐。

南院某教学楼一楼，就是嘉说的地下室，开放式的，像是停车场。坐满了考生，已经全部准备就绪。画架支开、考卷、笔、颜料、水桶放妥。好了，对嘉说："现在是 13:22，还没有迟到。"嘉没再理会我和她爸，走到她的座位上，从装备中取出水桶，在水池边打上水，回到座位。

我和嘉爸站在警戒线之外，看着她做完准备，长舒一口气。

离开考点，我的身上，已全部汗湿，由热转凉，难受得不行。对嘉爸说我的状态，嘉爸说："我身虽不至湿，但汗毛也全都竖直了。"

情绪平缓下来，我俩回想了刚才发生的一切。从我们到达师大体育学院，心生疑惑的那一刻，至找到画室，时长 20 分钟，而这 20 分钟，我们极端盲目，无头苍蝇般，真实体会了时间飞逝。嘉爸说嘉还是不错的，经历这一劫，她还能考试，同年龄的他，肯定早赖在地上不走了。我说我可能也是，不过，我们在这个年龄，高考的经历比嘉简单得多。嘉爸又说假设今天嘉因迷路，错过这次考试，将对嘉后续所有考试都造成巨大影响。嘉每考一场，都会沉浸在错过北邮校考的事件中。我同意，现在想起来都后怕，怪我们太过大意。

嘉爸说，事虽无大碍，现在讲起来轻松，但那一刻所经历的，惊心动魄。

（四）

我和嘉爸决定提前到达考点。等待她考完。15:30，嘉无比准时交卷。

两小时前经历过的，由此变成回忆，回忆则带着明显的调侃。

嘉说要买画材，我们就走向师大画材专卖店“笔啸轩”。我对嘉说：“同学，还好吧？”嘉说：“我肚子痛。”我笑着说：“都是刚才闹的，这是紧张过后的痉挛。”嘉爸说：“这也会痉挛。”我说：“当然会。”

其实我在瞎说，我哪知道嘉所说的肚子痛是什么问题。

买了画材，又上宾馆，让嘉洗了个舒服的热水澡。压惊晚餐，是需要好好解决的。加之，元宵节，我们三口在一起，本身也不易。

晚餐中，我们仨再一次谈到迷路之事，这时，嘉给我们讲了她们班的一位男生，发生在这位复读男生身上的故事。嘉开说之前，说很佩服他。

故事大意是去年，男生在考川美时，将自己的身份证弄丢了，考素描时，这男生只考了一个小时便交卷出门找身份证，结果可想，没有找到。这男生，将情况告诉了监考老师，也凭他未丢的艺术生准考证将下午的考试继续考完。而后，他电话给他妈妈，让妈妈帮他将户籍证明快递到画室。而那时，恰过年，快递集体放假，户籍证明也就拖到过完年才寄到。讲完故事，我傻乎乎问，这男生考到哪里？嘉爸和嘉笑我，异口同声：“他要考上了，还会来复读吗？”

从这个例子延伸开来，我和嘉爸说了很多人生中可能发生的意外，告诉嘉，一切皆有可能，不能因为小小的挫折而放弃自己的追求。凡事都会过去，学会从中跳出来。嘉很明白我和她老爸的良苦用心。当然，她自我调节能力也很强。如果仅仅是为了上一所大学，艺考生比普通文化生确实容易一些，但想考一所好的学校，艺考生为了自己的理想，尤其是美术生，则付出的努力比一般人要多得多，平日里看起来淡定的嘉，聊天时都说，整个艺考很辛苦，每天都忙碌着，几乎没有在12点以前睡过，每当第二天要校考时，才迫使自己早睡一点，而所谓的早睡也已经是11点多。

当真心喜欢一件事情的时候，其他的一切都变得不那么重要。

嘉回画室，我们回田心。赶上了公司元宵晚会最精彩的章节——焰火表演。

睡前，打开电脑，看到嘉用手机记录的两条QQ说说：

今天下午去考场的时候迷路了。

北邮你好，北邮再见。

2012年2月6日（元宵节）

校考第四场（华科）

2012年2月9日，阴微雨。

嘉将在师大美术学院参加华中科技大学校考。

嘉爸近期很忙，除了公务接待，他还得参加三年一次的公司高管竞聘。10日竞聘。我不能对他有所奢求，单枪匹马只身前往长沙，交通工具——快巴。

临出发前，还在和嘉爸讨论，是否再跟嘉建议加考北林和南理工。嘉爸说，看她的状态，状态好就说说，决定权在她，状态不好，就说都不要说了。

随着一个个校考的到来，我和嘉爸一样，越来越没有底。我们都很久没有看到过嘉的作品，不知道她画得到底怎样，是否有提升，当然，就算看到作品，我们也看不明白。对嘉，只能从她的表情和言语中预测，对校考的预期，完全处于未知状态。人在未可预知情况下，往往容易对事情失去信心。我们甚至做好最坏的打算，全军覆灭。也甚至想劝嘉，考完清美后回校，不再考央美，因为央美按专业排队，怕嘉无优势，还耽误文化课学习。

一切皆有可能。我们只能走一步算一步，让嘉选择好学校，考了再说。

华科是嘉主动申请报考的，我和嘉爸都觉得意外，因为这所学校黄红蓝老师不主推，在老师们眼中，华科的设计专业非国内一流。

元月27日

嘉：帮忙看下华中科技。

我：9号考试。

嘉：那算了。

我知道她以为跟广美有冲突。

我：研究好了，广美与华科报名同一天，华科 9 号考，广美 10 号。到时，我待在长沙，为你服务。

嘉：别，我还没想好。

我：没事，还早，心里先埋些伏笔。

元月 30 日

嘉：华科考什么？

我：考素描、速写和色彩。

嘉：是什么题呢？写生吗？

我：简章上没写，跟联考形式一样，湖北考生考设计，外省考这三门。

嘉：知道了。

嘉，华科报名流水号：B104870200234，专业流水号：124310169，准考证号：1048702110451，考试时间：9 日上午素描，下午速写（设计艺术）和色彩。

10:30 到了师大附近。想着开间房给嘉洗澡，可附近，再贵的房也全额订满。没有房间，却不能耽误接嘉。到师大美术学院，11 点差几分。学院艺术广场转悠了一圈。很多学院在接受学生面报，有广州大学、青岛科技大学、华侨大学、西安建筑科技大学和郑州大学等。

北服的艺术设计类国际本科也设点招揽生源。我拿了张招生简章，并与招生老师进行沟通。这个学校国内两年，每年 4 万，英国两年，每年 8～12 万。录取条件为专业过联考线，文化英语单科成绩在 75 分以上即可。

呵呵一乐，想，这样的录取条件，如果嘉肯报的话，现在就可以不用再想其他的事了，当然嘉定不会选择它。果然，当我跟她说起北服国际学院的事情，她不屑道："老妈，这充其量就是个三本，可能连三本都算不上。"

驻足美术学院艺术广场，眼前的学生个个匆匆忙忙走过。嘉电话至，说已考完。刚挂断，一熟悉人影从眼前晃过，下意识多看一眼，呵呵，宝贝嘉耶。平静的一张脸，没有什么表情。

“还好吧?”我问。没有回答。向校外走。突然，嘉想起了什么，拉着我，重往美术楼走去。我说：“干嘛?”她不吱声。将我带到美术楼前，在侧面一扇不起眼的绿色木门上，密密麻麻贴满了身份证、准考证和艺考证。全是考生遗失的。门上提示：请遗失证件的考生到学校广播室认领自己的证件。

看着这些，我嘀咕，嘉虽不断有小失误，但没有遗失证件，实乃万幸。

问早上素描考的是男人还是女人，嘉说男生，补充说是戴帽男青年。我说，有模特?嘉说，哪有，默写。我说，如果考试默写人头像，是否真的复读生就会比应届生画得好些?我又说，凡事都是熟能生巧，就像我码字一样，写多了，自然就会了，画画也是一样，多读两年，多经历一些校考，校考的模式与考题都已刻入大脑，这样岂不是容易得多。嘉说，那倒不一定。她并没有解释为什么，但从她的口气中能探出一种自信：凭什么应届生就画不好!

问嘉午餐吃什么?她说随便。哦，那我们先找个地方洗个澡，我说。

沿着街边，边走边留意。沿街有很多商铺及巷口，到处写着住宿、洗澡、化妆、电玩等字样。对嘉说体验一把生活，也到这市井小弄里瞧瞧，带她转入一条写有“提供洗澡”的小巷中。在“京浙家庭旅馆”的一楼楼梯口，一张床，乱铺着床上用品；一张桌，桌上一台电脑。两个女人：一位中年女人，一位小女生。

我问中年女人有洗澡的地方吗?她说有。中年女人带着我和嘉上二楼，楼像筒子楼，长长走廊并列着许多单间。我告诉中年女人，我们洗个澡，不住。走廊尽头，中年女人打开一个房间，她迅速将床上白色床单掀起，说不能弄脏了她的床。我回答好。她出房间，在走廊上，开始摆弄门外的煤气，让我试水温。一阵凉水后，迎来热水。对中年女人说好了。问她多少钱。她张嘴 50 元，我同意。

我说，等下去再付钱，她说好后，离开。关上门，告诉嘉，可以洗澡了。门外又响起敲门声，中年女人让我把 50 元先给她，她马上要出去，怕待会我找不到她。我明白，她怕我跑单，为打发她，给了她 50。

嘉洗澡。我打量房间，整个房间，一张单人床，一张椅，一袖珍床头柜，墙上挂一面长方镜，一个电视柜，柜上贴着两张合格证，仔细瞧，白纸红字，上面写着："旅客行李、行包'三品'安检合格证，常德欣运集团。"柜上一台老旧电视机。单人床靠墙而置，墙上贴着张装饰画，以防墙灰污秽了白色床单。房间可能不足五平方米，除所摆之外，人难有立足之地，舒服的唯一方法就是躺在床上侧身看电视。

厕所比房间高 20 公分，由原房间中隔离出来。一个盥洗盆，几个塑料桶，一个淋喷。这屋，就窗帘看上去还干净，地上铺着地板胶，污迹斑驳，木窗的窗栓完全锈死。电视 PIXELPLUS，不知是哪儿淘来的旧货，上有标价，写着 13 元。电视柜门无法正常关闭，柜面整个下陷，电视斜着放置在上面，迷你床头柜上放一华声 HS-300C 万能电视机遥控器和一本《故事会》。用遥控器打开电视，电视画面模糊，定格中央五台，正播放篮球赛。房间居然有网线。

嘉洗澡时，屋外传来类似煤气罐碰撞的声。嘉以为与她洗澡的罐子有关，问我怎么回事。我朝窗外看去，对面楼下，一台小型货车正在装卸液化气罐，眼皮底下就是"利民燃气麓山南供应站"。在它的楼上，是一家叫新星的家庭旅馆。恐怖！好在我只是在这洗澡，不留宿，要真在这儿住，晚上能睡着才怪。

我开启电脑，记录下所看到的一切。嘉出来后，看我记着，说："老妈，你又在写'浪漫艺考路'?"我说："你怎会觉得这艺考路浪漫呢?"嘉说："翔上次来送我时，照了很多照片，说了这样的话。"

离开旅馆，我俩对房间和整个旅馆再度进行了观察，楼梯口的衣架、热水瓶、水壶和墙上的布置的电源总开关等，嘉将其作为创作素材，拍了下来，而我则拍下了窗上的一张"京浙客房部住宿须知"和布满灰尘的消防灭火器。

找寻餐馆时，街边一家小吃摊吸引了我。"谭氏金条谷"，简称不上火的米油条。一小姑娘边炸边卖，2 元一根，几无存货。我买了一根，与嘉同吃。

又遇到江南校考时的那家餐厅"百家百味"，决定进入。点了 3 个菜：荷包蛋肉丸汽窝汤、大片牛肉和大片豆腐。

送嘉到考点后，留宿河西。在我熟悉的麓山路上，找了家连锁酒店住下。

很疲惫，睡了一觉，这一觉直到下午 5 点。

晚上，快速回忆白天发生的一切，想着在那家“京浙家庭旅馆”洗澡的经历，想起嘉讲的“浪漫艺考路”，觉得，嘉的心态真比我好上千倍万倍。再次为她的健康心态叫好。

2012 年 2 月 9 日

校考第五场（广美）

长沙河西麓山路上的一个陌生房间，睁开眼，睡醒了，不知道是几时。

窗帘拉得严实，无法判断天是否放亮。且容自己在床上胡思乱想一会儿。

闹铃响起，7:10。这一阵，特将闹铃设置 7:10，是渴望与嘉遥相呼应，这是嘉校考集合排队的时间。每次校考，她会将闹铃调至 6:30，学校送考车，每天早上 6:50 从黄红蓝出发，送考生往考点，过时不候。

师大美院考区，考生们 7:10 集合，7:30，老师将集合好的考生一队队地带往各教学楼，参加不同学校的校考。嘉已参加过 4 次校考，没有一次在同一考点，正因此，我“被迫”增进了对师大美院各方位的熟悉度。

2 月 10 日，广美校考，地点是湖南省艺术职业学院。上午色彩，下午素描和速写。

我已不睡懒觉很长时间。不到 8 点，外出透气，早餐后，到星巴克，成为第一个进入的顾客。我要了中杯美式。10 秒后，一杯热腾腾美式咖啡递到我手。在顾客自助吧台前，加入牛奶，拿了根吸管，端着咖啡，离开了星巴克。

9 点多钟，嘉爸来信息：竞聘搞完了，感觉不错。本来顺序第 16 个，因有重要接待，和大小陈总一起和别人换到了 1～3 号。

我：祝贺啊。

嘉爸：女儿也考，老子也考，老婆陪考，这是一个凭考试竞争的社会。

我：那是，要不怎么能立足养家呢？

待在房间，一不留神，就有些晚了。当我乘立珊线坐到八字墙站时，嘉的电话到，说已考完。我说还有一站，让她在美术教学楼前等我。

下公交，人群中，一眼看见穿一中校服的嘉。正低头玩弄手机。悄悄走近，用左手食指轻点她左脸颊。她回头。没有惊到她，一把搂住她，说："走。"

刚走几步，就听她叹气，问为何叹气，她说早上又走错考场。晕！犯一样的错误，不可能吧。我问她没有影响考试吧。嘉带气地说，没有那么严重，就是错了教室。

嘉又说："广美考得好'唆'滴，好像是来打酱油的。"不知道怎么回答她，只能老话重谈："算了，不用想了，过去就过去了，又不是只考一所学校。"

嘉心情不太好，改变行进的方向。拉着她朝南边街区找餐馆，先前每次校考，我们都是向北找餐馆。约百余米，"正粤粥铺"的店面吸引了我，问嘉可否，无异议，进去，里面已坐满了学生。我俩站在门边迟疑着，正好有一位穿舞蹈服的学生吃完，她妈妈也正待起身，我与嘉迅速"填入"空档。

粥铺很狭窄，除两旁座位，中间走道仅容一人。两人相遇便需借道。

一份生滚财鱼粥、一份蛋炒河粉和一份口味牛娃煲。每上一样，由嘉先尝，她不吃了，我再"开张"。嘉明显觉得这方式不好，我不以为意，什么场合做什么事，这里不用讲究，本来就是流水席，吃饱就好。邻桌的三位女生更好玩，她们点了三份不同类型的食物，上菜间隔时间很长，来一份，三人共同享用一份，省去一人吃二人等之尴尬。

我和嘉座位对面，两位女生，一看就是美术生，手都是黑乎乎的。其中一位，在食物未上时，在手机中查询什么，及时记录在一张问服务员要的点单纸上。我瞧她写着武昌到桂林、郑州到南宁等车次时间，两趟车次后都写着永州。我问她是不是永州的，她说是。我说："那你们是一起来考试的?"她说是。我问她住哪？她说住画室。她们属于另一家画室。我又问她是不是准备回家。她说考完今天，还连续考两天，11 日和 12 日，就订票回家，补习文化课。从她翻找包包过程中，我在准考证上看到，她今日考的是郑州大学。我还有问道："你父母不来陪你?"她说："我不想麻烦他们，太辛苦，我自已可以搞定。"

对艺考生心生敬意。悄声对嘉说："有老妈服务还是有点小幸福吧。"嘉似乎挤出了些笑容。趁机问她，上午色彩考的内容，嘉说："写生，有可乐瓶、一些水果、六粒糖和锡纸等。"我还想多问，鉴于她不太耐烦，闭嘴了。

我掏出手机，给嘉看早上在星巴克拍的照片，将保留下来的环保纸杯套给她看，还给她看早上我和嘉爸对发的关于一家三口为考试而奔波的信息，以期"阳光"她的心情。效果不大，她以"若干个"苦笑回报我。

餐后，和嘉沿着街边散步消食。遇到三个女生，她朝那些女生打招呼后，径直扑向其中一位，温柔地靠在那女孩子胸前，哀伤道："呜呜呜，我早上走错考室了，色彩考得不好。"那女孩拍拍嘉的背，说了一句"神奇"的话："没关系，考得好也不一定考得上的。"讲得真好，令我佩服。

后来我问嘉那个女孩子的名字，嘉说："龚慧敏，你看她长得好吧。"我说："是的，很不错，心态也健康。"嘉说小龚也是复读生，长得粉嫩粉嫩。小龚暑期来画室，对同学们说她是初二生，放假过来集训，所有不认识她的学生都相信。我对嘉说："同学，你说你是初中生，大家也相信。"嘉"恨恨"地瞪了我一眼。我傻笑回应。

麓山南路两边街区，人声嘈杂。这一现象会延续到 2 月 18 日，南京理工大学校考结束。当然，校考结束，并不意味人会减少，因为师大美术、音乐、体育学院，包括长沙市第十九中学、湖南省艺术职业学院的学生会陆续开学。

转悠着回到嘉的考点湖南省艺术职业学院第二教学楼。我随她走到三楼，她在 301 考室。考室前墙上，张贴着考生准考证号和照片，看到嘉的照片，很是诧异，心想，我都随便能找到嘉的考室，嘉同学自己却会找错，叫我如何作解？哎，没有办法，嘉有时犯的错，往往叫人不可思议。不知道她脑袋里装着什么，总之跟别人不一样。如果说遗失证件属普遍现象，而找错方位却属非主流，我的嘉总在非主流错误上一而再，再而三重蹈覆辙。另类啊。(可别让嘉瞧到，否则我会"死"的很难看，幽默一把，权当自我释放。)

嘉此刻并未从早上色彩考试的不良情绪中解脱，她拉上我，说："不想待在这，出去吧。"从第二教学楼下来，嘉为自己找了个理由，买饮料。路边店铺，买了一瓶"营养快线"，4 元一瓶。我大叫，怎么贵。嘉说想买维 C，可惜没有。我说："就是广告上说的哪一大堆C什么的吧，你以前经常喝。""哪有一大堆，明明就4个半"。嘉对我一通乱说进行批驳。

好好好，四个半柠檬C，你说什么就是什么啦。心里这么想，没再吱声。

嘉还是不肯回考点，又说去"罗莎蛋糕蛋"。在"罗莎蛋糕店"买了3片土司，一份水果沙拉。店里飘着浓郁的咖啡香。吧台里拿铁、卡布奇诺、摩卡等咖啡都有，美式咖啡也有，大杯才8元，而我早上在星巴克的中杯，要价25元。跟嘉说了两处差别，嘉说："哎，老妈，你钱烧得慌。"

出了罗莎，再无借口，不得已再向考场。

为调节气氛，我故作无比伤心地对嘉说："同学，你看，刚才，你见到小龚同学时，立即扑到她怀里求温暖，而我的肩膀随你靠，我的胸怀随你抱，你都不思，看，叫我情何以堪?"嘉说："老妈，你不懂!"

再次走到考点，我目送她上楼，没再尾随。

踏上回家的路。快巴上，手机QQ空间，看见嘉在13:22发出一条说说：(表情符号）不喜欢早上考色彩。

9日、10日，两天校考，嘉情绪的反复令我有些措手不及。

我说服自己，告诉自己，人的情绪永远在波动，不可能一直快乐。间或处于不可知的状态时，会躁动，会把握不住自己，这很正常。人一定是在情绪的正负累积和较量中成长，当正面情绪一味增长，顺风顺水时，人便再无成长空间。

我也有这样的时候："无脑时"很空虚，行尸走肉般；思考时又感觉有压力，就像每经历一次嘉的校考，我就会让自己把过程马上变成文字，如没写，就会觉得心中有东西堵得慌，做事打不起精神，一旦完成一个篇幅，人随之轻松。

每写完一篇，就想着，下次不会有什么新鲜可记录，可每天总会有不一样的事发生。

写下去，因为我相信嘉是个有想法、很努力的孩子。

我需要亲手制作一份最珍贵的礼物给她。

2011年2月10日

附：嘉的广美成绩

亲爱的＊＊＊同学：

感谢您报考广州美术学院！

您参加我校 2012 年普通本科招生专业考试成绩及排名如下：

| 专业准考号 | 姓名 | 色彩 | 素描 | 速写 | 总分 | 专业排名 |
|---|---|---|---|---|---|---|
| 122010052 | ＊＊＊ | 65 | 85 | 85 | 235 | 952 |

与您同一名次的共有 656 人。

广州美术学院招生办
2012 年 4 月 2 日

六神无主

2 月中旬，随着校考的减少，黄红蓝画室的考生陆续回校参加文化课补习。

留在画室的考生，准备考清华和央美。

嘉参加了五次校考，川美、江南、北邮、华科和广美。考得如何，做家长的自是不知，而当事者嘉三缄其口，每次考试后，都是我问一点，她答一点。不想给她施压，只要瞧到她状态过得去。

转眼快到周一。去年年底湖南联考前的每周一下午，画室有半天时间放假，我形成了惯例，正常情况下，会去画室见嘉一面。

周日，2 月 12 日，嘉爸去印度，下午，发信息嘉明日去画室，问她需要带些什么，她回信说想一下。晚上，嘉来信息说画色彩画得好纠结。

我：同学，进步的过程伴随痛苦，我也曾经历过，偶尔还会想放弃，终坚持下来。你有强大的内在定力，坚持、坚持、再坚持。

我：你正朝着自己喜爱的事物迈进，将目光放长远些，别拘囿于高考，安心于扎实的基本功，尽力即可，享受过程。

嘉没有对应回复，只是回复：明天可以买一本贵一点的毕沙罗的书带来吧。

我：在哪买？

嘉：书店吧，超 80 元的，色彩。

我：画室外有吗?

嘉：不知道有没有好的。

我：好，我尽可能去做。

嘉：知道了。

与嘉信息对话完毕，我陷于深深的忧虑。我知道，随着认知度上升，嘉对画的优劣，已能自如判断，但对画的全局掌握，画笔的使用、控制度却没有跟上，因而变得越来越不自信，且随着一次次考试，考生中强手如云，考场中，屡屡遭遇复读生、“考场杀手”，她会对自己越来越没有底。

画室学生越来越少，强烈影响她的情绪。减少的考生只是放弃清华和央美的考试，不代表他们的专业不好。在已经考完的校考中，这些考生专业成绩很可能超过嘉，而他们又先期回校补习文化课，两两合并，专业和文化课都能达到自己想报考的学校分数，比嘉会有优势。此时，嘉左右矛盾，不仅影响专业成绩，文化课也容易失陷。我束手无策，只能由她自己去调整。但每当我“隔空”与嘉信息，所反馈内容都会强烈刺激我的神经，令我崩溃与窒息。

承受不了，只能转发信息给嘉爸。嘉爸这一天都在去往印度的路上。收到我信息，他正在吉隆坡转机。他安慰道：登机了，4 小时到印度海德拉邦。嘉的情绪也影响你吧，母女连心，没办法。我复：哎，是的，六神无主的。

嘉爸：我们就不能乱了，本来她总的正常，只要敢去考后面的学校，就算有胆子，就是常态，不过可能你要辛苦地跑勤点，她说画室的人很少了。

我：好的，放心。

嘉爸：这是在考我们。十七八岁考验多是好事，在受控范围就行。

2012 年 2 月 13 日凌晨 2:31，嘉爸到达印度。

几乎无眠的一夜。早上，腾地起床，要干的事：帮嘉买书，长沙陪午餐。

去株洲书城，买毕沙罗的书。二楼专卖画材门店，没有开门，询问成才书店的老板，说让我等。等待中，将书城一二楼寻了个遍，画画的书少得可怜。画材店老板到了。问有毕沙罗的书卖不？女老板是懵的。犯晕我。不能耽误时间，打的去定王台。

定王台，湖南省最大的新华书店。二楼绘画专柜，一圈、两圈，没有看到毕沙罗的书，问店员，店员说不知。总台，请求查询，总台服务员说，没有书名查不到。这是什么路数，图书的查询系统难道检索不到艺术家的名字？赶紧出门，蒙蒙细雨，奔向临近桥下的个体书店集散楼层。进门，就问，画画书在哪买，好心人指示一个角落。左边角落“畅达书局”。两名店员在其内，一站一坐。问站立女店员，有毕沙罗的书没？得到肯定的回答。心中的石头落了地。店员搜到了三本，嘉的信息中说要 80 元以上的，于是将其中两本 80 元以上的书买下，一本 88 元，一本 160 元。

这时，我才知道毕沙罗是个什么人物。弄了半天，又是一位印象派大师。

快走到潇湘中路，嘉来电。我说快到画室，让她在画室前或直接去饭店等我。嘉自行走到了饭店，将毕沙罗交给了她，一同午餐。

借机冷观嘉，未瞧出什么不一样，放心。再回画室，确实，整个画室已现冷冷清清状，传达室门口居然在叫卖蛇皮袋，给准备回家的学生打包。离外省各校考结束还有几天，未及回家的学生在加紧赶考。

嘉告诉我，画室决定，调整寝室，较高楼层的学生都将调到一、二楼，便于管理。我说，调吧，听画室安排，无论哪天调，告诉我，我来帮你搬。

这一天，画室对参加央美校考的学生进行模拟考，按央美正常考试进行，共考四门：素描、速写、色彩和设计。晚餐时分，嘉：模拟考考得好郁闷。我（故意）：什么模拟考？嘉：班里的小考。

我：哦，这样。中午打包的饭热了没？这一段连续阴雨，保护好身体。

21:42，嘉：考完第四门了。我：哪几门，说来听听。嘉：央美的。我：哦，同学，辛苦了。

将一天所发生的事发嘉爸：中午去画室，和嘉吃饭，见面还正常。

嘉爸：好的。我才与用户开完会，印度比中国晚两个半小时，还算可以，不像想象中落后。

转眼情人节。雨菲菲。注定孤单的一天。

中午，嘉打来电话说外出，需请假。听嘉口气，感觉良好。外出回到画室，嘉发信息：**昨天睡落枕了，现在脖子痛。**身体不适，倾诉给我，更让我心情舒畅，复：**你长时间一个姿势，容易落枕，画画间适当做伸展运动。**

当我在家“无头苍蝇般”找护照时，嘉爸信息至：**老婆，情人节快乐！**

我压着找不护照的心乱，回复：**“情人节快乐！找不到护照唉！”**

**嘉爸：好消息，在我办公室。如急要就去拿，找办公室人给你开门。**

顿时心情大好回复：**哦，好的，谢谢。**

2012 年 2 月 14 日

成长阵痛

自打联考后，一场接一场的校考，带给嘉不是平淡就是沮丧，鲜有幽默与自信，她原有的“个性特质中的正向因子”，正一点点被校考“浇灭”。

作为一名普通高中生，这是不得不过的关。我一直认为，普通人能经历的，我们就能经历。

现实与校考迎面相撞，交锋开始，一切就没有想象中那样简单，该来的都来了，不知道是好是坏。先前，她要是烦恼，会发信息给我，我可以说的话是：成长越快，越容易消失于无形，缓慢进展，进三退二，哪怕原地再踏上几步，只要保持这样的频次，会走得稳健和长久。

当这样的话语穷尽后，我渐渐失语，因为实在不知道要说什么。而嘉清楚知道，在对待考试或画功进步方面，父母已无能为力，一切全凭她自己掌握。

久不在 QQ 空间说说中露脸的她，借助这一渠道，五日内，诉说。10 日，考广美时，写下：“（表情符号）讨厌上午画色彩”，我将嘉的说说给嘉爸看，嘉爸说，这是她释压的方式。

15 日，嘉又发出一条：“（表情符号）真讨厌，要死了”。嘉爸才从印度回家，需要休息。未跟他说。

嘉连续两次不良情绪，我心中有感应，想发信息，实在没有什么言语可安慰到她。她除了自我调整，别无他法。于是在空间，她的说说下回复：成长阵痛。

第二天 16 日，小郭妈电话告诉我，她第二次向黄红蓝提议，不要让孩子们搬寝室。离最后两个校考仅仅只有一周的时间，来回折腾会影响孩子们情绪。我同意小郭妈妈观点，但我也理解学校为了管理，无奈为之之举。估摸着嘉午餐时分，借关心之名给她发出信息。

我：同学，寝室搬否？如搬，我来帮你。

嘉："不搬"。

我几近失语，被迫对应：好的。

在这日中午，嘉发送了一条信息给嘉爸说画画画得好纠结。

嘉爸尽管有重要接待任务，但还是在百忙之中，用他独特的方式，用信息给嘉带去了一丝安慰。

嘉爸登到黄红蓝网站，比对去年考生参加联考和校考的情况，组织语言，发送长信：每个人无论做什么都有纠结的时候，这个时候怎么办呢？一种是放下，不想纠结的事，玩一玩，忘记这码子事；还有一种，就是降低对自己的期望，世界本来美好，不会因为低一点期望就变差。老爸也会在不同时期有纠结，只不过有不同的调整罢了。找乐子开心。

紧接着，他发出第二条短信：闲来没事，上网，查看黄红蓝去年联考与校考结果，发现大量 240 分以下及 240 分至 249 分之间的学生拿到央美和清华校考证的，而拿其他好学校合格证的大量光荣榜上没名，说明他们是介于 220 分至 230 分之间的。我才知，校考和联考完全不一样。以上是我打开两个网页反复比对的结果，供你参考。相信自己的实力，和自己以前比进步。

嘉：呃，我心态不好。

嘉爸：老爸刚从印度回，这几天来看你。

嘉爸善于用理性思维方式，用事实去佐证自己的观点。而我，则喜欢用感性模式，从表象上去疏通嘉的情绪，二者搭配，相得益彰。

持续阴雨天，终于在 17 日拨云见日。我这种"给点阳光就灿烂的"人，一到中午，急切将自己对阳光照进现实的渴望，编信息给嘉：同学，久违的阳光出来了，后天你老爸又要出差，我们明天一起来看你。

嘉：昨天衣服都没洗，懒得动。（表情符号）

好现象，嘉发出的信息已不拘囿于画。阳光真的照进了现实？管它呢，情绪良性循环就好。

我赶忙“接招”：没事，我明天帮你洗。

2012 年 2 月 17 日

小曲儿哼哼

2 月 18 日，周六，离清华美院校考整一周时间。

难得嘉爸有空，明天又要去泰国，我俩决定，上午同行去画室看嘉。

约好最迟 10:50 出发。很奇怪，嘉爸很意外地 9 点起床，以为他因去看女儿兴奋，问他，为何早起，他说，要先到公司开个短会。

短会？心中咯噔一下。不是什么好现象，哎，好不容易呢，开什么会？

不遂人愿的事十之八九，容易成为人与人之间闹别扭的导火索，我想，可别因为嘉爸开会，影响我的情绪。他出门，我让自己忙起来，以逃离沉浸在等他的煎熬中。准备食品与换洗衣服，将需校考的网络报名表及相关证件复印件弄好，再按所考学校的要求，粘贴在一起，并做好备份。

一切就绪，已是 10:30，开会的嘉爸无任何信息反馈，嘉搬寝室的事还没有落定，想早点去。10:34，我“弱弱地”给嘉爸发出信息。

我：快开完会了吗？嘉爸：老板在讲话，稍等等。

要在以前，他如果答应去长沙看嘉，却又在决定之后“让位于”工作，等待工作结束，再司看嘉之职，等待中，我会随时间一分一分过去，积累出很多怨气，坐上车后，我们百分百会发生争吵，弄得一路上不快，除见嘉强装笑脸外，来回路上，定会耷拉着脸。

我是从小郭爸那里得知，这一天，画室又一次模拟考。每次模拟考，考四门，按照央美的标准进行考试。画室目前的集训，采取的是三天一考的模式。考一天，评一天试卷，练习两日，再考。考生们全身心都投入其中，没有心思想别的。

时间继续流走，11 点了，还没有嘉爸开完会的消息。

终于，11:17，嘉爸信息：11:30 我到楼下，看样子，会是开不完了，你到楼下等我。长叹一口气。总算有了前行的动静。

11:33，我坐上了嘉爸的车，他说早上开的是磁悬浮工作汇报会。

车至曹家巷，老爸在门口候我多时，老妈准备了一些零食让我带去给嘉。

向长潭西。在离湘江 700 不远处，发现已开好假条出画室的嘉，接上她。

餐馆内，刚坐定，耳际传来小曲声，发自嘉。我内心立刻狂喜，好兆头，至少说明一点，早上模拟考后，心情还算不错。

餐中，聊到宸同学，问嘉宸同学在北京集训如何，准备考哪些学校，清美和央美是否要回湖南考。嘉说了一句让我瞠目结舌的话："她只考清美。"啊，不可能，我又问了一句，央美也不考吗。嘉说，二十几号，宸回湖南报名考清美，考完就回一中上课。

宸同学和她的父母如何作想，我不得而知，但我和嘉爸都认为，他们这样的孤注一掷需要很大的勇气和自信，也不知要承受多大的压力。怎么会这样，宸居然一所综合性大学也不考，只为清美，意喻何为？百思不得解。

餐后，嘉爸建议在阳光 100 小区散步。阳光 100 小区，与嘉所在画室遥遥相对，由于临近三大名校，已成为中南大学、湖南大学教师公寓楼群，人流时刻都在这样的小区内涌动，比嘉所在的湘江 700 热闹、繁华。街区边停车线上停满了私家车，人行道上挤满了小摊小贩。尽管还是初春，聪明的鸟儿们也知道闻香觅食，摊商旁，成群的鸟儿聚集，丝毫不害怕来来往往的人群，只为着啄食人们丢弃在路上吃剩的美食，偶会趁摊商不注意，一个猛子扎下，在食品上留下它们的"印迹"。

天不阴不晴，三口人却心情平稳，嘉跟我们讲起，自联考后，画室出现的一些现象。联考后，同学们开始参加校考，当中一些学生，逢考必考，好像每天都在报名，又每天都在考试。这些同学，心情好的时候，就连续去考点考试，心情不好的时候，则躺在寝室睡上一天，对已报名需参加的校考置之不理。还有一些同学，联考后，名册在画室，让他们的家长以为他们在画室画画，人却自行消失，半月或一月露面一次，问他们是否回校念文化课，笑而不答。还有一部分同学，复读生，属执着型，明知自己文化课不好，却屡屡参加“顶级”美院的校考，他们每年都能拿到各美院的专业合格证，文化课却始终通不过，这样的结果，占去了部分文化课不错的学生拿合格证的几率。

摊点上，给嘉买了一些小桔子。估摸着时间，回到寝室。

嘉喝的牛奶杯底部和杯壁已凝成了奶片，“怎么不洗?”我问，嘉说太累了。

哎，我理解，帮她洗吧。清洗完杯子，又从塑料盆中找出两套内衣裤，两双袜子，一件件清洗干净，晾好。笑对嘉说：“同学，你咋这么懒，瞧你老妈多好，无怨无悔地帮你。”小郭笑着说：“阿姨，你好搞笑，每次你讲话都让人发笑。”我回答：“那当然。”转向嘉，说：“崽唉，到哪里去找这么好的老妈啰。”嘉闷笑着，不作答。

嘉清理好画具让我们走，我知道她将去画室，于是说就走。临走前，义正辞严地对嘉说：“从现在起，不管再累，内衣裤还是要自己洗的哦。”嘉嬉皮笑脸：“哎哟，老妈，你不知道，我每天连动的力气都没有了唉。”

算了，还有一周，何必较真。嘉爸下午还有接待任务，需尽早回。

老路，长潭西，折返。过株洲北收费站不久，透过车窗，见一股黑色浓烟升腾。车向株洲方向开行，快到白马垅公交车站时，看见了浓烟的起源。

左边红易往白马垅公交车站旁，一辆油罐车翻车正猛烈地燃烧，车横卧由南向北的路上，死死堵住三个车道。我们这条由北向南车道，没有交警封路，却在离起火地点一两百米处，陆陆续续停了很多车，一些大巴上的乘客下车观看，稍大胆些的人，则渐渐走近起火油罐车。我们车被迫停下，下车观看火情，熊熊大火，未燃尽的油冒出的黑烟遮去了三分之一的天空。消防车三三两两赶到。

停了一阵，车道中一些胆大司机陆续前行，嘉爸因有事，唤我进车，紧跟着。靠近燃烧的油罐车时，看见我们这侧的路基旁，灌木丛也在燃烧，我浑身发毛。嘉爸屏住呼吸，沉着坚定地开了过去。

远离事故点，快到田心立交，车内突然注入了阳光。这时，阳光正刺穿云层，短暂地露了一下脸，又藏了进去。

2012 年 2 月 18 日

《小石潭记》

有点小感冒，鼻涕没有征兆地往外流淌，哪儿也不能去，哪也不想去。

阳光灿烂的一天。

嘉爸早上 8 点多离家，去泰国。

钟点工罗师傅，在这个周日的早上，将我家收拾干净。

午餐时分，出家门，于曹家巷，安享父母之爱。餐中接到嘉画室室友小郭电话，说寝室未给送电。事情是这样的，画室的学员越来越少，画室领导层基于安全因素的考量，决定，统一重新调配寝室，将散落于各个楼层的学生们集中管理。

我与小郭的家长认为，离最后两场校考仅仅只有一周时间，更换寝室，孩子们恐难快速适应，况且小郭与嘉同处一室，有伴，希望能维持现状。小郭爸妈多次跟张校长沟通，张校长原则应允。事实上，我们作家长的并非不通情达理，也都理解校方的无奈之举，校方在校门上，清楚地写明，不能一人一室，小郭和嘉已在同个寝室内住了 8 个月，彼此都有默契，两人都将迎战最近两场校考，需要校方和家长的共同呵护。

小郭来电的意思，是希望我作为嘉的家长方，也再去找张校长沟通。我呢，与张校长不熟，想来跟禹校长沟通。打电话给禹，跟她说明这一切，让她能跟张校长说说，通融通融。

禹校长与张校长联络后，给我打来电话，说事情已说明清楚，且维持现状。感激禹的努力，也感谢黄红蓝的决策层们。望一切顺顺利至月底。

餐后回家，蒙头大睡。醒后，查看手机，看到嘉上传的几张图片和一条 QQ 说说。

嘉下午一点的这条 QQ 说说：画室寂寥无人，凄神寒骨，悄怆幽邃，以其境过清，不可久居，28 日乃弃之而去。

我立清醒，发出评论：寥寥数笔，环境、心情、意境，倾泻而出，赞！

9分钟后，嘉手机回复：《小石潭记》。

呵呵，我一乐，再复：信手拈来，不失为绝妙。

转眼下午5:30，嘉电话至。让我帮她跟画室请假，说要外出买画材，我说好。

嘉将电话给前台老师，我向老师报上名号，给嘉请假。准假。

嘉在画室外，给我发来信息。

嘉：我们在外面吃饭，外卖都走了。

我：你和谁啊?

嘉：卢文和陈博。

哦，我放心回复：同学，在外吃饭也要注意卫生。再，昨天给你带的你老爸买的印度糕点，饿时候充饥。

越近尾声，时间愈慢，短短的一周，还会有什么事情?

2012年2月19日

校考第六场（清美）

准备期（元月9日—2月22日）

元月9日

12:11

嘉：清华也要打印。

我：清华和广美都没有报，你确定都考设计吗?定好，我就弄，等你信。

嘉：晚上去教室再说。

我：好

17:59

嘉：清华，设计，陶瓷；广美，设计，装饰。

我：好的，明天弄。

元月10日，将网上报名所有事项填写完毕，核实无误，请小郭妈妈帮我网上交费，打印报名表。2 月 18 日，将面报资料交予嘉手。并留存备份。

22 日、23 日，清华美院的面报时间。面报由黄红蓝负责，有专车将考生送往面报地点，22 日下午 17:48，估计嘉同学已完成面报，于是发信息：同学，报名妥否？

嘉：喔。不着调的回复，让我丈二和尚，摸不着头。于是再度发问：“喔”是何许意思？嘉：嗯。这算是一种肯定答复，我知道，心里有点小底，发出信息：哎，同学，你惜字如金。

到了晚上 9 点多，大约，嘉是得到了片刻喘息机会，脑袋突然“装”了我，给我发来了清美的准考证。见证，心安。详看手机中的准考证，很是服气。这是嘉六次校考以来，最正规、最好懂的一份。准考证上详写了考场考点，几栋几楼第几间教室，交待一清二楚。

清华考试时间安排：25 日上午 8:30 至 11:30，色彩；下午 13:30 至 14:30，速写；下午 14:40 至 17:40，素描。嘉清华准考证号为：120710344，4 栋 5 楼第 3 教室第 09 考场。

临考期（2 月 23 至 24 日）

2 月 23 日

我：我明天下午去熟悉考场周围，后天中午陪你吃饭。

嘉：你明天来不来？

我：明天来哪里？我是准备去考点，你要我来就来。给我来电。

嘉从来都是将手机调成静音，不主动看手机，无论呼她的人多么着急，她都没有反应，已熟悉嘉的习性，我也不再“霸蛮”，只是，23 日晚，我在等待嘉电话铃声中度过了一夜。

24 日，到办公室不久，终于等到嘉电话，她好像刚睡醒，问我何事，我问明天考试见面，需要带什么，她说没什么。我说那我自己看着办。我又问她 28 日什么时候去广州，她先是说晚上出发，后说不知道。我说没事，我会在 28 日到画室，将她所有的东西全部拖回家。嘉说好。

这日是周五，档案馆里，大伙儿各司其职，没有什么可需我劳神的，

9:30，我跟罗主管打了招呼，离开公司。回家拿东西的路上，遇到与嘉同画室的一位九方中学考生的妈妈，曾经的熟人——霞。霞说她儿子联考后，也考了6所学校，现已回到九方中学上文化课。九方中学组织六十余名艺考生集体补习。霞还说她从儿子的艺考中发觉，艺考生比文化生辛苦得多，她儿子也说了，太辛苦了，下辈子不再做艺考生。

坐上快巴10:30，到长沙火车站11:30，乘7路到井湾路，12:05。沿着井湾路，边走边看边问，找到湖南科技职院。13:00，在老师指点下，找到四栋工艺美术楼，上五楼，对嘉考点熟络，做到心中有谱。四栋一楼大厅展示着一些作品，无太多心思去欣赏，胡乱照了照，做到此一游的纪念。

湖南科技职业学院出来，寻访附近可住的条件较好的宾馆，山水时尚酒店，满员；七天连锁，满员；……满员。身体感觉乏力，才想起自己还没有吃午餐，时间已经13:30。在附近的“杨裕兴”，点一份香菇肉片炒码粉，狼吞入肚。

不晓是否是倒春寒，空气中弥漫着阴冷的气息，风虽不似刀子，却也非常了得，一阵接一阵，通过“各种渠道”钻入我的身体。我出门前，特意将一直穿在身上的红棉背心脱在家中，只剩一件宽松的绛红色外套，根本不是风的对手。双手将衣服紧紧相扣，死死拽着，让衣服贴着肉身，阻止风钻入。

老天爷故意折磨人，一般而言，有风之时，雨住。这时，风夹雨，雨夹风，先前的保暖措施，因要被迫撑伞而前功尽弃。咋办？在路边的站牌，选定了一条线路，不一会儿，147路公交到，无思考，跳上车。先让身体不受冻。

上车，坐定，开始想着去什么地方。当心中刚有主意之时，嘉爸来电，说下午办完公事可来长沙，让我找一处他相对熟悉的地方，待着等他。

某足浴处。说做足浴，一年轻女服务满脸狐疑怯生生问：“几人？”一人，我回答。那女服务生说：“很抱歉，现在没有包间，只能在外面大厅等。”我丝毫没犹豫。巴不得，只要让我在室内坐着，洗不洗都没有关系，我等人。

打开随身电脑等着嘉爸。有服务员从我面前走过，每个人都神态不一地打量我，有看外星人的感觉，似乎在她们眼里，一个莫名其妙的女人，待在足浴城，不哼不哈的，不思洗脚，还玩着电脑。这样的女人，不是神经大条，就是满怀幽怨。

和嘉爸见面已是下午 4:30，共同的想法，是再去考场周围巡视一圈。

转到香樟路，绕上洞井路，再向井湾子路，这时正值周五下班高峰，每个红绿灯口都排着长龙。湖南科技职院，我已熟悉，给嘉爸介绍了嘉的考点。学院很小，教学楼、图书馆、体育馆、实训楼、工艺美术楼和食堂，实在没有什么看头。

校门口，有一些人在围观什么，眼尖的我，瞧见清华两字，立觉是考点分布表。挤进去，果真是清华美院考点一览表。此次，清华在全国设 8 个考场，湖南科技职院是其中之一。根据报名的情况，科技职院共设 86 个教室，每个教室 40 名考生，接纳来自湖南的考生。2012 年，清华美院在全国招生 200 名，专业录取比例四比一，也就是 800 人。按科技职院考生比例算，全国至少有二三万人参加。嘉敢报考清华，已经很棒了。当然，她所参加考试的每一所学校都让我为她骄傲。

从学校出来，我和嘉爸在学校周边为嘉选择考试当天午餐地点。方圆一公里范围内，有“湘知香味”、“乡食城”、“浩友湖岸”、“隔壁邻舍”等几家餐馆。

晚上，嘉爸给嘉发信息，让她将明日考试的物品清理好，早点睡觉。嘉发来信息说她已清理好几遍，还是担心会有所遗漏。嘉爸告诉她，将所有需带的物品写在一张小纸条上，一一核实，这样就安心了。

考试日（2 月 25 日）

过去的一夜，一直处于醒了又睡，睡了又醒的状态。

灰蒙蒙的天空。无风，无雨，阴霾之日。和嘉爸待在一起，我用电脑打发时光，边游戏边写文；嘉爸则用《三湘都市报》消磨，边看边念给我听。

嘉爸念道：“没有高考，你们拼得过富二代吗？如果高考成功，将来生活有可能比富二代过得好。但如果不高考，肯定拼不过富二代。当前阶层流动基本停滞，高考几乎是草根平民改变命运的唯一相对公平的途径。”

嘉爸念的是 2012 年 2 月 24 日《三湘都市报》A16 版的文章。他又说我们长汀一中的当年的标语是："高考决定你是穿皮鞋还是穿草鞋。"

11:00，驱车来到湖南科技职院。校园里，站满了考生家长。艺术楼里，已开始陆续往外出考生。我和嘉爸穿插在人群中，眼睛直勾勾地盯着艺术楼的两个通道。观察已考完的考生表情，发觉，每个人都很平静，无论男生女生，镇定自若，或笑着、说着寻找等候的家长，或三五成群，自行抱团出校门午餐。

我和嘉爸感叹，90 后新生代，尤其是和嘉一样参加过若干次美术专业校考的学生，个个都在高考大浪中，一步步艰难挺进。

11:30，考试时间到，未见嘉电话。继续等待，33 分钟，38 分钟，考生已出来差不多，40 分，终于忍不住，给嘉打电话，良久，接通。

当嘉从楼里出来，一眼就瞧到她。她带了一条她老爸给她的红白格子围巾。好显眼，平日她从未带过。我扯着嗓子叫她的名字，冲上去，一把搂住她。带着嘉来到浩友湖岸。

嘉呈普通态，与我和嘉爸聊天。她说，早上考色彩，命题："中秋节"。要求考生根据命题，画出至少三样静物。我问她画的是什么？嘉说她画了一把壶、茶杯、三个月饼、几颗葡萄。我说很贴切啊，有中秋韵。嘉仍是一副对自己画作不满意的态度回答道："画得不好。"嘉爸和我明白，这时不用接话。

过了一阵，聊到最后一场校考，央美的设计考题，嘉有点兴奋，滔滔不绝跟我俩讲起去年、前年和更早些时候的设计命题。嘉说："去年，央美的设计命题叫'颠倒'。黄红蓝有两个高分卷。一位画的是插头与插座接口颠倒的关系；另一位画的是一把手枪。"我的空间想象力极差，嘉的描述令我无法构建出考生的画面。我问："画卷上可以写字吗？"嘉说："可以，但仅限一句。"

嘉举例，前年央美的设计命题为"喜"，黄红蓝一位高分考生，画了一盒口香糖，其中一支露在盒外，这支口香糖的外包装纸上写着一个喜字。画面有一行字：喜也是可以咀嚼的。

隔行如隔山，每听嘉同学讲起一些精妙的设计画作，我都想不出可以夸赞的文字，只能以啧啧声替代。餐后，稍事休整。到考点。

送嘉进设计楼前，嘉爸说了句：“加油!”我则说：“同学，坚持。”

18点，估摸着嘉考完，信息：**同学，到校后告知我**。嘉复：**已上车**。

车上，嘉登录QQ空间，17:59，她在空间中写下：原来就不喜欢月饼，现在越来越不喜欢了ORZ。

清华美院专业考试，定格。

2012年2月25日

再造一个家

3天，能干什么，放在田心，寂寞日苦度，时间显得又长又慢。2012年的2月底，3天，竟让我拥有了一个未曾“打过腹稿”的家。

25日下午4:30，意外得房，25日至26日，反转纠结、苦苦挣扎、找寻理由说服自己，终于做出决定：跑通勤。主意定，剩下的除了行动就是行动。

25日，清华美院在湖南科技职院专业考。嘉爸做决定，去一中打探租房信息。他一旦做出决定，多说无益，随了。

一中门口房屋中介所，进门便问有房源否。中介崔老板说：“有一套昨天才退出的二室一厅，展览馆附近，离一中四五分钟。”择日不如撞日，机会竟一下遇上。早在去年夏天，高考刚完，嘉爸尝试着询问一中门口的又一村宾馆，被告知已不打折地全部预订完毕。考察了一中周围的高中低档宾馆，对房屋方位和价位有了谱，做了最贵的打算，实在找不到房源，包宾馆。

崔老板提到几处房源，距离一中都太远。当崔老板说，这套空房的主人是一中老师，姓朱，比较可靠。我俩随即决定看房，崔老板说，需交30元看房费。崔老板给房主打电话，几番无人接听。崔老板说，房主大概在上课，让我们等等。

这日，又冷又潮，风夹着雾雨，室外令人透不过气，我俩钻入汽车，等待。估摸一小时，崔老板来电说已联系上房主，让我们20分钟后到。

比较兴奋，提前到中介，老师还未来。等待中，一对夫妇进门，男的张口说他特意带了老婆来看上午崔老板说过的那套房源，崔老板指着我俩对男的说货已出手。男的很通情达理地说，看还有没有别处的。在崔老板与那对夫妇交谈中，我得知他们的孩子下学期高二，从高二开始，母亲准备陪读，因此，需要租一套房，陪读两年。

过了一阵，还没有一中朱老师的信息，崔老板再次打电话给他，对方说房间还没有搞卫生，不好意思让客人看房。我们说没有关系，看了再搞也成。

于是，朱老师让我们直接去陶玻大厦，他在那儿等我们。

陶玻大厦楼下，房主又姗姗来迟，见他，两个字可概：憨、蔫。侧面楼梯上楼，二楼是金海港洗浴中心；三楼、四楼是邵阳旅馆。四楼至五楼楼梯口，楼道有门隔离。朱老师打开楼梯门。五、六、七楼是原长沙陶玻公司员工宿舍。

602 号房间，三个字可以形容：脏、乱、差，外加冷。朱老师算有自知之明，不好意思地说，还没搞卫生。对我而言，这不是重点。问题在于，房间太大，太空，丝毫无住家之感，楼下又是洗浴中心又是家庭旅馆，安全可靠性极差。

询价中，朱老师动不动就抬出老婆，说房子是岳父大人的，老婆不肯租短期，先前房子出租至少都是两年。我们只租三月，对他而言，是天大麻烦的事。要还是不要，也不容我说了算。嘉爸租房的决心比我强烈，一阵讨价还价过后，定下，月租 1800 元，收三个半月租金，中介费收单月租的一半。这样算下来，共计 7200 元。另收订金 1000 元，收房后清退。朱老师说 26 日他会请人将房间卫生搞好，确保我 27 日拿到钥匙。商议妥当，再次回到中介，签下合同。订金 1000 给朱老师，900 中介费给崔老板。

回程路上。一想起所租之房，内心极度不畅。

我心中预设的环境，一点都未达到，觉得还不如多花些钱，包宾馆。强烈的不满，显现在外表。嘉爸感受我的情绪变化，默默地开着车。我知道，嘉爸所做决策是对的，先把现有资源牢牢掌握在手，至于最后租不租，看嘉自己的决策。当然，这是说笑，我们不可能让嘉决策。应该是看我的起死回生的本领，以及如何将残破房间收拾成一套基本可住的居室。

26 日一早，嘉爸去马来西亚出差。对我而言，这天是极度难熬的一天。

陶玻楼下洗浴中心及家庭旅馆的情形不时出现，全无安全性可言。

对于陪读，我不赞成。普通人家孩子，读书全靠自己，父母挣钱只为养家糊口，解决孩子温饱，全无闲工夫花在陪读之上。

有条件的家庭，父母陪读，牺牲自我，可行，但请人陪读，或请爷爷奶奶相陪，不赞成。

断不会主导家人以外的人呵护嘉的安全。老爸老妈都已 70 多，老妈她凡有心事会同老妹一样，第一时间输出，不积压心底，身体是一天比一天好。我如果提出让她去长沙住宿，她可能会同意，老爸更会牺牲自己，同意老妈去陪读。但近期老爸的头痛又犯了，老妈需一刻不离老爸，在他们面前，我绝不会提出任何过分要求。

租房已成定局。其余事宜也已考虑清楚，剩下陪睡问题。

嘉爸让我去找一毛父亲，看他是否愿意与嘉合租，这样一毛与嘉相互陪伴。打电话给一毛父亲，介绍情况给他，问他是否愿意。一毛父亲说，他们已在一中宿舍办理住宿事宜，虽然宿舍很拥挤，但介于安全考虑，他们决定住校。

最后一丝可让我轻松的引线熄灭，无退路，剩下就是自己的决心与毅力。班仍要上，嘉也要陪，每天两趟，长沙株洲通勤！

3 个月，晚上大巴去长沙，第二天清早嘉上学，我坐大巴返程上班。

做决定后，顿觉轻松。

27 日，曹家巷午餐后，快巴到长沙。找朱老师，一手交房费，一手拿钥匙。基于对朱老师不放心的想法，中午时分，就已与他敲定见面时间，下午 2:30 至 3:00 之间。在陶玻大厦，我左顾右盼，3 点左右，朱老师出现。仍旧三步一摇，五步一晃，右手带着他的宝贝——房间钥匙。

我问，卫生搞好了吗？朱老师说他昨天一个人搞了 5 个小时。我犯晕，天啦，一个大老爷们，自己亲自动手，真是好人。

随朱老师上六楼，开房门。哎，怎么说呢，乱已消失，脏和差原样。他仅仅将原租户的物品，清理出门，房间卫生几乎未搞，地面、桌面、灶台、厕所、阳台、柜子、电视、沙发被厚厚的油灰所覆，手指掠过去，粘乎乎的。

朱老师看见我在检查卫生，很诚实地跟我说："卫生搞得不是太干净，还需要再搞的。我弄了 5 个小时，请了人帮我将原住家留下的垃圾背了几趟才全部运清走。"他主动检讨房间的卫生，令我心软。我只能说："哎，算了吧，我再找人搞吧。"见我好说话，朱老师说："我老婆昨天还骂我，说我没有等到原租户搞完卫生便清退房间，将押金全部退还人家。"

我笑笑，哦了一声。朱老师说："我们抄下水电气表吧。"抄表中，朱老师跟我介绍起他昨天搞卫生时，做的一些事情，比如：将客厅的灯泡全换好了，将厨房的水龙头换了新的，将沙发移到客厅，将冰箱挪了位，等等。

我连声说好，掏出钱，拿出合同，朱老师打了 6300 元的租房收条。

送朱老师下楼，他跟我介绍陶玻大厦。这栋楼盖于 20 世纪 80 年代，是陶玻公司员工家属楼，随着陶玻私有化，员工走的走、退的退，剩一些老员工及家属，于是，这栋楼也分崩瓦解。靠展览馆的变成了 158 商务宾馆；中间部分有家庭旅馆、有培训机构；靠省书画院这边，就是我所租的这三分之一，一楼门面，二楼洗浴，三楼四楼家庭旅馆。五至七楼，剩十二套房间，属陶玻，五楼住的是原陶玻的中层干部，六楼七楼，住普通员工。

对所租房屋周围渐清晰，缓解了我安全方面的焦躁。展览馆前，有擦皮鞋的，我"盯上"一位比较结实的堂客。上前搭讪。谈妥打扫卫生每小时 15 元。她说她姓邵，家住马王堆，每天骑电动车来展览馆擦皮鞋。她益阳人，儿子已上班，老公在马王堆附近做事。

置一个家，所需的东西万不是一次能补齐。去超市购物，留邵师傅在家。锅碗瓢盆等，凡能想到的，都购上，回来已是 5 点多，邵师傅只做完两间卧房卫生，我放下物品，开始辅助她。感觉太晚，对邵师傅说做到 6 点，明天再来。

正说着，楼道间传来一群女人的声音，我很好奇，想知道这层楼住着些什么人，盯着楼道看，一群身着一中校服的女生经过家门口，顿时大喜。

考虑了片刻，决定"深入虎穴"，主动去了解一些楼层住户的信息。在三号家门口停留，侧耳听屋内声音，无声；到四号门口停留，还未等我侧耳，里面传出讲话声音。肯定刚才那帮女生在内后敲响了房门。

一位女士开了门，约摸 40 多岁。我首先介绍自己是新来的邻居，问她是不是学生家长。女士说她是被学生家长请来给学生做饭的人。我说：“是这样的，我刚租了隔壁，小孩高三，是否可一同搭伙。”她说做不得主，现在已经有五六个学生在一起吃饭，多了恐怕学生家长不同意。我说没关系，以后再说。又再问她，这儿安全吗？女士说很安全，楼道有门，各家都有两道门。

我问她如有什么事能招呼她吗？她说她叫小萍。我们相互留下了电话号码。

当清洁工邵师傅离开后，小萍跟我说我家的卫生她可以帮做，星期六星期天她有空。我说：“刚才看见你们的房间很干净，我不强求完美，只要干净就行。”小萍说：“那没问题。”我说：“那好，到时我跟你联系。”

晚上 7 点，看了几眼多少有些感觉的陶玻大厦的家后，离开。

28 日，值得留在记忆的事有：小王飞大连，嘉画室搬家，陶玻家成型。

事情总处于让人无法预料的境地。28 日，嘉晚上随画室乘快巴去广州，此一离开画室，便不会再留宿，于是，与嘉约定，将画室内所有物品搬离。

嘉爸不在家，求助姐夫，姐夫和我先送小王同学至飞机场，继而去画室。

10 点出发，黄花机场放下小王。和姐夫驱车去一中，先将车载居家物品放到陶玻大厦，找到昨日搞卫生的邵师傅，留她在家做卫生。接着去画室搬家。

画室，小郭和嘉已在等候。在阳光 100 小区，我们在麻辣香锅饱餐一顿。

回画室，清点物品，除留下嘉赴广州所需物品外，剩下都搬离。

好家伙，嘉的东西不是一般的多。尤其是画画的专业书籍。平日里一本本地买，不觉得，这一下撤离，才知道书的重量。上下楼五趟，终将物品全部转运到车上。

重回陶玻家，将从画室移出的，需续留物品搬运到陶玻家楼上。这日，阴雨了近两个月的天气，太阳出来了，正好容我把从画室带来的床上用品清洗晾晒。铺好两张床，陶玻家已呈现可居家的模样。16 点，邵师傅在满头大汗中结束清洁工作。陶玻家经过又一轮的清洁，露出清爽的气息。

送走邵师傅，驻足新家。想的最多的是，我将在这儿睡上 3 个月，心中，那一丝纠结又重新升起。

敲门声。开门是隔壁的小萍。迎小萍进家，她里瞧瞧、外看看，说了一句："我也可以搞得这么干净。"

问她住在哪，小萍带有浓浓的口音说了几遍，才听懂是出版局。小萍说她已经四十好几，儿子在湘潭读大学，老公在家里做事。她去年被家政公司介绍到对面出版局一户人家陪读，陪读的二年级小女孩和爷爷奶奶住，小萍每天接送小女孩上下学，辅导小女孩做功课和陪睡。她利用时间空档来陶玻大厦给我们这层楼的高三学生做两餐饭。周六周日有空，可帮我家做卫生。

我说还不急，待我正式住进来，再跟她联系。小萍有点像表决心似地说："我做的饭菜不错，每餐都会给学生做五六个菜，学生们对我都还满意。"

我说："那好，你考虑考虑，我也跟我女儿商量商量，如果女儿同意，我再跟你接洽具体事宜。"小萍离开，去 604 做饭。

又想了一些实际需的配置的物品：台灯、储物箱、电源插线板等，一一记录下来，等待采购。

又到离开时，将门反锁，试了几遍，确认无误，返程。

2012 年 2 月 28 日

校考第七场（央美）

每一步

2011 年 12 月 15 日

我：今天先帮你把央美报了，行不？其余还要报哪些学校，你信息告诉我。

嘉：噢，没关系，可以都先报，是要考前再去考点确认的。

我：好，那你除了央美外还想报什么？

嘉：周一再说吧。

我：听你的，我已连续在万达看了两场《三傻大闹宝莱坞》了。

嘉：今天又模拟考。　　　　　我：哈哈

嘉：表情符号　　　　　　　　我：好复杂的表情，呃……

嘉：明天考试！　　　　　　　我：不是昨儿个考的吗？

嘉：昨是模拟的　　　　　　　我：哦，搞不懂。

嘉：唉，鱿鱼　　　　　　　　我：更搞不懂了，都是什么呀。

嘉：天气好冷，今天早点睡

我：好的，我今天去武汉，看叠图机，晚上才回的。

嘉：表情符号　　　　　　　　我：表情符号

嘉：我清颜料去了。　　　　　我：好

2011年12月22日

嘉：明天7点要到教室。我：为何？嘉：适应考试作息。

我：呵呵，崽你行的。我已在小郭妈的协助下，帮你报了央美，网上交费是郭妈帮我完成的，哈哈，强吧。

嘉：你报的是本院吗？

我：我原以为你们在武汉考，郭妈笑话我，说在广州。应该是本院。

嘉：完了，我压力大死了。

我：嘻嘻，努力就好，你懂的。

我：明天中午我们过来一起吃饭，叫上室友，我带她们请假。

2012年元月2日

嘉：报名不要急了，可能会有变动。

我：好的，下午的事我有点操之过急，别放在心上。

嘉：清华的志愿你报了吗？　我：没报。

嘉：央美的三个专业怎么报的。

我：第一是艺术设计，第二是产品设计，第三是家居产品设计。

嘉：表情符号　　　　　　　　我：咋了？　　　　　嘉：压力大。

我：哦，别呀，你原来什么都不想的，只有画画时，心态好些。记得，你正在做你喜欢的事就行了。

2012年元月4日

嘉：填报志愿是否可更改？　我：可以。说吧，听你的。

嘉：晚上告诉你。　我：好，等你电话。

嘉：在考虑建筑系。　我：哪个学校

嘉：央美的。　我：我正在帮你看美术赏析的文章，做备用。

嘉：好的。

2012年元月9日

11:30

嘉：老妈，你打了央美的报名表吗?

我：打了。有问题吗?

嘉：做创意设计搞的我想死了。

我：你设定的好作品层级太高，刚开始练习眼高手低，这很正常，会适应的。把心放平，慢慢地循序渐进。

我：小卢同学的事，郭妈已办妥。嘉：设计老师好强。

我：这是好现象，崽唉，别急。　嘉：哈哈。

起程

28日晚，画室带参加央美考试的学生赴广州，交通工具是快巴，时间为整整一夜。按前6次校考的惯例，我铁定会去广州与嘉会合。

2月27日，做功课。查询广州城市学院滨江校区地址，熟悉地形图，了解周边宾馆酒店，打电话在同程订房。预订好广州天一酒店，住两天。

询问学生到广州后住宿地，被告知在海珠宾馆，去年画室组织考试也是在那儿。后上网查询海珠酒店地址，发现它竟与我所订的天一酒店相距500米，真是好消息。28日晚上，惦记着快巴上的嘉，迷迷糊糊度过一夜。29日早7点，发短信问她到了没，等到嘉的信息是7:26到广州市。

暗自思量宝贝嘉又跨过了一关。7:44在QQ说说中留下感悟：5:11醒，再无法入眠，等待。7:26，收到嘉到广州市后的短信。悬着的心落下。一夜快巴，风雨兼程，嘉着实不易。好样的!

这天上午 10 点，那一刻，嘉正在广州城市职业学院滨江校区现场报名，QQ 空间中留下她的痕迹：第一次来广州居然是考央美（表情符号）。

央美面报时间是 2 月 28 至 29 日，考试时间是 3 月 3 至 4 日。中间有两天空档，画室租用了珠海宾馆九楼会议室，继续让考生们练手。

我计划 2 日到广州，3 号陪嘉午餐，4 号考试完成，和她乘高铁返程。

3 月 1 日，嘉爸从深圳发来信息。

嘉爸：明天什么时候的火车。

我：还没买票，马上去。

嘉爸：我在纠结下午回株洲，还是在这儿等。

太明白他心思，只要不是被工作束缚，嘉爸在外待不住。他想回家。

我：那就回来，你在外面待不住。嘉爸（前所未有的快速回复）：好的。

当我将高铁票买到手，发信息给嘉爸，告诉他往返车次和日期。嘉爸发信息问我是否给他也买了票，我对嘉爸的想法，心知肚明，告诉他没买。我很清楚，嘉爸只要回到家，他肯定又“不属于”他自己。

果不其然，3 月 2 日，准备出发，嘉爸一直欲言又止状，我知道他思想在反转着，究竟去还是不去广州。此前，他一直决定要去，待嘉考完央美，我们仨一起乘高铁回家。

没指望他会与我同行，现实状态下，做城轨营销和海外营销的嘉爸压根就不属于小家，嘉面临高考，他三天打鱼两天晒网地应付，我需将一切美好的计划先“掐灭”。反正我天南海北，只要想行动借一己之力也够。

工作与家庭，事业与家人，嘉爸选择前者实属无奈，而我，选择自作主张。当嘉爸说走吧之时，我立即接话：“你不用去了，我一个人去，你送我就行。”

嘉爸似有如释重负的感觉，他说：“啊，我不去啊，也好，我明天要去土耳其，如果我去广州，明天就直接从广州飞北京，再去土耳其。”

瞧瞧，他便是做好了不去的准备，只等待我来开口。如果他下定去想广州的决心，就必须将行李包箱准备好，因为他这一去，3 日到土耳其，7 日再飞马来西亚，11 日回家，不带任何行李出门，表明他心理预期不去广州。

我常常想，嘉爸这是何苦来，如此拼命，养成疲于奔波的习惯，到退休怎么办，他如何能静静地待在家中。

习惯的形成很难，更变形成的习惯更难，怎么都是两难，这就是人生。

对自己讲，不能再想乱七八糟的事情，去广州见嘉的欣喜，想着就美，打起精神。9:04 的 G6011，株洲西至广州南。

高铁也晚点，晚了十七八分钟。车到广州南站，车厢广播中传来列车长的声音，对此次列车晚点道歉。这让我有点意外。

广州（一）

广州，温暖又潮湿，湿气将地面上扮成了下过雨的模样，始终如一，空气中充盈着活跃的水分子。广州南站，按着指示牌找到地铁入口，购地铁 2 号线车票，5 元纸币送入，掉下一枚蓝色的一元硬币模样的硬片，我拿着它端详了很久，不知道它就是车票。

“乡里妹子进城来般一脸茫然”，某刻开窍，突然明白，这蓝色的东西就是车票，拿着它走向检票口。在市二宫站出站时，又不知怎么出站，咨询地铁工作人员，把蓝色硬片放进它的回收孔，出口闸门打开。

午时 12:05，在地铁里，同时接到嘉爸和嘉的信息。

嘉爸：到目的地了吗？嘉：什么时候来？

分别发信息给他俩，告诉他们我已在地铁。

市二宫出地铁站，收到嘉的信息：想吃虾饺。

我：你中午吃了吗？还没等嘉回复，我又拨通了她的电话。

嘉第一句话，说手机快没有电了。我说我已到宾馆，过来跟她一起吃饭。嘉说正在吃。我问她住几楼，她说 721。我说等下来去看她，她说下午 1 点要画画。我问她在几楼画？嘉不告诉我。嘉说 4:30，画室组织看考点。我和她约好了一起吃晚饭。

下午 3 点。

嘉：我们不看考场了。

我：啊。那我 5 点来接你晚餐？

嘉：我们 5 点下课。

我：瞧我的预测，多准。

买了张广州地图，沿江南大道北，去寻海珠酒店。江南大道北的马路两旁，沿街门面，巷子里布满了婚纱店，大大小小加起来可能有百家，绝对算得上是一个婚纱产业的集合、发源地。

江南大道北的尽头，就是海珠酒店。径直上到九楼，会议室里挤满了作画的学生。我在学生们中搜索，看到了小郭，小郭也看到了我，她不远处坐着嘉，背对着大门。小郭叫嘉，朝我所在方向示意，嘉抬头，转向，看到我。

我朝嘉挥挥手，算是照面，离开。决定到城市职院滨江校区的考点熟悉情况。1 个小时后，在地图和多位路人的指点下，找到地方。

远安新街 75 号，广州城市职业学院滨江校区。门口的公告栏上张贴着参加央美校考的考生考点分布。凑上去，看见了造型、建筑和中国画等专业的考点分布，没有艺术设计类的，很是疑惑，围着公告栏走了一圈，在侧面，还立着一块活动告示牌，上面写着：报考中央美术学院艺术设计的考生请注意，考场设在广州城市职业学院广园南校区，广园中路 248 号。

头都是大的，怎么搞的，不在这儿考，什么套路。

打开地图，找广园中路，远得很。坐 273 路公交，需 50 多分钟。哎，这也会变，是考生人太多，一个滨江校区容不下，还是别的什么原因？

还算幸运，能够提前一天知道校考的具体方位，如考试当天我才知道有变更，那可不知道会发生什么故事。

再见到嘉是在海珠宾馆 721 房间，房间很小，两张床，住 4 个女生。我瞧着那房，感觉连坐的地方都没有，如何睡 4 人。

应嘉的需求，去寻访粤美食。嘉说来广州这几天，不是吃面就是吃馄饨，非常想吃到正宗的广式餐点，如虾饺、粉肠等。

我俩沿着江南大道向南搜寻，万国广场有广告牌显示有美食，六楼是整层餐厅，一家叫“荔苑”的餐厅门口写着：粤菜小炒，港式茶点，全天直落。服务员操着广东话问我点什么，我让她说普通话，她很为难，但还是咬着字，一个个“蹦”出来，费劲地点上 4 个菜：荔苑富贵烧鸡、鱼片青菜汤、海南鸡饭和虎皮青椒。又在另一张小点单上，划了几个勾，其中就有嘉想吃的虾饺、肠粉等。

特色炒菜和汤都好吃，尤其是特价菜荔苑富贵烧鸡，外酥脆内细嫩，无论是热吃还是放凉了吃，各具风味。

炒菜吃完，小点却一个都没有上，嘉晚上 7 点还有课，于是催促服务员，服务员拿着我们的小点单说：“你们还点了点心吗？”我们说是啊。她指着单子说，没有下单。我们才知道，小点没做。基于已饱和时间不足，和服务员买单，共花费 107 元。

送嘉去海珠宾馆的路上。嘉不无遗憾，想吃的虾饺没有吃到，粤式小炒也没有她想象的那么有特色。她不停感叹：全国都一个样，什么菜都一样没有特色。她说：“我同学有一本介绍美食的书，看着那么诱人，可深入其中，才发现根本没有书中介绍的那样。”

我说：“同学，你要求太高了。当美食家，一定要去城市里的街巷里弄，而且不能像我们这么猴急，不过，说实话，今天的菜确实不错的哦。”

嘉说：“特色、特色，你看街边店，韩国料理、火锅、肯德基、麦当劳，全国哪儿没有呢？”我说：“好、好，明天你去考试，我帮你寻访潮州美食，明晚，定让你吃到正宗广州小吃。”

海珠酒店，目送嘉乘上电梯，想着她晚上会跟另一名女生挤在狭窄的床上睡觉，就想让她跟我睡，张不开口。我知道，我的好意会让她“丧失”前行的动力，由她去吧，那么多孩子不都一样吗？

广州（二）

3 月 3 日，不知道嘉几点从海珠酒店出发，去广州城市职业学院考试。

8:30，没有突如其来的电话，猜想，嘉们已正常开考。

我需要替嘉搜美食小店。不能太远，她晚上可能还会上课，于是决定在附近的同福路转转。

没几步，“凤记美食”落入视野，里面坐满了中老年人，这是广州特有的早茶景象。老人多的餐厅肯定不会有错，将它纳入可选范畴。往前走，又有“江南第一包”、“芬芳甜品”店，进到甜品店，点了肉酱粉，可口地吃着，嗯，很不错。决定，余下几餐吃在同福路上。

9:50，离开酒店，沿同福路找省红会公交站，我需要从这里坐 273 路去广园中路广园客站，再访考点。

广州城市职业学院在广园汽车总站对面，广州白云区区政府隔壁。从平面图看，学院像一张人脸和脖子侧面模样，呈扁平状。从北校区进入，左边为体育场，右为广州大学的实验基地。中间 50 米花带，花带尽头是教学楼。教学楼后面，有实验楼、专家楼、教师宿舍、学生公寓和商务中心等。

央美艺术设计类本科校考设在教学楼内，校门口有考生分布示意图。嘉的考场在北楼五楼 7 号，第 79 考场。按照考生分布表统计，广州考点考央美设计的考生数，内地考生 1979 人，港澳台考生 25 名。

学院很安静，除体育馆内有穿着黄色短球衣参加足球训练的小学生外，鲜有人出入。入耳嘈杂的声音全部来自广园中路往来的汽车。

我早到了，无聊了好一阵子。这里很奇怪，没有湖南考场外家人里三圈外三圈等待的热闹。11:15 以后，有几个人出现，他们和我一样，是等待考试结束的学生家长。有一位男生出来很早，一对夫妇迎了上去，从随身的袋子中拿了热腾腾的盒饭。男生边吃说早上素描与速写的题目，我大约听到素描考的是地图，速写则是考场一角。

考试结束，从教学楼陆续出来考生，一拨又一拨，嘉一般最后出来，我也不着急，耐心等待。11:50，嘉出现，时值教学楼楼梯口人所剩无几。

对嘉说："我知道你们考什么。"嘉说："你怎么知道?"我说竖起耳朵听先出来学生和家长对话中知道的。嘉又开始叹气，她在表达对自己的不满意。

和大多数孩子很不一样，我的这个宝贝嘉。有时候，我真的像不了解自己一样，不了解她。弄不懂是为什么，对谁我都可以嘻嘻哈哈，滔滔不绝，真心说教，可在嘉面前，我却常常失语。

对他人，我最多充当一位调气氛者，无论我说什么，对他人有用无用，我的内心不会激起任何涟漪，我不需对他人负责，他人听与不听，我也不以为意。而在嘉面前，关于做人做事的哲学道理，她懂得不会比我少，我没有必要告诉她要如何去做。对画画，她更是比我在行，集训了 8 个月，她的深度我望其项背，令我论及她的专业，除了语塞，就是语塞。

我从小到大，记忆中，老爸老妈从未给过任何的说教，他们所做的，就是管吃管住管冷暖管病痛，思想层面，都是我们姐仨凭个人的经历。现在的人，基本生活有了保障，思想层面渐渐丰富，说教有时间，于是说教的人多起来。什么放下、什么不要想啦、什么过去就过去啦、什么接下来好好考，这类似的话，说了都白说，嘉正经历的、正纠结的和正思考的，只有她能帮到自己。

她一旦发出对自己不满的信息，我听着，挽着她，给她一个印象：无论怎样，老妈始终和她在一起。携嘉往校外，找午餐点。

离校稍近的兰州拉面、沙县小吃等门店，挤满了考生。白云大道南路，潮汕振丰煲仔粥店，吸住了我们的眼球，店内人少，定于此吃午餐。粥店内，嘉在 QQ 空间留言：当个炮灰也不容易啊（表情符号）。

一份生滚煲仔皮蛋瘦肉粥，一份普宁炸豆干。粥的分量可供 4 人。普宁炸豆干，是我吃过的豆腐系列菜中最棒的。豆腐内灌有韭菜和肉末，外酥里嫩，豆腐味道浓郁，韭菜清香，花去了 52 元，很值。

将嘉送至考点，我乘 273 路返回天一酒店。

下午考完色彩后，嘉回到海珠酒店，接她晚餐。晚餐在早上考察好的凤记美食。榨菜牛肉松焖米粉、蒜茸炒菜心、牛肉拉肠和一份油泡田鸡碟饭。

我对嘉说，这一餐算是吃到广州菜了吧？嘉说，广义上讲，我们一直都没有离开过广州菜，广州菜在我们那里到处都是。我呵呵笑着说：“但，身置广州，吃到的广州菜肯定是正宗的啊。”嘉笑笑。

综合中午和晚上的情绪，晚上嘉显得开朗许多。路上遇到同学，她不仅主动招呼，握手寒暄两句，对我也明显热情，甚至有了清脆的笑声。开心。

晚上，画室 7 点集合，交待明天考试事宜后，嘉打电话给我，让我去海珠酒店将她不用的绘画用品拿走。说明天中午学生考完，直接回酒店，给考生们半个小时整理物品，然后乘快巴回长沙画室。马不停蹄，辛苦可以想见。嘉知道她不随快巴回程，问我是否已购好高铁票，我说早买了。

这一晚，嘉需继续留在海珠酒店，与另一女生同挤一张床，这是她第四晚与别人同铺，唉，经历啊。

## 收官

3 月 4 日。醒了又睡，睡了又醒，间歇性，不踏实。

天放亮，赖着床，寻思着嘉在干什么。7:17，嘉信息：**有一袋书在宾馆前台，凭姓名和电话领。**

早上计划，看看广州“小蛮腰”。

海珠宾馆拿到嘉寄放的书，乘的士来到广州塔。

这日，广州城被雾裹围，直入云端的小蛮腰看不见顶，雾之作用，小蛮腰与天际浑然天成，让小蛮腰直挂云帆，别具风味。关于登顶，没有作想，这样的广州，无论身处何处，都只能是雾里看花。

围绕着小蛮腰转了一圈，珠江两岸，收入视野。在小蛮腰走马观花后，回到住地，稍事整理，12 点退房。

到海珠酒店后十几分钟，嘉的客车到了，从下车同学中搜寻嘉，看见嘉已将房间内所有物品都背身上。我们不用再回房间，直接找餐厅。

带着嘉来到芬芳甜品。一份炸云吞，一份特色糖不甩，一份莲子红豆羹和一份荷塘冲菜牛肉饭，共 37 元。

嘉情绪不赖，我赶紧掏出纸和笔，让她将央美最后一门创意设计的考试内容画给我看，她已告诉我创意设计考题是：“钥匙”，从她说话的口气中，我隐约觉得她比较满意她所画内容。她随意在白纸涂鸦，画了两把钥匙，将每把钥匙的孔与一些事物一一对应，一组对应的是动物，一组对应的是物品，物品中她画有拐杖、奶瓶等。

下午 2:00，我和嘉坐地铁 2 号线至广州南站。

广州南站，像座小型的雾都，三层楼全都笼罩在雾气之中。南站大得吓人，配套设施一应俱全。

静静地坐在候车厅等待，嘉把玩手机，我用 MacBook。

15:38，G1082 次从广州南开出，18:05 到达株洲西。

一夜未合眼的姐夫来接站。回到田心曹家巷。

老爸老妈做好了饭菜，等着我们。

7 次校考，元月 15 日至 3 月 4 日，完成。

2012 年 3 月 4 日

# 第四章

## 租房·通勤

第一周：第一天（3 月 5 日周一）

从广州回来，嘉很快便从画画的情境中脱身而出，直面即将面临的文化课，随之带出的思想波动，一点点跃出在我的眼前。

凡事都有开始，这日，对嘉，严格意义算不上什么开始，但基于某个节点而言，却是一个阶段的起点，这个阶段，需从精神层面到行动层面。

完成全部 7 次校考，回到一中上课，成为行动的唯一。而行动是思想活动的延展，没有思想作铺成，行动难以展开。

就像我在租房后的思想挣扎一样，嘉同样也有痛苦的斗争过程，且持续了蛮长时间。画画中，无论多累多苦，是她自己选择的，她受了。瞬间的转场，为突击 3 个月文化课，只为应付高考中的文化课考试，她纠结、犹豫实属正常。

我知道，挣扎过程的终结得靠她自己，我和嘉爸顶多只能敲边鼓，话都不益多说，默默守护她的身边即可。

嘉只要讲话，就是不想去上课、讨厌去学校之类的话，我让她清理书籍、整理学习用品，她是能拖则拖。清楚她的想法，但一些时间点不可更改，我于是两次跟她强调去一中的时间，让她牢记，以便在我需要行动的时候，她能保持与我同步，不管她愿意不愿意。

嘉心知肚明，她内在的综合控制能力还是挺强的，尽管她叨唠着负面的话语，还是跟上我的脚步。

早上，11 点多钟，当我回到家，嘉在极不情愿的状态下，也已将需带往学校的书籍清理完毕。又整整装满了一车的居家物品和学习用品，姐夫继续负重，中餐后，准备开车送我和嘉往长沙一中。

离开曹家巷，姐夫习惯性地将车开向长潭西方向。车上了株易路，才发觉不对，应该走 S21，去一中，怎么像是送嘉回画室？

姐夫猛然醒悟，自嘲："呵呵，只要你坐在车上，就习惯朝向长潭西。"

我想起画室退费事宜，说："干脆就去画室吧，正好有一些费用要退。"

问嘉去画室可否，嘉说："随便，反正我不下车。"

画室接待中心，常务张校长正召集部分老师开会，黄红蓝还剩 40 多名学生准备考鲁迅美院，校方安排当晚赴考学生乘机事宜。

退费的学生不多，家长就我一个。嘉的押金条全放在家中，没带，报上嘉交费时间，请接待中心老师代为查询，找存根。

存根找到，复印，核实学生财物状态和考核情况，嘉很好，无任何扣分事宜。可退 400 元押金，央美 1000 元考务费可退 350 元，共计退费 750 元。

拿到所退费用，全给了嘉，说："同学，你没有被扣一分，不错哟，退了 750 元，都奖励给你。"嘉接："我果然是不会扣分的。"我说："那是，你是妈妈的好孩子。"嘉："咦，酸死了。"

我对姐夫说："哎呀，久等了，发 200 元酬劳。姐夫说，搞什么搞，不要。"

嘉迅速从后座递上了 200 元，说："给。"我拿着嘉返还的 200 元，强行塞到姐夫口袋，说："应该的。"转背对嘉说："同学，不错，很大方。"

取道营盘路过江隧道，到陶玻家。嘉第一次来，进门说家好大。

让嘉下午就去一中，嘉不愿意，说她还没有做好准备。不想逼她，随了她。将所带物品安妥在家中，唤嘉跟我上街购物。很少同我上街购物的嘉，居然乐意。似乎只要不提学校，怎么都行。

电热水壶、电源转换器、卫生纸、台灯、酸奶，新家所缺的、所能想的，都纳入所购范围，买了她最喜欢吃的抹茶泡芙。另外，给嘉重配了丢失的索尼相机充电器，附带买了第二天的早餐。

拎着几个包，我和嘉悠闲地走在长沙大街，一路上，很多小吃店引出我俩的话题，聊得甚欢。看到星巴克聊星巴克，看到咕噜咕噜聊咕噜咕噜，看到味千拉面，我问："同学，你知道味千拉面是哪国的吗?"嘉说她以为是日本的。我说，我原来以为是日本的。嘉反问："难道不是日本的吗?"我说，自从出了那个汤料事件以后，我才知道它并不是日本原汁原味的。嘉问："老妈，你吃过?"我说吃过。嘉说："什么时候?"我回答："那就不太清楚了。"嘉说："我没有吃过，我们去吃一下怎样?"我说好。

中山亭乐和城地下一层，在味千拉面馆找了两个空位。嘉点了一份酸辣鱼拉面和一份爽爽芒果汁，40 元。一边吃拉面，嘉一边念叨着不想去学校。她说，在黄红蓝画室的时候，她跟同学说上大学后，有空就去画动漫，有同学回应，说你画动漫我当你助手。嘉还说虽然她不想念文化课，但如果她不上大学，那她还能干什么。

我安静听着。心想，这时的她，无论有怎样的负面情绪，能正视，并及时呼出，足以令我心安。

808 公交上，跟嘉说起《死神》即被改编为真人版电影，嘉说不喜欢《死神》，肯定改编不好。我说网络上有很多动漫迷说伤不起，嘉说是伤不起。我说你不是不喜欢吗，有什么伤不伤得起的。嘉说，那可不一样，虽说她不喜欢，但这系列的漫画画得很好。

我说《头文字 D》不也是漫画改编的，很受欢迎嘛，也拍得很好啊。

嘉说，老妈，你不懂的，《头文字 D》的漫画画得"唆"死了，动漫迷根本对它本就没有感觉，这《死神》是经典的漫画系列，备受推崇，电影改编肯定 hold 不住，就像《哈利波特》一样，看过小说，再看电影，全然不一样。要不怎么会有小说控和电影控之分。

晚上 7 点，嘉知道，不得不去学校了。我和嘉说要帮她把该带的书籍一同搬到学校。嘉无可奈何，就这样，书包和装满书籍的储物箱，被我俩用勤劳的双手生生地弄到了学校。

高三五班教室，正在上晚自习。嘉的到来，打破了片刻的宁静。一些同学，纷纷回头跟嘉招呼。嘉以为没有空位，准备去教师办公室去拿，最后一排一个长得有点像体育生的高个儿男生告诉她，前排有一空位，让嘉将书包等物品放入。

我去教师办公室与班主任李老师打了照面。回教室对嘉说："你留下，我先回家。"她不肯，非与我一同回家不可。

我说好，她于是又跟同学问了一些基本情况后，和我一同回家。

家中，她为上课做准备，很快进入学习状态。我看在眼里，喜在心中。

宸同学妈妈，打电话给我，问我愿不愿意参加小班制补课，她正在召集艺考生家长，准备一起跟老师协商。我说，当然好，只要不出一中的校门，都是一中老师上课，非常愿意。放下电话，问嘉老师为什么不愿意一对一，嘉说，你不知道一中老师有多赚钱，小班制，一是上课的同学多，费用自然多；小班制压力没有一对一压力大，全靠学生自己的悟性与努力。嘉还说，去年学校的艺考生就是采用这样的补课方式。我说："哎，同学，你什么都懂哦。"嘉说："哎，我怎么也是高三的学生，这点东西还是懂的。"我偷笑。

第二天（3 月 6 日周二）

营盘路是长沙最繁华的路段，总是车水马龙。住的地方紧临营盘路，睡第一晚，可把我给折磨半死。主人家的窗户，扣不死也合不拢，没辙。

想着夜深，车流会少些，当我钻进被窝，准备安睡，耳边真切传来汽车不时驶过的声音。楼下是十字路口，汽车受红绿灯控制，不时传来刹车声和喇叭声。路面某处有下水道钢盖板，隔一阵，传来汽车碾压钢板的声音"哐当、哐当"，分秒让人崩溃。

事先有预料，也选择了一间有外阳台的睡房给嘉，阳台窗户和卧房门窗形成两道防线，足够让她安睡，至少比我睡的那间隔音效果好。

习惯就好，我想，那些整天与噪音打交道的人，没有声音怕还睡不着。

嘉们 7:30 到校，我设置闹铃为 6:45，以便起床后能将简易早餐弄好，确保她早餐后正点到校。

嘉自行起床。洗漱完毕，早餐过后，扔下一句：我走了。就上学去了。

我胡乱收拾一下，关门起动回程。

早晨7:30这个时间段，营盘路上聚集大量一中的学生。从公交车、私家车和出租车下来，以及路上走的绝大部分是穿着一中校服的学生。所乘的111路，在一中公交站，下来一半人，全是学生，得以找到空位。

上车坐在左边的第一个位置，面对着司机侧脸，一年轻的司机，很瘦，有点帅。车过烈士公园，绕上迎宾路，突然一个急刹车。车内人叫出声来。瞧窗外，一辆玫红色小车从湖南省航海学会驶出，横挡在公交车前。司机因避让小车，急踩刹车。但见，那玫红色小车车窗摇下，一打扮入时的少妇探出头来，对着公交司机，喷出一串听不清的话语，公交司机没理会她。

往来长沙与株洲，很多未知的事情发生，早已学会克制，遇事不急，遇堵坦然。看见的和遭遇的全当经历，一笑而过，保持平缓的心情。

坐上111公交时间是7:35，转大巴到田心是9:15，到办公室9:30左右，至此，循环开始。

对我的行踪了解一清二楚的嘉爸，10:30来电，询问嘉的情绪和我第一天陪睡情况，粗略跟他汇报，让他宽心。

新家还有许多东西需一点点配置，头几天，往来运送是必须的。翔妈在福建长汀乡下收了很多土鸡蛋，用金龙鱼的纸箱装了一箱，通过快递到田心。翔的好友小刘代收，我的原因，小刘花了一周时间将鸡蛋交于我手。

嘉爸姐姐的心意，定是要传递给嘉的。将鸡蛋分装，准备一批批运往长沙新家。今日需运第一批。除了鸡蛋，这日往长沙带的物品还有：伞、电吹风、校裤、窗帘（用于罩主家的沙发，沙发脏得惨不忍睹）。办公室出发，回家拎上包，到立交上快巴时间为17:30，到长沙一中是19点整。

陶玻家，将物品置定。开始准备第二天早餐。超市购物完成，到一中，想着去接嘉。一中，安安静静的，一点下晚自习的迹象也没有。径直去教室，学生仍在晚自习，讲台上有一位女老师。看见嘉坐在最后一排，埋头书本中。

嘉已进入正常的学习，于是离开。这晚，对我而言，发生了两大事件。

事件一：一中回到家。开门，觉不对。一股子焦味，去购物时，我开了走廊和厅房灯，此刻全黑了。楼层别家亮着灯。我想：不妙，烧了。

这才入住第二天，咋就跳闸了呢，我对这房屋结构还一无所知，总开关在哪儿啊？等会儿嘉下课回家怎么办？打电话给朱老师，告诉他家中有焦味，可能跳闸了，不知道怎么办。

约摸 10 分钟，朱老师到。带了电笔、手提式电筒等。他很熟悉情况，将阳台的楼梯拿到走廊总闸所在地，先将保险取出，保险丝是很厚的铜丝，根本不可能融断，闸确实跳开了，他将闸合上，来电。谢过朱老师后对朱老师提了一个要求，让他将阳台上的煤罐处理掉，他答应容他一周。

事件二：晚 9 点多，嘉来电说下课了。我说接她，她说还要复印资料，可能要一刻钟。我说好。不到两分钟，嘉再来电，说复印店关门，她已到楼下，赶紧下楼，接她回家。她闻到焦味，问我咋回事，我把刚才的经历说了一遍。

嘉：“老妈，我也有一件不幸的事告诉你，你给我的门钥匙不见了。”

我：“崽唉，不可能吧，昨儿个才给你的呀。”

她：“是啊，就是不见了，你会骂我吗？”

我：“骂你干什么，不见了钥匙本身就很不幸，再骂你岂不是更不幸。找找，找得到的。”嘉也坚持说，肯定不会丢的。

我又说：“同学，今天中午看新闻，就看到一则小学生因丢了自家卷帘门的遥控器，害怕被骂，而相约另一同学自杀求穿越。你看荒唐不荒唐。”

说完，我开始翻嘉的书包及衣服，找钥匙。嘉：“哎哟，老妈，别费力了，我都找了一遍了，不会丢的，只是暂时没有看到。”我：“是的，我也知道。”

随身物件无果，开始在嘉的卧房中寻找。桌上桌下，无踪影，整理床被、枕头，被嘉形容过的装钥匙的带拉链的小包出现在枕头下面。

随后，嘉要洗澡，基于对主家燃气热水器性能的不熟悉，嘉在一会滚烫一会冰凉的水中，洗了一个澡。好在主家有浴霸。

这一晚，就这么被折腾过去。

第三天（3 月 7 日周三）

累点，也好。不知道是已经习惯，还是累的原因，这一觉，睡得比第一天踏实。营盘路上的声音权当摇篮曲。

天没亮，被另一种声音催醒。滴答滴答，非常清脆，从卧房北面传来。

昨晚还跟嘉说，我定要将床搬离南边，睡到中间小房间，这可好，看来这想法还是不实施为好，哪哪都吵。

滴答声是楼上屋檐的雨点打在外面雨棚的声音。它发出的声音，比营盘路汽车驶过的声音有过之而无不及，我需要再适应。

早餐，让嘉听雨打雨棚声，懂事的嘉说："老妈，晚上到我房间睡。"

超感动，却说："算了，我适应了。再说，我跟你睡，岂不很影响你吗？"

离家上学前，嘉说："老妈，今天你来，再带双鞋来。"我说："好的，我还会帮你把昨天没有复印的资料带回家复印好，晚上过来送给你。"

仅仅两天，白天与夜晚的转场，我已被迫踏上节奏。

回到办公室，大脑即被工作包围。

1. 质保处近两周内连续下发晒图业联，前者指示，供质保处的蓝图停晒，如需要，经质保处申请，晒制。后者指示，公司所有项目的转向架部分图纸全部晒发质保处。对第一份业联，无异议，这是协商的结果，第二份，必须以第一份为基础，否则，档案馆将长期处于被动，听命于任何一份不经流程的业联。电联质保曾部长，达成共识：质保处蓝图必须凭晒图清单领用。

2.《关于整合档案馆岗位与薪酬的报告》持续跟进。这项工作，起动于年前，多次跟相关领导口头汇报，2 月 13 日形成文字材料，递交。三番五次地跑动，人资部来馆调研，对报告所提方案进行了大刀阔斧的裁切。作为主张者，我必须有所退让。相较之下，妥协性接受，毕竟，绝大多数馆人都得到提增。事情进展中，希望 3 月份工资见效。

3. 员工异动。底档组曾工在运营管理部助勤两月，倍感压力大，想回馆从事原工作。当然好。非常乐意曾工回家，3 月，曾工回家第一天，开始接收广 128 线的项目，正解当下档案馆燃眉。

4. 黄姐退休，馆内涉及变动岗位较大，被调整员工虚心学习，原岗员工认真指导，环环相扣，无损工作效率，完成交接。

5. 庆三八表彰即文艺汇演在 3 月 7 日下午进行。罗主管负责，档案馆全力配合，要人给人，要力出力，联合装备工程部、人力资源部共同协办，完成任务。三八表彰，是公司历年组织力度最大的一次，公司女员工展示表演功底，穿插表彰先进集体和个人，紧扣生产经营，弘扬先进，展示魅力。

下午，看完迎三八表演，收拾行装，去往长沙。

田心立交快巴站点，有 3 人等车。上车，才发现其中一人是原公司电视台彭台长。曾和他一起在党群机关共事，我刚调团委时，他在宣传部，负责对外报道。后来他任宣传部副部长，电视台成立后，调任台长。对彭台长，我熟悉他，他不太熟悉我。他家原和我老爸老妈家在一个小区，后搬到牡丹园。内退后，到刚起步的太子奶工作了三年，负责太子奶的对外宣传。不知什么原因，他转行做了导演，20 世纪末株洲几台有影响的晚会，据他说，他是总导。现在，他在师大带着一个艺术团，经常带团参加湖南省的一些大型演出。

车上，彭台长一直沉浸在他那个年代的回忆中，说起他和调到人民铁道报当记者的游某，当时在公司宣传口的丰功伟绩。不无遗憾地说他干了一辈子，就是不会赚钱。我说，活得健康，年纪大了还能继续干着自己的喜欢的工作，就是最大的财富。

第四天（3 月 8 日周四，三八节）

这两日，回田心的快巴上，我都睡了个回笼觉。

即便是女人的节日，老天也不给脸，仍不停地、没完没了地往地面倾倒着它的泪水。往年，3 月，阳光一来，可穿衬衣，今年，阴雨绵绵，持续不断。不知何时放晴？

办公室，想着关注的工作，打电话给人力资源薪酬组，问及令的相关事宜，得到答复，令已通过所有流程，应该这两日就下。三八节，这算是给的我礼物？

不知道是哪天，一个闪念理发，想将头发剪回曾经的女式男发。中餐后，东门步行街，发廊技师，三下五除二，将头发剪去。短则短矣，要照镜认同需要一段时间。

昨日，在马来西亚的嘉爸给嘉发出一条长长的短信：嘉，你好，返校学习了，一会感觉与文考学生比，差距很大，信心不足，二会从画画转学习，那么多门，无从下手，心里焦急。老爸锦囊解惑：一、你是和艺考生比，有差距是正常的，但你在一中实验班，比其他艺考生师资和学习环境好，把自己当全班倒数第一来，超一个是一个，心理就舒服了。二、开始学习，从容易拿分的学科开始，做好一个90天的大计划，分周分天实现小目标，少做偏题、难题，强调早搞完一轮复习，开始不要急。最后要相信自己的实力，和艺考生比文化，你是有基础的，老爸老妈都相信你。晚上，问嘉是否回复了老爸的信息，嘉说没有收到，于是我将嘉爸同时也发于我手机的信息补转给嘉。嘉后来给她老爸的回复：感觉还好，就是时间不够用。

三八节下午，女员工半日休息，办公室显得异常安静。我喜欢这样。项目中心有会议，明天上午9点在技术中心第二会议室，索总召开神华项目起动会，让我参加。怕赶不回，给李主管打电话，让她参加，她爽快答应。

在立交等待大巴。嘉爸来电，平缓的语气中，简要传递公司自主研制的高端城际动车组，今日在马来西亚吉隆坡批量上线运营。并说了后两天他的日程安排，告诉我，他将于11日晚到家。我说，我周五到长沙，周六、周日不回田心，周一早赶回上班。嘉爸说，你很辛苦啊。

我突然鼻一酸，一股子委屈好似要喷涌。表面上，下定决心的我，看上去坚强，实则脆弱，我是那种受到任何一个极小的挫折，都可能导致我放弃全部的人。假意的能干经不起任何表扬和批评。

看不到我情绪的变化，嘉爸继续说，看情形，他周日晚上可能会来长沙。说话间，大巴到，忙放下电话，奔大巴。可轮到我上车，司机告诉我，没有座位了。不会吧，三八节呀。

瑟瑟寒风中。只能等下一趟。嘉来信息：节日快乐！有没有活动呀。

好崽，晓得传递节日祝福。

我：没有呢，在苦等大巴，已过去一辆，满员。嘉：辛苦辛苦。我：值得值得。嘉：有电吹风吗。我：有。

十几分钟过去，大巴到。不知何故，大巴未朝 S21 走行，而是借道京珠高速，到长沙。临睡前，嘉坐在沙发上，我坐在小木凳上，她用塑料桶，我用塑料盆，装满了热水，边泡脚边聊天。

嘉："学习氛围还是不太适应。每天都考试。"

我："今天考了什么?"

嘉："数学。"

我："怎么样？多少?"

嘉："40 多分。"

我："很好呀，你都 8 个月没有上课，还能有 30％的成绩，不错了。"

嘉："哎，'唆'死了。"

我："昨天好像也考了，考政治?"

嘉："文综。"

我："怎样?"

嘉："180。"

能如此正面和我谈考分，我以为嘉心态端正，分数是暂时的。

我："文化和画画，你倾向哪一方。"

嘉："只要为应考，都不喜欢。"

我："哪方压力更大。"

嘉："这不好说。我在画室的时候，虽然每天很累，但觉得自在。画室里，老师尽管每天也催交画作，但交与不交全在学生自己，很多的学生对自己要求并不太高。在这里，不论是老师还是同学，个个神经都绷得紧紧的，放松一点不得。周围全是埋头苦干的同学，这样的氛围，与画室截然不同。"

第五天（3 月 9 日周五）

在长沙新家中，自然醒，翻看手机。

现"不立文字"一则签到：这纠缠不休的雨彻底激怒了我。

雨还在下。心里笑笑，想着"不立文字"大约很久无法晨跑，以至于怒。

绵绵不绝的雨期，给通勤带来很多不便，却丝毫没让我恼恨，心态好唉。

白天的工作，不操心。李主管对会议精神理解得异常透彻，非常清楚档案馆如何起动项目进程，跟我描述会议内容，层次分明，一下就能让我明白。今后，项目起动会可权全交与她。

第一个周五晚乘大巴，疑会有很多人，做好了耐心等待的心理准备。立交登上快巴一瞬间，诧异。人少得可怜。车内三分之一的座位都没有坐满。到长沙火车站，才恍然，汽车站前排着等待上大巴的长龙。与嘉在高一，每遇周五时的场景无二致。周五的长龙来自学生。像田心，很多家庭将孩子送到长沙四大名校读初高中，不是每家每户都能车接车送，往返之事需交由学生自己完成。嘉高中一、二年级，大多时日是这么过来的。

出站，停留片刻，看排队的长龙。一中年女人上前搭讪，送我东西。低头一看，一个红包，开口处露着半厘米宽的金片。边我摇手边加快步伐走开。没料，那女人居然追上来，强拉我的手，我挣脱跑开。没跑几步，又一身着尼姑袍中年女人，拿出同样的东西，赫然出现眼前，感觉这里是非之地，连驻足都不可。

嘉晚自习下课，接她回家。班主任李老师信息：**明天上午 11 点开个会，商量开班补课事宜。请您准时参加。**我回复：**好的，谢谢。**

宸妈电话，说已跟李老师协商好补课费用，她明天不能开会，让我代为提补课费事宜。我说，我可以做到，但不替代别的学生家长做主张，等明天开会再见机行事。

第六天（3 月 10 日周六）

通勤，第一次在长沙度周末。急待解决：热水器、开家长会和钟点工。

电话给主家朱老师，说家中热水器没有冷水进水口，热水器调温无法让水温正常，烫死个人。他答应来看看。

11 点的家长会，家长来的时间参差不齐，致 11:30 还未开始。陆续到了 4 个家长，一毛爸听过简单介绍后，退出补课。一毛在六班上课，而补课由五班老师主导。一毛爸担心因为作息时间不合，导致一毛两头失埸，放弃。

班主任李老师，将补课事宜向家长做了汇报。大致是全部 6 门功课，由五班六位代课老师进行辅导，时间安排在三四月，每晚自习时间和周日整天。李老师说补课的事情已和学生商量过，学生们都同意。补课原则为先紧后松，补课、考试、讲评同时推进，补习艺考生第一轮缺失的复习，告诉学生答题套路、方法，让学生尽快找到感觉，快马加鞭，以期在第二轮复习考试时能应付自如。补课费用，不好跟学生明说，只能大家商议着办。

李老师告诉各位家长，补课的基础费用，每课时 1000 元。共补 72 个课时，每位教师 12 个课时。学生多，滩得少；学生少，滩得多。由于一毛爸的退出，原预计补课学生由 7 人变成 6 人，按 72 个课时算，总费用 72000 元，加上租教室费用 1000 元，共计 73000 元，6 位学生家长人平滩费用 12200 元。

组织者宸妈有事，我被迫主导交费事宜。但有言在先，我不经手钱。

我跟各位同意补习方案的家长要了电话号码，抛出方案：每位家长一次性交纳 12500 元，可转账，可现金，付给宸妈，由宸妈计账，分批派发老师。家长中，除了一位周姓家长说一次性筹钱困难，需容他一周时间外，其他的家长无异议。

补课的事情敲定好，下午铃响，已是中午 12 点，去教室，搂着嘉，邀她出去吃饭。天福餐馆，跟嘉聊到早上家长会的情况，告诉她一毛退出和补课很贵。我说："你看，当老师多好，你以后去当一名画画老师，每天有一堆小朋友跟你跑，既做了自己喜欢的事，又不愁吃喝，多好。"嘉说："老妈，你不知道画画老师多辛苦，画室，只有当我们开始上文化课时的 3 个月里，老师才放松，其余时间都是紧绷绷的，过年过节的时间都没有唉。就算在文化课的 3 个月，他们也得充实自己，准备来年教学计划，很累的。"

我说："付出才有回报，高三老师，哪个不是天天忙得连回家的时间都没有。同学，谁都不容易。看你们，从现在到高考，可能只有明天一天休息。接下来的周日全被补课填满，为纪念明天这个日子，同学，我请你吃大餐。"

和陶玻 604 住户家的钟点工小萍约好，每周六下午两点来我家搞卫生。她如期而至。商议价钱，她不好意思开口，说随我。我干脆给出一口价：每次 50 元，她很开心地说："你们这些文化人就是爽快。"

可能是因为心情好，小萍对我似无保留，讲起她服务的那一家子人的情况。

她说她陪护的那小女孩小学二年级，家中有爷爷、奶奶、爸爸和妈妈。爸爸妈妈感情不太好，妈妈在迎宾路通程上班，基本不回家。爸爸没有工作，整天游手好闲，靠爷爷工资过活，爷爷是出版局的一位处级退休干部，拿着不菲的退休工资，供养独生子和孙女，还承担小萍陪护孙女的工资。

小萍搞卫生时，我的主家朱老师来检查燃气热水器，当他确认我所描述属实后，答应我，帮我找迅达燃气公司的人来修理。

上网时，发现静同学的 QQ 留言：听说你天天跑长沙，帮我告诉老傅坚持坚持啊，考完了我跟她去旅游！

我即复：好的，有你们的支持，累也心甘。

嘉爸发来信息：马来西亚海边。（附一张海景照片）

我：好生羡慕。

嘉爸：马尔代夫也一样。

他是指我曾去过马尔代夫，应该看到的如他所见一样。

我：早已淡出记忆了。

“同学，看电影去不?”晚餐进行中，我对嘉发问。

今天，是嘉专属的可以休息的唯一一个晚上，下周起，她将参加班级组织的补课，再无空闲。“看什么?”嘉问。

“《桃姐》啊，昨天我跟你说过的。昨晚，你上晚自习时，我去楼下展览馆的东风国际影院，准备独自买票看的，因东风影院装修，未果。”“那我们去哪里看?”嘉说。“哎哟，跟我在一起，还怕找不到看电影的地方。我都在长沙待了一周了，凡入我眼的地方，想记的都能记住。”我得意地说。

“哦”嘉淡淡地回应。

“喂，陪我去啰。你也正好放松放松嘛。”

嘉未置可否。有戏。“那我们吃完就走吧。”我猴急。

“你先打个电话问《桃姐》有几场，几点，别等我们到的时候，要么赶不上，要么等上很久。”嘉极其沉稳。

“打什么电话?”我问。

“10086。”嘉回答。电话打去，查到芒果博纳影城电话，试了几次，芒果博纳影城的电话始终无人接听。

“算了，同学，我们到影院再见机行事吧。”我说。

陶玻大厦新家的楼下就有一个公交站，坐上临 112 路，3 站路到达中山路站。嘉又问：“老妈，你怎么知道这儿有电影院?”

我呵呵一笑：“你不记得，周一时，我们在乐和城吃味千拉面了吗？那天，我就看到乐和城顶楼的芒果博纳影城的招牌。”

整两个小时的电影，观影人，清一色的年轻人，显出非一般的高素质。原以为，只有我会将自己围裹在电影中，没想到，观影的年轻人，都和我一样，静静地度过了被浓缩的两个小时。桃姐告别会那场戏，嘉动容地流泪。

出影院，嘉：“老妈，我还是喜欢看小孩子的电影，或美国大片，起伏明显，高潮迭起，无论历经多少艰辛，正义终将战胜恶。像这种片子，只有人到了一定年龄，才能领悟透彻。”

我：“是的，上次和你老爸看《金陵十三钗》之后，你老爸对我说，今后看电影可以，但一定要看喜剧片，悲剧片太过压抑。”

我：“同学，谢谢你啊，谢谢你能陪我来看这场电影。”

夜晚的中山路，人潮持续涌动。

首选到中山亭去坐 808 路，那是始发站。到站，末班车已停开。和嘉回转，到中山路，改坐临 112 路。从眼前闪过的公交车上，挤得满满当当，走向站点时，对嘉说：“同学，如果坐不上公交车，我们就打的，如果打不上的……”

我没有说下去，片刻，嘉说：“我们又不是不能走回去。”

好崽，我心想。嘴上说：“呵呵，是的，就 3 站，可以走回去的。瞧我这‘坑’，挖得多好，你咋就跳下去了呢?”

嘉：“老妈，你好坏。”

我：“哎哟，同学，挖‘坑’这词，不都是你教我的吗?”当看到公交站指示牌上写着首班 6:00，晚班 22:00，踏实。耐心等待。

21:50，临 112 终于驶向我们。车内水泄不通，前门根本上不去。将公交卡递给司机，说两个人。司机接过卡，刷了两下，交还我。我拽着嘉，跑向后门，将她推进，我再紧握车门把手，借力挤入。紧贴着后门，憋了 3 站。一中站台，再次费力地挣脱人群，脚落地面，狂吸一口气。

下车的嘉，没有了方位感，朝反向走去。

我追上，说："哎，同学，反了，这可是你读了 3 年书的地方，咋回事?"

说完，挽上嘉，朝陶玻新家走去。

第七天（3 月 11 日周日）

嘉休息，睡懒觉。下周开始，嘉将在补课中度过周日。

为纪念难得的休息日，请嘉大餐。吃过自助餐后，我俩超饱，对嘉说美食既是诱惑又是痛苦。

下午，请嘉同我外出转转，她不肯。我于是，无聊闲逛。自以为对长沙开福区熟络的我，却在回去时，迷了路。茫然，误打误撞，从烈士公园的东门走到年嘉湖，再到营盘路，得以回家。一路走了我一个半时辰。回到陶玻时，全身被汗湿透。

一周小结：过得很快，适应新家，安顿好睡眠；钟点工小萍对我说：跑通勤，上楼梯，坐公交，有好处；跟嘉说起动做饭仪式，但愿这不只是幻想。

第二周：第八天（3 月 12 日周一）

准备好两瓶酸奶，放入嘉的书包，将开水倒入不锈钢杯，伞备好，反锁的门打开，一切就绪，嘉出发上学。

收拾餐盘，洗净。背上双肩包，需带的物品拎上，检查完电器，再次环顾房间，突然发现，嘉没带不锈钢杯。哎！拿上杯子，锁好门，去一中。

一中高三五班教室，同学们几乎到齐，李老师已站立讲台。杯子送到嘉手中，嘉"哦"了一声。我面对讲台，向李老师挥手，她也同样朝我挥了挥手。

大巴上。胡思乱想。嘉爸已于昨夜从马来西亚回家，我发信息给他如果周一开办公会，就不要来。他说不开会。我说周日周一长沙很堵，不用来。

他说好。尽管已说妥，但我内心中，仍希望他周一早上，在田心立交接我。很清楚嘉爸的作息，无重要事压头，定会睡懒觉，告诉自己别指望他会想到来接我。大巴上，没有收到嘉爸电话和信息，知道他安于睡眠。下车，走回家，开启家门。门依然反锁着。怒从心中来。吃奶的劲，敲门。两次过后，嘉爸打开家门，他已穿戴好，正拿着毛巾。

告诉自己不要怒，但还是没忍住，抛出：“怎么回事?”嘉爸说：“在洗脸，没听见。”自己有点无理，多想的缘故。我总以为，自己尽已所思地替他人着想，别人也能从语言和行动上做些许回馈。

忍、忍、忍，不能讲话，言语出口就会犯冲。

嘉爸明天又去北京，不能让一天的相处变得糟糕。

尽管嘉爸第二天要出差，他还是在确定机票时间后，决定和我一同去长沙。关于陶玻家，他仅保留着看房时感觉，除外，一点“新”家概念都没有。

晚 7 点多，一起走进陶玻的家。

“完全不一样，像个家了。”这是嘉爸看到新家的第一句话。那是，不看看我费了多少工夫。楼下“杨裕兴”，吃了一顿 39 元的晚餐。带着“见过大世面”的嘉爸乘公交去购物。808 路车上，对嘉爸说：“你怕是有十几年没坐过公交了吧。”嘉爸说：“两三年前在株洲坐过一次，你叫我坐的。”

长沙中山路、黄兴路的夜景，令嘉爸拾起在北方交大读财务时的回忆。他说这个样子，像当年在北京中关村的情形。

还算好，嘉爸耐着性子，看我为嘉选购水果和早餐。完成购物，我带着他换乘临 112 路回家。嘉还没有下晚自习，陶玻家中，很冷清。主人家的电视费至今没交，关于电视，可开可不开，碰都没碰过。

嘉爸很无聊，我随手将沙发上阿乙的《鸟看见我了》递给他，推荐其中的《先知》，让他看。总算给他找了件事。看完《先知》，他的评论是：这作者本身是个多思多想的主儿。

嘉来电，嘉爸下楼接。这晚，停水。将就地擦擦，睡了。

第九天（3 月 13 日周二）

幸亏我起得早，刚将早餐放入蒸锅，又停水。泡牛奶的水烧开，将父女二人早餐放在餐桌，算是对付过去。嘉上学。嘉爸开车，回返。

嘉爸起身北京出差，我上班。

今天档案馆约好请黄姐的日子。黄姐 2 月退休。档案馆有个不成文的规定，馆中人，无论什么职务，领导和普通员工只要是档案馆的人，退休宴请一定一视同仁，绝不厚此薄彼。

黄姐退休，对工作而言，定是一大损失，我喜欢头脑灵活，有个性，做得事的人。黄姐个性中虽有我不如意的地方，但对于工作，她捋得清。

人是有感情的动物，因一起共事，容易陷于感性之中，尤其是像我等毫无原则的人。酒桌间，话题不能过于感伤，只能惺惺相惜，借酒传递情绪。

饭局结束，馆里的人自助活动继续。我回到办公室，借酒之力，写下：

五年了，你们不会想到，有这么一个头脑简单四肢发达的人，会如此用心地将自己的心血倾倒在档案馆这个环境，当然，我更没有想到。我之对人的好，“前无古人，后无来者”，因为我太没有原则。这样的没有原则，被人说起来就是软弱，是无能，是没有领导力。而在对待集体的有意识和个人的无意识上，没有人会像我这样，在集体的有意识上，真心付出。而个体的无意识，想计较，却因为知道忌讳而不敢计较。

不是要你们羡慕、嫉妒、恨，而是希望大家有所知足，我常告诉自己，不可能所有人都知道知足，大多数人，因为比较而活，不比少的，定比多的。宁愿自己和他人一样少，也不愿在自己有所提增的时候，旁人提增得更多。

我只关心，我所要达成的期望值，是否能在大多数人受益的情况下，得到满足。大多数人受益，即便现实与原来的期望有差距，我都能接受，毕竟，饭要一口一口吃，饿得太久，不可一下让自己猛饱一下，再撑出病来。

总会忍不住将自己的想法诉诸笔头，经常怀疑有什么用？

有用的，至少这一刻的抒怀，顺势达成。

我，闲不下来，喜欢找事情做，下一件，哪个方向？这是个问题。

这日晚，到陶玻家，上五楼，发现楼梯与平时不一样。陶玻大厦，每阶楼梯都镶有一根铜条，铜条上写着湖南陶玻大厦，四楼以下，因为已全部转为商用，铜条早已消失。四楼以上有陶玻老员工住，楼梯有大门保护，铜条得以保全，这日，五楼到六楼楼梯台阶上的铜条被齐齐卸去了。

五至七层楼道口，新贴着一张安民告示："各位住户注意，请随手关紧、关好四楼铁门和自家门窗，有窃贼白天以某某人装修名义进楼，明目张胆地盗走了楼梯上的铜条，下一步有可能进门撬锁盗窃，大家要提高警惕，有陌生人进来要防范注意，发现情况及时报警。"

晚 10 点左右，楼梯口响起一阵声响，紧接着我家的门被敲响。开门迎客，来人自报是居委会的，同片警一起登记暂住人员情况。不知道是否是因为楼梯铜条被盗一事。热情接待来人，一并三人，两女加一男片警。在她们出示的暂住人员登记簿上写上姓名和身份证号码。回答一些提问。

第十天（3 月 14 日周三）

一觉醒来，不到 6 点。清醒状，懒在床上。

不多时，伴着营盘路上清晰的汽车驶过的噪音，传来一美声唱法男人的练歌声。陶玻没住多久，听到过几次这样的声音，唱得中规中矩，不晓得是兴趣还是专业。

往来长沙株洲，俨然觉得自己像个大城市人，享受城市便利的同时，也忍受着城市的噪音和拥堵。背着双肩包，在公交车上，常会被陌生人问路。

今天，出门早，公交车、大巴车都给力，到田心立交，只 8:45。

今天，召开全体员工大会，将岗薪调整令传递至每位员工。

今天，嘉爸早上来电话，说昨晚去看了静同学，说了些鼓励的话。

今天，20:38，嘉爸来信他已到长沙。

今天，21:45，有信息到，我对嘉说是一毛的信息，嘉似乎知道什么，大叫。细瞧信息：阿姨，江南出成绩了，小傅过了，查下分吧。

我：真的啊，你呢。一毛：真的，也过了。一毛：好像明天出川美的成绩，你可以去加下央设的群。我：好，谢谢。群的号码是多少？

一毛回信告诉了我。

与一毛通讯完毕，对嘉说："哎，同学，一毛怎么消息那么灵通，什么考试成绩都会第一时间知道呢?"嘉说："是的，她资讯甚密，与同学联系也挺紧的。她跟央设班的同学天天都沟通的。"我说："你也应该主动交流嘛。"嘉说："这不是我的风格。"

哎，成绩怎么不一起出来呢？嘉叹气，她知道江南专业合格，好似并无太多喜悦。随着每一场校考专业成绩的公布，表面上，她会一如既往的平静，内心，想什么，我猜不出，但起起伏伏是一定的。我说："江南专业成绩合格，对你端正心态很有帮助，这是好事，恭喜你啊。"

打电话给嘉爸，告诉他江南出成绩，让他回家后，上网详查。

对于这么快就知道江南出成绩，嘉爸也有些意外。将嘉的一切琐事处理完毕，我也开始上网查江南成绩。按照江南大学网站提示，一步步操作，怎么输入又是查不出，反反复复多次，弄得我筋疲力尽，决定放弃，睡觉。

可入睡是何等难。不知道想什么，却总在想，煎熬到夜里 11:30。有信息声。

嘉爸：查了好久，一直上不了，搞了半天是输流水号，不是输准考证号。合格分数线是 461 分，她考了 487 分。

我：哦，那很好。总分多少？

嘉爸：我查了去年，以她的专业，文化课能有个 480 分就可以，专业总分应该是 750 分。

我：哦，早点睡吧。

嘉爸：可以睡觉了，有一个大学上了。

第十一天（3 月 15 日周四）

弄好早餐，叫醒嘉。边吃边跟她说及她江南分数。

或许，睡梦中，嘉的思想经历一番争斗、抑或没有。她没有正面回答我。

我只能，瞬间转移，扯起我做早餐的水平是否提升，天气怎么又开始下雨这样没"营养"的话题。没什么太大的变化，嘉，7:20 上学去了。

刚上公交，7:34 接到嘉爸信息，他将嘉江南大学合格情况拍了照片发给我。难得他起得这么早，看来，他多少有些兴奋，第一次出校考成绩，且通过了，高兴是一定的。

嘉爸：一毛考了江南吗？你几点到，我来接你。我近中午要到武汉。

不错，有进步啊嘉爸。我这样想。

我：一毛也考过了，我上大巴后发信息给你。

我：大巴起动，正常时间 8:55—9:00 到田心立交。

嘉爸：好的。

和嘉爸相处，很难如我意想中的那么完美。

快巴到田心立交一分不差，就是 8:55。一下大巴，没看见自家车停在路旁，便朝田心方向张望。十几秒钟后，一辆白色小车映入眼帘，来了。很开心，等待车停在我身旁，载我上车时。谁知，车驶过我身旁，丝毫没有停车的意思，我忙使劲挥手，指望车上那位“愚笨”的司机能看见我。徒劳。车就这么过去。掏出电话，打给嘉爸。嘉爸接电话，还很惊讶，说：“不是在马路那边吗，我还正准备转弯呢。”我说：“拜托唉，嘉爸，马路对面是出发往长沙方向，你刚才驶过的方向才是从长沙回来的停靠点啊。”“哦，那我真的不知道呃，我出门就在想，我应该将车停在田心立交的东面呢。”嘉爸说。

整什么整啊，这就是我的嘉爸，不知道在想什么的嘉爸。要跟他较劲，气死一条半命还不够。回家也是如此，车上，聊着说着嘉通过江南校考的事，车到小区，嘉爸想也不想就朝九方宾馆开去，我赶紧：“哎，哎，先回家。”

瞧嘉爸一身西装革履，就知道他自己已收拾妥当，当然不会顾及我。而我，一身风尘仆仆的行头，加之鞋子因下雨，整个脚面已渗湿，不回家换装，难受的是我。我上楼。说起来，嘉爸的无意识，特逗。他也跟我上楼。家中，我花了两分钟，换了包，换了鞋，说：“走。”嘉爸：“啊，就走，早知道我不上来了。”我还能说什么呢？

嘉爸上午 11 点左右，起程去武汉。中午，他给嘉发信息。

嘉爸：祝贺获得江南合格证。嘉：为什么不一起出……

嘉爸：你已不用去想后面的校考是否通过，想了也没用。安心文化课学习是重要的，OK. 淡定，反正拿多了合格证也只能上一所。

在一毛协助下，我以嘉的名义加了黄红蓝 2012 届央美设计班的群，通过审核，成为群中忠实的“潜水员”，得以在群内了解和掌握，央设班同学们第一时间通过各类校考的情况。首出成绩的江南，通过了 33 人，强。

下班走向田心立交。蒙蒙雾雨间，有感而发《摇啊摇》。

长沙火车站，刚转上 111 路公交，“辣椒炒肉”来电。老姐说，领导第二次找她谈话，让她接下统计主办岗位工作。她的条件是可以接受，但不再兼任部门工会主席一职。领导说让她先兼下，到换届。统计主办一职在运营管理部内部已折腾几个月，招聘公告也已张贴过，始终没有领导满意人选，此番领导看中“辣椒炒肉”，算英明。老姐的工作能力，掌控这统计工作，小Case。

夜深，伺候嘉洗完脚。关闭陶玻家所有照明，置身于床。顿时，放松。

和着东西两面来路不明的声音，沉沉入睡，梦里，香。

第十二天（3 月 16 日周五）

11 点多，接嘉爸来电，说他已到长沙，中午回曹家巷吃饭。餐中，嘉爸说，明后在长沙开务虚会。我嘛，指不上他，想着去长沙泡影城。

谈及嘉，嘉爸问：“不是说川美出成绩了吗，我上网，没有查到啊。”

我说：“我在央美 QQ 群中也没见着，那里显示的是第一手资讯。”

嘉爸接着说：“我觉得幸福来得太快了些，这么早就知道江南过线，要是 4 月份出成绩就好。瞧你女儿多好，根本就没让你操什么心。”

这人讲话，有时候就是不知道那句话得罪人，瞧他说的，他可能就这么一说，我却听着极为不快。说女儿好，非得搭上贬低我的话不可吗？

这么想着，告诫自己，别往心里去。否则，又得自己气自己了。

长沙务虚会，嘉爸决定自己开车去，这样他可以送我到长沙，如果务虚会中有时间，他还可以来陶玻看我们。照例，下午的五六点间，晚报大道、年嘉湖隧道堵得一塌糊涂。选择晚餐的就餐点，我带着嘉爸到展览馆内的“蒸有味”，他看见里面没有什么人吃饭，就固执以为餐厅不行，不肯点餐，非让我又去“杨裕兴”不可。不想去较劲，哪里吃不是吃呢？餐后，他去华雅开会，我回家。

嘉晚自习回家后，情绪不坏。跟她聊起在央设群中谢老师和同学们之间有趣的对话。一位黎姓同学江南考了 472 分，谢老师跟其他同学聊到，黎同学就算专业过了线也没有用，因为黎同学文化课弱。嘉闷笑。由此展开话题。

嘉滔滔不绝跟我分析起专业考和文化考的区别。她对文化课答题方法、答题思路和答题技巧，了然于心。翻着她厚厚的语文复习书，告诉我，字词字义部分占多少分，古诗文占多少分、古文占多少分、阅读占多少分……

我头都是大的，怎么读、怎么背，这可还是一门啊，考 6 门呢！心里涌现出对文科生的深深敬意与同情，太不容易了。

嘉详解央美等名校评分规则，第一轮，将不及格的卷子筛出；第二轮，在及格试卷中将 A 类试卷挑出，给予加分，再将及格卷评定 BCD 类。

每一次与嘉的深度对话，我都重新认识一遍她。她还不满 18 唉，干嘛要懂这么多？

第十三天（3 月 17 日周六）

又到周六。请人来陶玻家修热水器。陶玻家主人朱老师，在得知热水器漏气后，并没有第一时间请人维修，而是咨询了大量的人，找出了 6 个维修热水器的号码，发到我手机上，并电话通知我，说可以打这些号码请人维修。

老天，这可是你家的热水器，主家应该有义务保持家用设备性能完好，让租户使用，他可想得出。

要说这主家，真可有的说。看上去老实，心里小算盘打得可滴溜溜地。热水器如此，电视更甚，他每来一次，就告诉我电视没交费，可就是不去交。

按朱老师信息中提示的号码一一打过去，打到第四个号码，终于有人接听。对方问是不是迅达燃气。我说是。对方让我报上型号。对方告诉我，已过保修期，上门一次 25 元，换零件另算。

下午，小萍来家做卫生。基于信任，我对小萍说，把两次做钟点工的钱给结了，让她独自留在家中继续做，我上街购物。

说是购物，其实就是打发时间。春天百货前，人行天桥下，一堆人围观，凑上去。但见地上，一幅蒙娜丽莎画像，已完成大半。一位头戴一顶破旧草帽，绿色上衣，灰色长裤的中年男子，正专心埋头作画，工具是粉笔。画作的旁边，有一个纸盒子，已堆满了 5 角、1 元、5 元的人民币。

围观的人，一批接着一批，画者，完全不理会周围不时发出的啧啧赞叹声音，极为认真地趴在地上，不停地在修画。修画的工具是手和嘴。他用手将粉笔留下的颜色擦了又擦，用嘴将多余的粉笔灰吹去，让画作渗透到粗糙的水泥地面，与之完美结合。

长沙街头，到处充斥着卖艺之人。流浪歌手，随处可见，那些充满磁性的歌声，总吸引着我立刻掏出钱来。火车站的地下通道，有固定的祖孙“驻守”，老者卖艺，小孩搭着块小板写作业。人行天桥上卖花的、卖手机套的、贴膜的、编手工艺小件的、卖小饰品的，比比皆是。

周六，学生是不上晚自习的，可从这周开始，嘉因艺考生补课，有课要上。近 9 点，感觉嘉应该打电话，叫我接她。果真，打是打来了，可是，嘉说，要我到 10:30，再去接她。还有一个多钟头，这时间，怎么打发。

陶玻家，住了两周，可怎么住，都住不出家的味道。待在陶玻，如果不是有事，一句话也说不上，坐也不是，站也不是，只想着时间一下子就“跳到”睡觉时分。要不是有这台 MacBook，不崩溃才怪。

不会有人想见，这打发时光的痛苦劲。需告诫自己，待会接到嘉宝贝，就跟她聊聊今日所看的电影，聊聊那幅画在地上的蒙娜丽莎。

读书的孩子都不容易。支撑自己，笑一个。

第十四天（3 月 18 日周日）

修热水器师傅早上 10:50 到陶玻家。他说家中的气窗不能开，否则燃气的废气易入室。接着，他将打火机点燃，一一掠过燃气管道的各个接口，关上打火机，告诉我，无大碍，洗澡时开通排气扇即可。说完，问我要 25 元上门费。

下午到湖南省画院看“龙行天下毛泽东书法作品展·黑子毛体临写创作

展。”这儿每周都有作品展，上周是“巾帼倾城翰墨香——长沙株洲女书法家作品联展。”说是公益画展，这每幅作品都明码标价。从 3000 元至 80000 元不等。超过 80000 的有《满江红》、《沁园春》、《长征》等作品。只是，在我参观的当口，二三层展厅内，除了各有一位工作人员，再无旁人。

去烈士公园。老天早上还有返晴的迹象，出门时，地面已现雨渍，幸亏带了伞，走着尽兴时，再次下起雨。

阴雨天的烈士公园，人潮攒动。散步的、打牌的、下棋的、跳舞的、游玩的，年嘉湖面上零星“点缀”着脚踏船，坐于其中的多是成双成对。稍大的平台前，总会聚满人，卖艺的也穿插期间，各显神通。有一个小个儿男生，穿着一身黄缎舞台装，和着音箱发出的声音，跳着迈克·杰克逊的舞蹈，舞蹈间隙，不时请游人随便“打发点”。一个搭好的雨棚下，有两位年轻的男孩正给一位老者、一位抱着女孩的母亲三人画像。雨棚上写着：“原点肖像空间，因为专业所以精彩。”除了那小女孩不时扭动外，画者、被画者都神情专注。

朝晖楼前，许多中老人正扎堆，引起我的好奇。凑上去瞧，发现他们正围着公园内两棵树，热议。树枝上，吊挂着一些纸片。近看，这形态不一的纸片上，写着征婚字样。原来是民间自发形成的征婚集散地。这些中老年人，都是来此处为自己的孩子找对象的。

我围着两棵树走了一圈，详看。纸条大多是手写的，少数打印，我估摸着该是父母们所为。征婚者年龄从 25 至 50 岁不等，职业大多是“白骨精”行业有银行、通讯、医生、公务员、教师、国企工程师、房地产经理人、会计，等等。学历本科、硕士、博士皆有。

纸片上写着联系方式，一些现场就联络到的家长，就地谈起各自孩子的择偶条件。五花八门的，真让人开眼。

嘉爸两天务虚会开完，赶到陶玻家。嘉补课完毕，仨人同去芙蓉路上的全得利熏肉大饼店晚餐。这家店的生意真好，每晚散步，都见它门庭若市。

周日晚上，一家仨口齐聚“新”家，清冷、安静。

第二周小结：心思说不清楚的一周，不像第一周那样，从不适应到适应，身体上适应不能替代精神上适应，情绪反复中，感觉：我在我不在的地方。

很小的事情或语言会刺激我，调整、再调整。

第三周：第十五天（3 月 19 日周一）

上午召开了主管调整以来第一次工作会。

重新明确了一些工作的分工：请黄姐回馆完善档案馆制度；安排档案馆五年画册编印；梳理并规范加班费、绩效考核。

准备第三次将福建寄来的鸡蛋搬运。

今日，去长沙，瞧办公室箱中鸡蛋还有三层，想着所带物件不多，找了个纸袋，小心翼翼装了一层，捧在手上，蒙蒙细雨中，连伞也没敢打，慢悠悠地将它们带到紫藤苑。家中，找可盛鸡蛋的器皿。前两次，分别用纸盒和手提袋运输到位，这次……

眼光在厨房掠过，看见一小型塑料储物箱，盖两边有搭扣，上有提手，感觉正合适。将鸡蛋一个一个搬到这个箱内，盖上盖，搭扣扣好，拎着小箱，放到眼前，很满意自己聪明才智。

厨房门口，洋洋得意之际，忽然想试试小箱的承载力。知道装的是鸡蛋，不能上下翻飞，欲顺势上下来那么一下。“啪”的一声，完全没有防备，箱体自由落体，鸡蛋落了一地，瞬间开花，手上只留下了一个箱盖。

蛋壳、蛋清和蛋黄散落一地，看是蛮好看，若是行为艺术，倒也罢了。

麻木地盯着地面，愣神良久，始知清理。发现两颗壳裂没破，捡起擦净，装在碗里放入冰箱，等有空时“消灭”它们。心情沮丧地将残局弄好，重拾起那祸源——箱体，它已被摔裂。需扔之。

背上双肩包，拿上清理的垃圾，出门。折返，将冰箱中那两颗裂壳蛋拿出，一并弃之，免睹物伤心。将本该抱到长沙的鸡蛋轻放到楼下垃圾箱旁，再回望两眼，大步走向田心立交。

第十六天（3 月 20 日周二）

春寒料峭的傍晚，登上大巴，却一股热浪迎面扑来。

找个空位坐定。大巴起动，不一会儿，身上开始出汗，车内空调开得非一般，太热。后排某女士率先开叫，让司机将空调调小点，声音太小，司机完全无反应。大巴向前，空调持续“逞威”。我前排过道的一位老人受不了了，坐在座位上对着前方说，太热了，让把空调开小点罗。他的话音刚落，最早说热的那位女士随即附和说车内热得跟蒸包子一样。

可惜，司机大人一样没有听到。我这中途上车的人，也受不了了。脱外套，卸了围巾。大巴开上长沙大道，我决定起身。走到司机身边，小心地说：“师傅，麻烦你将空调调小些，后面太热了。”

听罢，司机立即开启车内顶灯，调低了空调。到了长沙站，没有坐 111 路，而是选择了 12 路，去卖场。买油盐酱、酸奶、乌冬面等。

接上晚自习的嘉，告诉她，我准备起动做早餐仪式，买了油盐酱等原材料，明天早上行动。嘉说：“老妈，你试过没有，会不会好吃啊。”我说：“同学，你要鼓励我呀，肯定好吃的，明早弄西红柿炒年糕，你期待不?”嘉笑笑。

从田心家中拿了一对软耳塞，这晚，第一次戴耳塞睡觉。虽说隔音有效，但有压迫耳朵之嫌，令耳朵不太舒服。嘉告诉我，她们班同学中有很多人都戴耳塞写作业，我觉得不可思议。

凌晨四点，醒。外面已鲜有汽车驶过，卸下耳塞，继续熟睡。

第十七天（3 月 21 日周三）

闹钟响起，6:45，跳下床。今早炒年糕，得迅速行动。先将西红柿和红菜苔切好，铝锅热油，翻炒。年糕切片放入，少许开水，煮沸，打入两颗鸡蛋，焖。当水份收干，起锅。试吃，有点咸。味道不错，红菜苔太烂。嘉评价如我一致。她告诉我下次不要放菜苔。我连声说好。成功!

7:50，踏上快巴，有人跟我打招呼。我定眼瞧，原来是小车库的胡师傅。他现在正在北京办事处工作。他指指后排，顺手看去，林高工。

林高工原公司工艺处老高工，退休多年，被南车电机聘为专家，发挥变压器设计、制造专长。我叫了一声林总，在其后排找了个座位。

一路大巴无话。到田心立交。胡师傅他们没有人接，问我是否打的，我说走路。他们与我同向，走向田心。路上与林高工聊天，问他小孩怎么没有来接他。林高工笑着说太麻烦。如他开口，南车电机会派人来接。是的，这是如我老爸一样的老一辈公司员工的美德，能自己做的一定自己做。

晚上陶玻家。嘉说每天很赶，做不完的功课。心疼，嘴上却说："同学，非常时期，正常。"故作轻松地将桌上《弘一大师的前世今生》拿起，说："哎，同学，你看，弘一大师，这么有文化底蕴的文艺青年，选择出家，我，也算文化分子，会不会出家?"

嘉哼了一声："算了吧，你一看就不像要出家的人。"

我问："为什么?"嘉不再作答。悻悻然。

第十八天（3 月 22 日周四）

早餐，嘉说昨夜特兴奋，没睡好。又说，周日下午补课老师有事，休息。

嘉晚间情绪不错，洗睡前，跟我聊到高一高二兴趣社的事情。话题的引起，缘自"学姐"二字。嘉："老妈，今天有人叫我学姐，我好窘。"

我："你本来就是嘛。有什么窘不窘的。"嘉："好不习惯。"

我："为什么别人这么叫你。"嘉开始了纪实性地描述。她说，今天本班一位原动漫社的同学叫她一起去动漫社，说要去看看新社长长什么样。

可惜，在动漫社，她俩没有如愿地见到新社长，但却遇到了一些熟悉的同学。其中一位低年级的学生认识嘉的这位同学，上前与她招呼，一并朝向嘉，亲切地叫嘉学姐。

我呵呵一笑。嘉的话匣子就此打开。她一一数出学校社团的名称，动漫社、时装社、军事社、环保社……嘉说，所有社团的成员到了高三自然脱社，各社也开始从高一新生中招募"新鲜血液"。

嘉说，别看是社员，乱得很，完全是无组织无纪律的状态，每次开会，你说你的，我说我的。社长布置工作只能一对一交待，最后，一般是他大吼一声，社员们稍静时，他再将活动的重点梳理一遍。

活动实施过程中，也会乱作一团，常呈无序态。原创戏剧社，有一位导演在社团表演时，上蹿下跳，有时台上演员已下台，台下的演员还在准备中，导演发牢骚说他哪像个导演，怎么看怎么像个场记。

嘉说：“动漫社的活动以 Cosplay 为主，有时模仿歌曲，有时模仿人物，千奇百怪。”我问：“你干什么？”嘉：“有时帮着画点海报。”

我：“社里的费用哪里来？学校吗？”

嘉：“哪里，都是社员们‘各显神通’，大多是商家赞助或冠名。一些学生家长也会通过自己方便的途径帮点，就像你，可以帮我复印什么的。”

我：“这些社的社长真的是选出来的吗？”

“什么啊，每年新学期开年，学校门口的贴的海报虽然都是某某社社长虚位以待，鼓动大家参加竞聘，其实，大多是内定的。如我们动漫社，我们那届的社长就是因为跟上届社长的画风、喜好近似，被推荐的。”嘉回答。

哎哟。我故作稀奇。嘉介绍，学校每年都会举办社团节活动，安排在三四月期中考试前，期末不支持社团活动。社团节期间，各社团大显神通，在校内，在各自划分的区域内，竭尽所能地发挥社团创意，无所不用其极。

聊着聊着，上床前准备活动进行完毕，我进卧房。嘉却余兴未了，追至。

又跟我聊到军事社和环保社的活动。讲军事社，说到他们每遇活动，就穿着迷彩服，挎着假枪，在学校到处晃悠；讲环保社，说他们如何利用废旧物品宣扬环保常识；讲原创戏剧社，说有同学写了一个原创剧本，名叫《天黑请闭眼》……

后面，我已茫茫然，嘉说什么，都不入耳了。

不知道怎么打断她的，告诉嘉，我不行了，要睡了，你也早点休息。

诶，嘉如此得来不易的好兴致，被我的瞌睡冲淡。

第十九天（3 月 23 日周五）

久违的太阳，冲破云层。很久未联系的“不立文字”在阳光灿烂的下午打来问候电话。他说好久没有我的讯息，打个电话，听听声音。

“哎，你来点不？”海外营销的翻译黄问我，他正在我办公室内，准备将咖啡粉放入虹吸式咖啡壶的上壶。

“不了，我有这个。”说完，我举着绿茶的透明玻璃杯向他示意。

翻译黄，我的社交圈中，一位兼顾事业、浪漫、勤快、另类和顾家的五新好男人。

和他的相逢、相知和相识，得益于档案馆出借会议室给海外营销做办公室用。

档案馆会议室与我办公室一墙之隔，与翻译黄开启对话，得益于咖啡。

海外翻译组搬到档案馆后，翻译黄飘散的咖啡香气每天如约而至。于是，咖啡为媒，顺势达成我们之间的默契。初始，不熟悉，多少有些拘谨，慢慢地频繁往来，便自然了。他挑咖啡，对每种咖啡豆会仔细研读一番，找到属类、出处，品时，认真分辨不同的味觉感受。他可真好，每次泡好咖啡，都会将咖啡壶、杯、茶几清洗干净，摆放整齐。

他把咖啡文化引进翻译组。去年，小向，又一位咖啡发烧友，分配入翻译组，且将自己的咖啡行头带入组内。

翻译组的员工经常出国，因其便利，可买到不同国家的烘焙的咖啡豆。而我，得益于嘉爸和朋友们的“宠溺”，获取咖啡豆的途径较多。于是，档案馆这层楼，品尝咖啡者队伍不断进阶、壮大。

我不轻易去翻译组，居会议室内的翻译员工也不主动来我办公室。他们喜欢将门关上，不受打扰，埋头工作。我却无论何时，都大敞着门。翻译黄成为我们之间的“纽带”。“你什么时候喝咖啡?”翻译黄发问。

多此一问，我想，你明明知道我何时喝咖啡。嘴上却说：“上午咖啡、下午茶。(周六周日星巴克)”后半句没说出口，基于它只是暂时偶尔为之。

半月前，翻译黄从马来西亚回国，很用心地送了我一个咖啡杯。杯上写着 Oldtown，马来西亚比较老的一个品牌，咖啡馆很多，所以闻名遐迩。马来西亚最有名的白咖啡，翻译黄也送了我一袋。

煮泡咖啡间隙，与翻译黄会聊上一些彼此感兴趣的话题。近期，他提到最多的是我的书。他说从书中看出，我是一个极性情之人。情绪瞬间暴风骤雨，瞬间和煦如春。我说书中的我，像一位怨妇，明明生活在蜜中，却兀自任思绪翻飞，故作愁惨态。

翻译黄说，不是，你不是怨妇，是性情的表达。

办公室锡罐中已磨的 VIP GOLD 咖啡粉装入了翻译组虹吸咖啡壶上壶，翻译黄又深深嗅了嗅咖啡粉，对我竖起大拇指，再问："你也来一点?"

我笑笑："谢谢，不用了。"

第二十天（3 月 24 日周六）

不知如何打发的傍晚，散步打发时间。走到体育路口，接嘉爸电话，他说，刚和中南大学 EMBA 同学吃完饭，在芙蓉路，就过来。

惊讶。他昨天才从深圳回来，今在长沙上课，明天去北京，以为本周见不到面。嘉爸问我在哪，在陶玻家否？我答在逛街。

取道回家。不多久，嘉爸到了。拎着行李箱。他说明天直接从长沙开车去机场。等待嘉下晚自习。上网，我游戏兼文字，他上艺考生家长论坛。

跑长沙以来，与嘉爸交流越来越少，一则因为聚少离多；二则因为思维偏差。嘉爸依旧是我的训导者：嘉的心情怎么样？要多给她吃好的东西？近来学习晚不晚，到几点？我最是不喜欢他在自己不做的情况下，普罗大众化地说教。也不喜欢用他老借用某某陪读的例子来"触碰"我。我之于陪读，无任何好感。跑通勤，一则为了每天看到嘉健康学习生活，安心；二则可以力所能及地做点什么。完全丧失自己主流意识态而全程陪读，万不是我能为，这样也扼杀嘉作为一名学生该经历的一切。

下课后的嘉，来电，嘉爸接她上楼。一家三口，度过周六晚上。

第二十一天（3 月 25 日周日）

将早餐做好，唤嘉和嘉爸起床。嘉爸看着早餐，诧异："怎么还有炒菜"。

"怎么不可以吗？我们经常这样。"我回答。心里想，哼，没想到吧。

美美享用。嘉上学后不久，嘉爸离开，开车去机场。我独守。

打电话给陶玻主人朱老师，再次请他将煤气罐拿走，他满口答应。只是不知道什么时候会行动。

锦书打来电话，说和小米及米爸来长沙看嘉。我说，你们一家其乐融融，自行来玩，我没意见，但千万别来看我们。嘉不愿意被打扰，我更不愿意。

正午的阳光，洒落阳台，好惬意。陶玻家阳台，堆满了杂物，由于钟点工小萍的功劳，摆放有序，干净。拎了张靠椅，找了个空档，沐浴阳光。

眼光平视，对面高楼林立；眼光低垂，路边绿树绽放新芽，老旧树叶经微风拂掠，脱落，飘零；马路上，往来车辆无一刻停歇，噪声从不曾消散。

3 周了，往来。时间像是可伸缩，正经历时，觉得过得很慢，嘀嗒嘀嗒，一秒一秒，回望过去，又会觉得拘隙一瞬，一周一月一年，甚至 10 年。

时常告诫自己，必须有丰富的自我内心世界，不可因为往返而缺失自我。

幸得嘉独立自主，不论学习如何，她是那种不太会被别人左右之人，她可以很虔诚地听，但决不会照单全收。与她闲聊，是一桩快事。她对文化关注并不局限于书本，她会跟我聊我感兴趣的话题，跟她老爸聊政治经济问题。谈有趣的事，谈通货膨胀、谈股票发行、谈政策制订的原则。

因为嘉补课老师生病，下午不上课。半天休息。与嘉约好，一起吃午餐。

嘉回家放好书包，带她出门。朝向烈士公园，晒晒太阳，找店家吃饭。烈士公园对面的迎宾路，有 N 多家大小不一的饭店。嘉问："去哪里吃?"我指指迎宾路。我问："你想吃什么?"嘉说："没什么想吃的。"我说去大蓉和，嘉说否。我挽着她进入菜香根酒楼，酒楼内座无虚席，服务员穿梭其中，完全不理会我俩。好不容易找到服务员，却告知，无座。

灰溜溜出门，嘉说想吃面。走向隔壁上岛咖啡。二楼有空位，生意也空前的好，点完菜须先交钱才上菜。嘉点了一份焗鸡饭，服务员说没有时间做，不要点；又点了几个炒菜，服务员又说没有，只有煲仔饭。

一气之下，离开上岛咖啡。又走进菜香根，仍无座。出门，嘉开始动怒。

我也有些急。周日烈士公园门口，哪哪都是人，哪哪生意都好。

压着气，问嘉，去大蓉和算了。嘉坚定地说不去。向前走 200 米开外，在一家只有 4 张桌的小餐馆点了 4 个菜，完成午餐。回家后嘉脸色放晴，嘉说："老妈，这湖南菜怎么哪跟哪都一样呢?"

我说："什么湖南菜，全国都一样，是你太过挑剔。"趁机严肃地说导她："以后，只要你对吃饭没想法，那就按我的意见办，可莫再将耽误你做作业当幌子，'七里八里的'。"室外艳阳，室内气温阴冷。让嘉换上棉衣，自行留家作业。我出门逛街。嘉交待我，买抹茶泡芙。

去芒果影院消磨时间。《囧蛋奇兵》，一部让“人难过至极”的儿童影片，偌大的中国，怎么可以拍出这样的片子。放映中，上下眼皮打架，美美地睡了一觉。近尾声，醒了。去商店买泡芙，新世界百货人行天桥到乐和城的路上，很多人在吃一种剥皮吃的雪糕，雀巢公司的笨 NANA。

回到家，嘉“三下五除二”地将泡芙“消灭”。鉴于吃午餐时的教训，晚餐我决定在家弄，给嘉做面。当然，一切都是现成的，首尔甘辣酱拌面。

嘉吃完后，我边洗碗边问：“同学，美味吧。瞧你老妈手艺，那是没得盖的，表扬表扬我吧。”嘉笑说：“你太高调了吧。”我说：“就是要高调嘛。”嘉说：“不能太啊。”

第四周：第二十二天（3 月 26 日周一）

这日，山东工艺美术学院专业成绩公布，2012 届央美设计班 QQ 群活跃。因为考该校的很多考生没有在黄红蓝登记正确信息，谢老师在群中，请考了该校的学生将成绩和 7 位数号码发给他。群中显示，黄红蓝央设班考生考得不错，一位罗姓同学，考了 282.99 分，高分；周姓同学，284.51，高分；谢姓同学，285 分，高分。

中午到曹家巷，老爸便说嘉放在洗衣机上的脏衣服洗干净了。老妈应声从厨房中出来：“哎哟，你老爸昨天一到你家，看到洗衣机上有衣服，就赶紧打电话叫我过去洗，我说在你家里洗还不如拿到曹家巷洗，已经洗好了，也晒干了，你等会儿拿回去。”

我说：“哎哟，你们以后不用拿来洗的，积多了，我会拿去干洗店的。”

老妈说：“干洗店？那洗什么，还不是一把搅啊。看我跟你洗得，领口和袖口都搓得干干净净。”无语，闭嘴，顺理成章地接受父母的好。

下午，翻译黄来泡咖啡。聊天中，他说，你观察很仔细，你女儿也应像你，观察能力很强。他又说，这些能力，怕不是学校里头能学到的呀。

天黑得越来越晚，如今，到长沙，总觉得很早似的。连续三天，我都是从长株潭站走路回陶玻家，经阿波罗、八一路、迎宾路、烈士公园、营盘路、到陶玻大厦。经过繁华的都市，从来就没有融入感，这里的繁华不属于我。

在快巴上接到嘉的电话，说学校门口有人在吃笨 NANA。从陶玻大厦到一中，一家店一家店看冰柜里是否有笨 NANA，“功夫不负有心人”，找到了。掏出 20 元钱，买了 5 支。回家先享受了一支。果真是能剥皮吃的雪糕。第一次吃很成功。还有 4 支，待嘉回来吃。

这一天之内，打了两次电话给主家朱老师，恳请他将煤气罐拿走，约好时间，晚上 8 点派人来取。等到 8:29，朱老师来电，叫我开楼梯口的门。哎，终于来了。“咦，你一个人啊。那怎么拎得起?”见到朱老师，我张口就问。“没关系，我骑了个电动车，把它放在电动车上就行了。”朱老师回答。“那我帮你一起弄下楼吧。”我接话。

阳台上，朱老师拎上沉沉的煤气罐，仍在反复地说：“都放了几年了，那么热的夏天都没有事。”我说：“不行的，我每天上班都惦记着这煤气罐。再说，我老爸就是管安全的，他经常教育我们要注意安全。”帮着朱老师将煤气罐拎到楼下，放入电动车脚踏板。送走朱老师，长舒一口气。

接到嘉，告诉她，我买了笨 NANA，还剩 4 根，我们一起“消灭”它们。嘉说：“你真买了?”我说，“那当然。”

一般嘉回家，我帮她报生字，听写，这项工作每日必修。对于听写，我内心不愿为之，但因是嘉主动要求，强压不情愿情绪，努力去做。

我有个特点，既然要做，就会做到最好，遇到一些我不认识的词或字，会上网求证，一方面告诉嘉，一方面也提升自己的字词水平。

问题在于，每次听写，嘉的状态超差，打瞌睡、不耐烦、乱写字，知道她这样不对，于听写没有任何好处，心想，你还不如自己去看、去写，何必拽上我?但我不能发脾气去刺激她，她确实很累，需要家人用各种形式分担一些，无论有用否，且做分担的一种方式吧。

每次听写一完成，嘉就又重似“打了鸡血”般兴奋起来。我问她：“同学，你为什么一听写就蔫了呢?”嘉不以为意，回答：“那都是小时候留下的阴影。”

什么小时候的事情，我心儿明镜似的——就是磨人。我笑笑，不再理会她。

第二十三天（3月27日周二）

嘉爸昨天回到田心。下大巴，朝家中走去。开门，再次遭遇门反锁。胸中那个气啊，压都压不住地往外冒。已经事先打了预防针，告诉自己，如遇门反锁，一定要淡定，不能开口。我晓得，一张嘴，定是怒言。

敲门，电话，睡眼惺忪的嘉爸开门，一脸的疲惫与无辜。憋着，没理他。将双肩包放于家中，换好衣服，上班。在家多待一分，气会平添几分。

在办公室坐定，须将气交于一通道，进行发泄，否则，自己难受。于是信息给嘉爸：你真过分，实在没指望你做什么，就算应酬，也该有一丝动念，8:50将自己闹醒，开个门再睡吧，已经是第二次了。

很快，嘉爸回复：好的。许是想着我正生气，他再次来信息：老婆辛苦了。气消减中……

为弄好档案馆画册，决定再来一张“档案馆全家福”。好事多磨。凡刻意之事，总显得很难。一约再约，不是缺这个，就是缺那个。需假以时日。

近10点，嘉发来信息。

嘉：告诉你一个不幸的消息，明天早上要6:20到教室抽血，不能吃早餐。

我：啊，抽完血后再吃，我今天去买面包，带上就可。

嘉：不幸的是要早起。

我想我还好，每天早上6点也就醒了，心想同学恐怕你很痛苦吧。没回复她。

中午在曹家巷，“格局”有些变化，老爸在厨房，老妈坐在客厅。有点奇怪。

老妈正在看一份什么资料。想着有问题，问老妈：“看什么?”老妈说：“血糖又高了。”我：“啊，怎么办呢?”老妈说：“吃药啊。医生说，天天吃药。”我：“那先吃着吧，每月去检查一次，如果能降下来，就减少药量。”

固执且矫情的老妈说：“那怎么行，我就是因为没有坚持，才又上来的。”

我说：“是啊，先按医生的吩咐吃啊，定期检查，这没有什么的，不要给自己压力。”老妈开始喋喋不休，说她平日里根本没吃什么，怎么会血糖高，而老爸平时比她吃得多，都没有事。

太好玩了，老妈呀。我心里想着，嘴上说："你看，老爸天天一早就去锻炼，而你总窝在家中，除了看言情剧就是玩游戏，你怎么能跟老爸比呢。"安慰老妈，让她别太当回事，心态好就什么都好，至于吃药，不必过于紧张。

午餐后，临出门前，老妈说："哎，你要在长沙逛街，遇到带高领的棉毛内衣，就帮我买两件，株洲这里都没买的。"答应了老妈。老爸最怕麻烦我，说："去芦淞市场去买啊，没必要去长沙买。"

我知道，不能拒绝。赶紧说："没关系，反正我没事就逛商店，到时留意一下就行，有就买。"老妈也接着："是的，有就买，没有就算了。"

晚 5 点，嘉爸一天的事忙完。来电话说送我，或去田心立交，或去长沙他再返回。我已习惯独自出行，这样不受约束，一切尽在自己掌控。于是说："算了，你忙你的，明天早上我会早回家，因为嘉明天 6 点多到校。我估计 8 点钟左右到家，到时你别反锁门就是了。"嘉爸说好，让我到时发信息给他。

出发去长沙前，接兰妹电话，关于婚姻、家庭、夫妻相处，一阵絮叨，从在家整理物品开始一直到田心立交。通话 38 分钟。

长沙，逛了"阿波罗"和"平和堂"，看是否能买到高领棉毛衣。"面包新语"，购嘉明日抽血后的早餐，遇店内买三送一，一不小心，买多了。

第二十四天（3 月 28 日周三）

从陶玻家出门最早的一天。

嘉 6:15 离家，我 6:30 坐上 111 路。马路上车流明显少多了。营盘路上，零散的学生正往学校赶，手里全都拎着早餐。

坐上公交，嘉爸信息到。

嘉爸：出发了吗？很有心，感动。

我：已在公交上。

嘉爸：上车后给我信息。

我：好的。

火车站，公交车停放的广场、车站路上，停满了的士和私家小车，揽客、抢客，一片乱象。不时有人在喊："交警来了！交警来了！"引起阵阵骚动。

到长株潭汽车站，一辆大巴刚启动。等下一班。从昨日下午至今晨，连接遇到大巴错过的情况。人生可能就是这样，一次错过就再次错过。但我知道，只要没到终点时刻，总能搭上一趟。安心等。

快巴到站，片刻，嘉爸也赶到。嘉爸谈起一恼人的事——房子。我是对物质层面漠不关心的"傻妞"，听到这样的事，一则，讨厌介入；二则，信口开河。

此事，只想表达一句，有房住即可，人切莫成为房子奴隶。好在我和嘉爸在此事的分歧上，并没持续太久，当有了处理决定后，嘉爸发信息：**当房主真累，幸亏没买大房。你可省心了，女儿就够你操心了。**

又一阵感动，我和嘉爸都是不愿被外物所累的人，回复：**谢谢理解。**

下午 2 点，部门主管级工作会。领导传达务虚会、职代会、党群工作研讨会精神：理想、现实、作为、文化，展望株机未来。

傍晚，长沙火车站，时间尚早。决定绕行五一路。

天色渐渐变暗，零星下起雨点。五一路人行道上，落叶飘零，乍看似晚秋，略带凄凉。这是湖南春天，雨过天晴一周后的一次降温降水。

3 月 23 日，太阳突破云层，被压抑很久的春天气息全在几天内爆发，"忽如一夜春风来，千树万树梨花开。"

已挂在枝头苟延残喘的枯叶经不起任何形式的撩拨，纷纷落地，接受自然的洗礼，亦作肥料、滋养大地；亦作垃圾，积淀重生。

冒着小雨点，麻木地走过长岛路口、曙光路口、韭菜园路口、牛耳街至新世界百货，过人行天桥，经过乐和城、中山路、蔡锷路、营盘路。

路的两旁，大都市繁荣充盈，人车熙熙攘攘，与我毫无干系。我就是这样一个"陌路"人，虽身处都市，只是过客而已。营盘路与芙蓉路交汇处向东的车流堵到蔡锷路。走行至此，此情此景，竟让我涌上一丝快意，人比车快。

花去一个半小时，到家已是 20:10。一会儿，嘉就要回家。

第二十五天（3 月 29 日周四）

嘉爸：今天我和院士有会，不好迟到。不知你几点到田心。

我：你不用管我，只是我给你带了早点。你开会去吧。

进办公室，梁主管来汇报。说及小组的一些事情，我听完便不冷静，大发雷霆。受憋是我当期的一种常态，时间拉得越长，被触碰要释放的力量就越大，零星小事即爆发。这一下，火可了不得，知道很多事是说不清楚的，那一刻非说清楚不可。僵了。

得好好将晒图组的工作梳理清楚。每个人管人的方式不一，方法可不同，但一定要和睦。人，不是生下来就喜欢破规矩。活在这世上，所受的条框本就很多，因此，我尽量不去多制定规则去限制人，工作自理、人际和睦是我的理想。己所不欲勿施于人，己所欲也勿施于人。

人一生气，想的都是自己的好和别人的不好。努力将自己往反方向拉，多看别人优点，多找自己不足。自找的麻烦需要自己化解。

这一晚上，辗转反侧，想清楚解决问题的办法——日事日毕。

陶玻家，晚 8 点多，嘉爸来电说华科专业分出来，嘉没过。如果考工业设计，那就过了，艺术设计差几分。我问嘉爸，要不要及时告诉嘉，嘉爸说，反正要知道的，等她回家就告诉她。

嘉晚了近 20 分钟才打电话给我。回家后我告诉她华科成绩。她很淡然地“哦”了一声。一毛发信息来询问嘉华科考试情况。我告诉她没过。并将嘉三门成绩都发给了她。

一毛：小傅的头像和速写都很厉害。我的中传和国曲都没过。

一毛：有分数也算种安慰啦。

将一毛的信息说给嘉听，她挤出一丝苦笑。她在洗脚，本已平静的情绪随之带动起来。

嘉有些怨念地讲起，华科本就不是她想去的，她是陪同学去考的。

我安慰她，说有江南保底已经很好。不知触了她那根神经，气突然高涨了些。大声说：“我不想去江南，广美色彩考得不好，央美也没有考好。”

此刻，任何语言都多余，闭嘴，任她洗完脚。

第二十六天（3 月 30 日周五）

这一天，从早到晚，人呈阴线。醒，雨声不绝。

公交车上，因下雨，全城大堵。从营盘路开始，公交车前行速度如蜗牛爬行。迎宾路、军分区、韶山路、五一路，每条路一样。

快巴起动，开行缓慢，刮雨器发出难听的声音，摇摇晃晃地向前。这样的天气、路况，大巴司机也不忘记挣外快。他依然会二环上，左顾右盼，找寻目标。早上 8:30 左右，二环的锦泰广场公交站，会有捎货客在等待。

我多次在靠窗位置坐，容易“收纳到”一些不正常情况。果然，目标出现。快巴司机将车停在路旁。两箱包裹严实的泡沫箱，从货主摩托车上，移至快巴厢体内。货主从裤口袋中掏钱，无任何忌讳地在众乘客的眼皮底下物钱交易。快巴司机点钱时，我瞧到两次，如果没错的话，应该每趟是 45 元。

快到田心时，指望着嘉爸到田心立交接我，给他发去信息问他，嘉爸说已在动车上，到印度出差。接到信息，我懵懵懂懂，心想，怎么不提前说一声呢。下车后在暴雨中穿梭于田心立交，两脚透湿。后嘉爸来电提示，昨午在曹家巷吃饭时他已告诉我出差的事情，有姐夫在场为证，且他当时还说了什么红宝石的事情。我才回忆起，嘉爸已跟我报备。

工作中，协调人际关系，大脑“进水”，再入“我将此心对明月，奈何明月照沟渠”之境。自己正处于脆弱期，经不得一点挑逗，极易爆发是极端的现象。

残局自行收拾。上班后组织晒图组 4 名普通员工开会，制定日事日毕规则，即日实施。又打电话告诉候老板，请他来修晒图机。

午餐后，去医院看王妈妈。“辣椒炒肉”带婆婆（也就是王妈妈）去海南，王妈妈不小心，摔了一下，锁骨和肋骨断裂，住进了医院。

晚上，长沙火车站。偌大的都市，莫名的噪声，寂寥的行走。

五一路，长岛路口，冷不丁，脑海里响起一个声音，要不要手机。不予理会。前行。忽然走进繁华街道，抬头但见，大红灯笼高高挂是友谊商店。在门口徘徊良久，进去否？Shopping 可换得心爽？

此友谊商场，非 20 年前，在团委工作时常逛的那个。那时，团委来长沙新华书店购书，闲暇中，在友谊商场溜达是我和刘姐必修课。这一刻，驻足在同一地方，思诸停滞在 20 年前。只是现在满眼的是满店的精致与奢华。

受不了友谊的气场，空手，落寞，出门。B 座户外，墙体上的国际奢侈品广告，在光影作用下，强势挑战路人的神经，让人感受魅惑。

一转身，来到韶山北路与八一路交汇。走在地下人行通道，只觉阴气逼人，仅片刻工夫，感觉从天上坠入人间。从八一路，拐上迎宾路、烈士公园、营盘路、回到陶玻家。

边走边看边写边打发时间。一不留神，人物、场景、心情跃然，这难道不是那个叫快乐的源发。

嘉爸：在马来西亚吉隆坡转印度孟买的飞机上，还要 6 个小时。似要转晴的心情，忽又变不明朗。某种说不清道不明的感受涌上心头，不知所云。

我：一切结局，由若干等待拼接。

嘉爸：我发错了，是快起飞了，要飞 6 个小时。

不能让嘉爸感知我的情绪。

我：呵呵，从快巴上下来，一路走到了烈士公园，快到家了。嘉爸：快 1 个月了，感觉在两地分居。把长株潭当成一个大城市，未来的人每天都是我们这样过的。我：许是吧。

晚上，观嘉情绪，有些小波动。她说明天要考试。这是她回校后第一次全方位模拟考，要排名的，很理解她的心情。

第二十七天（3 月 31 日周六上班）

早餐后，嘉迟迟不着急上学。很纳闷，问："你怎么还不走。"

嘉说："我 8:30 再去学校。"我说："那我 8:30 再走。"

嘉说："老妈，放我一个人在家，没关系的。"

"不行的，你不理解老妈，你以后当妈就懂了。"我又说："那我上床躺躺，你出门前叫我。"

8:29，嘉到房间，说："老妈，我走了。"

我起身，说："好的，我也出发。"晚 1 个小时到办公室。

按昨日开会的要求，先到晒图室查看“日事日毕”的情况，有问题第一时间协调解决。将今后给验收室图纸的事情重新明确，达成共识。

看到嘉中午的QQ空间内容：出成绩怎不爽快一点。不知她指校考还是文考。

小王同学给我打电话，诉说内心苦闷，说因他与专业老师间摩擦，致使他已不能和专业老师探讨专业问题，而同学中，又没有可与他在专业上接话之人，似有“曲高和寡”之嫌。我只需听他讲就行，他的问题需要他自己智慧解决。

电话联系长沙钟点工小萍，告诉她因本周调休，我要上班，本周不做卫生。

老妹今日完成了南车电机60多台汽车的年检工作，超有成就，在我办公室，边讲述她的成就，边教训我。她说：“我的经历是你所感受不到的，你蜗居在这个小地方，而我在广阔而复杂的社会中摸爬。我面对是不同的人群，而你面对的是同一类人群。从这个角度上说，我比你处理问题要宽得多。”

“你不够隐藏、不够看清、不够认识自己。不要对人太善良，你越对别人好，越会成为受害者。”

她带着酒味讲，我试着速记她的话。她说：“不要记我讲的话。我每天面对好多人？晓得不？我每天面对好多车，晓得不？”她继续说：“告诉你，其实，我好坏的，我坏是坏在真诚上，不是这样，我混不到今天。而你们这些坐办公室的人坏就是坏，真诚就是真诚，你们是线性的，我是弹性的。”

“现今这个社会，你越踩别人，别人越帮你。”她讲话像倒豆子，虽有很多逻辑性的偏差，但大多极有道理。我喜欢她“教训”我。她反复并颠倒地讲一些事情，我“云里雾里”地听着，句句在理。应验《春娇与志明》里经典：“越贱越爱。”心里服她，嘴上对她说：“你这个老板娘，操那么多心干什么啰。”

嘉爸来信息：才到印度，昨天飞机故障，中途飞回吉隆坡，住了一晚。早上9点飞，现在才到孟买。

我：今嘉迎来到校后第一次模拟考，从昨晚到今早，一直在喃喃自语。

嘉爸：告她不要紧张。

我：呵呵，我是不会说的。

嘉爸：考几天？

我：高考模拟，肯定两天啦。

这日，去长沙的大巴，人很少。司机运气好，路上捡了两个人。

所谓捡人，指站外带客。各行各业，都有自己潜规则，往来长沙株洲这一个月，对大巴司机捞外快的几种方式有了较清楚的认识。一是捡客，一是带货。有需求才会有司机这样的行为。我也是助推司机进行潜规则的人之一。有几次，在田心立交桥下，向准备开往长沙的大巴挥手，是被司机给捡到车上的。

司机捡人，长株公交站应该心知肚明，它们本可以在终点验票杜绝这现象，可是，根本没有，它们默许这一方式的存在。半程捡一个乘客基本正常，捡上两人，司机净赚 48 元，这是值得司机兴奋的事。

到了长沙，依旧选择无目的，随己愿，慢步回家。营盘路和芙蓉路交汇路口，在湖南财富中心首层，D1—CLUB 强势登陆长沙，这位置原是金牛角王中西餐厅。D1—CLUB 于 29 日开张，请了众多港台明星，罗大佑、蔡少芬等。酒吧外观，冷艳奢华，猜想里面一定超高档。

穿过芙蓉路，8:20，正想着到家后，洗个澡，嘉就该回家了，电话响起。是嘉的。问：“何事。”嘉说：“不想学了，回家。”

今天模拟考，估计不太理想，这是她释放的方式之一——将不爽的心情传递出去。我说：“好。不学了，我在营盘路地下人行通道的出口等你。”

没多久，嘉出现。手上还拿着两块罗莎糕点。我说：“咦，你怎么晚上还吃罗莎？”嘉说：“考得不好，我就想吃甜食。本来是当晚餐的，可有同学叫我到她家吃饭。”

我说：“是不是刘某？”

嘉说：“嗯。”

我说：“瞧，我多聪明，一准就猜到是她。要如果是宸同学，那你肯定会直说的。”

嘉："呃，这也值得褒奖。"

"那是。"我接话道。

第二十八天（4 月 1 日周日上班）

营盘路准备实行交通管制，所有方向，禁左。每晚都有交通路管的机器，在路面将原来的车道单行线磨掉，四月十日前再添上新的单行线路标。晚上通宵达旦地响起机器与地面摩擦声，声声入耳。地面的扬灰，将本就不密闭的家中覆上浅灰，尤其是桌上、凳上，瞟到的全是灰白色。

今天是愚人节，等待嘉出门时，突然想来，今天要将楼道值班牌放入下家。拿钥匙开门，发觉昨天没有反锁门，这不是正常现象。平日，我会将门反锁到位，这一日，却只是将门关上而已。更年期，忘性大。

嘉第二天模拟考，仍是 8:30 到校，她起来就叹气。面对模拟考，她心中依旧无底。很多东西是人要自己面对的，如果家长硬要认为自己能安慰到自己的小孩，那事情往往开始拧巴。每遇此，我只是静静的待在她身边，无需语言。调整虽需要时间，但那是完整的，中间环节一应俱全。非让孩子跨越痛苦的挣扎，无异于拔苗助长。长得快，死得早。

嘉出门，我跟着收拾东西，出门。这两天到办公室，都已经很晚。

到晒图组瞧瞧，看"日事日毕"执行情况。

因为是清明，假期 3 天，周六周日调至周一周二休。估计往来长沙的人会多。果然，在田心立交的第一趟车由于满员没上去。等到第二趟，"祸不单行"，所乘车辆，快到黎托时，一种异常刺耳类似警笛声，从车身传来。我起起身，对司机说："师傅，这声音可消去不?"司机嘟囔了几句，继续开车。又过了两分钟左右，刺耳的声音令司机也觉得应该处理，将车停在路边。下车查看。

待司机上车后，车门边座有一位小伙问他情况，司机说水箱没水了。然后他又发动了汽车，汽车在强烈而难听的声响中前进。

到长沙大道，司机再次停车。下车弄了一阵，拿出了两个塑料壶，到路边一家粉店装满了水。我们都以为，这样就处理好了。可是，当司机拎着壶回来后，决定让车上所有的人下车，换乘下一趟车。乘客的素质蛮高的，没有一位乘客对换车说些什么。耐心等待后一辆车的出现。

有两辆车同时到。一辆是湘潭方向来的，一辆是株洲方向来的。我上了湘潭开来的车，听见湘潭的司机问株洲司机要 40 元带人费，株洲司机说没钱，湘潭司机没多说什么，关上车门，启动了车辆。

长株潭汽车站的站内站外，里三层外三层的，全是排队的人群。站内却没有汽车。一则人多，来一辆，走一辆；二则，很多车因清明节将至，被堵在路上。不仅汽车站人满为患，火车站也一样，到处是人。

嘉已提前打电话告诉我，7:30 下课，我不能悠闲地逛回家。火车站，搭乘的 111 路根本没有车影，被迫选择 12 路，到最靠近一中的方位下。12 路还没停稳，乘客就纷纷上车。等我上去，早已无座。在韭菜园路口下车，穿过韭菜园路，就到了清水塘路口。到一中时，时间正好 7:30。庆幸。

接到嘉时，她很不高兴，摆着一幅臭脸给我看。我装着“无比大傻”的模样，跟她述说一路来的经过，希望她能忘记考试的事儿。可我费力地讲完，她丝毫无反应。反而一个劲地说她考得“啖”。我知道她的心情，努力憋着。怕自己绷不住，会发脾气，于是不再理睬她，径直回家，她则跟在我身后。

家中，我没再主动讲话，怕自己“热脸去贴冷屁股。”

这时，嘉爸信息至。

嘉爸：两天考试结束了?

我：嗯。嘉爸：那她可以放松了。

我：她的个性你还不知?现在是赌气期。嘉爸：赌什么?华科没考上，还是文考不如以前?

我：肯定是后者嘛。

嘉爸：等我晚上给她发信息，让她开心开心。我刚从孟买到海得拉邦。

我：这也是正常现象，让她自己调整吧。道理她都懂，需要时间缓冲。

随后，嘉爸开始给嘉发信息。并将二人的信息转发给我。嘉爸先是发了一张图片给嘉，附文字：印度小吃，不仅好看，而且好吃。

嘉：都辣吗?

嘉爸：红的中上等辣，右下黄的汤都是芒果做的，素食材，很香。

嘉：我没考好。郁闷。

嘉爸：超过一个人吗？嘉：还没出成绩，但对了答案。

嘉爸又发了一张图片，一支狗睡在孟买海边。附文字：谁有它舒服？你才复习一个月，文考不要给自己太高目标。开心，不要多想，你这一个月，如果超过好多同学，那对他们公平吗？还有三分之二的时间，心不要乱，淡定复习。

嘉：唉，说归说，做归做。

嘉爸：尽量。

嘉：好的吧。

第五周：第二十九天（4 月 2 日周一调休）

早餐后，嘉耷拉着脸上学去了。我睡回笼觉。

然后，哪儿可去？属于我的单行线，直指芒果博纳影城。有两场电影正在上映《春娇与志明》和《台北飘雪》。《春娇与志明》是《志明与春娇》的续集。

《台北飘雪》，选择它，因为它的海报在悬在《桃姐》原海报的位置上，覆盖掉了《桃姐》。海报中，我一眼看出那男主角是与范冰冰演《观音山》的那个大男孩——陈柏霖。我特别喜欢看那些看似稚气未脱的大男孩，陈柏霖就是其中的一个。没什么特别的原因，喜欢就是喜欢，不是刻意地去喜欢，而是那种机缘撞见般的喜欢，亦说是擦身而过的喜欢，不拖泥带水。

《台北飘雪》的导演是霍建起，看过他的《那人那山那狗》，那唯美的电影色彩和画面，让我着迷。可以说，《台北飘雪》继续了导演不变的风格，小镇、老街、小火车和小市民，故事本身没什么说头，人物生活场景很亲切。

晚上，打电话给嘉的班主任李老师，问她嘉这次模拟考的情况。李老师说考了 461 分，年级排名 185。我觉得这成绩不错，跟李老师说让她多留心嘉的情绪，慢慢来。

发信息给嘉爸。

我：刚打电话给李老师，嘉考了461分，年级排名185。

嘉爸：年级很好啊，不过班级上可能是倒数了，文科几个班？

我：6个。

嘉爸：6个班300多学生，185名上二本线没有问题，相当于去年530到570分。再搞两个月，还会提高名次，可到百名。也就是分数接近580分也有可能。比我想的要好的多。

我：晚上看她得知分数后的情绪吧。

嘉爸：清、央两校专业过线才会有用，否则她的实力就现在的排名，文化随便都可以对付江南、广美、川美，一中二本上线率90%。

我：哎哟，你太专业了。

嘉爸：他们一中模拟考都比较难，分普遍低，高考总分比平常普涨，她的461分相当于520分左右。8个月没念书，才回校3周多，你女儿够优秀，超过了一半人。

我：那是你的种好啦。嘉爸发来表情符号。

嘉爸：上午投标完了，一身轻松，在机场准备到德里，4日飞回广州。5日早上到广州。我：好的。

与嘉爸聊完天，快到9点了。想着明日嘉上课，影城已无电影可泡，做什么呢？主家的洗衣机坏了，打电话给小天鹅售后中心，承诺明日上门。

嘉来电了，下楼接人。打开家门，一阵风扑面而来，嗯？又要变天了？

陶玻楼下，处风口，风中，地上的落叶随风旋转，偶有一片或几片，瞬间拉高，于空中舞翩跹。嘉到了挽上她说：“同学，变天了。明天不能减衣服。”

嘉说：“又没有降温。”能接话了，情绪复常。

嘉的心情直接影响我的全部，家中桌上，放着我在“魔薯厨房”拿的广告单，她看到，问：“哪里来的?”我说：“你不记得了？上次看《桃姐》时，你想吃薯条的那家店的。我今天在那里消费了一杯拿铁。”

嘉说：“后天上午不上课，下午上。”我说：“那后天中午，我带你去吃他们家的薯条。”嘉：“呃。”算是答应了。

喜得我。今夜，就算有戴耳塞的不舒服，我也可睡个安稳觉了。

嘉心情不错，问是否听写，她答应。边听写边喝牛奶。嘉主动讲起牛奶杯的故事。在画室时，她曾打烂过一个同样的杯子，她说："每次喝牛奶时，就想起它的姐姐。"（嘉把在画室打碎的杯子唤做家里牛奶杯的姐姐）我呵呵一笑，说："为什么是姐姐，有可能是妹妹。"

嘉说："哎，反正是一条生产线的产品。"趁她高兴，问道："同学，为什么每次，我辛辛苦苦做的早餐，你都吃那么少，你到底想吃什么，我去弄。"

嘉："每天早上，我的胃口都不好，你搞什么都是一样的。"

"我晓得，你每天刷牙时，跟你老爸一样，嗓子老像有东西堵着似的，咳呀咳的。"我又说："拜托你多吃一点嘛，否则，我每天帮你打扫战场，肚子里都塞满你不吃的。"嘉说："你不吃就是的啦。"

哎，她不懂的，我不可能将食物再放到第二天的。就算狠心放，第二天也是我来消化。

第三十天（4 月 3 日周二，换休）

昨夜的风确实没有带来降温。天气照例晴热。

嘉穿了 3 件衣服出门，肯定多了。晚上回家又该数落我了。

上午，小天鹅维修中心来人，修主家朱老师家的洗衣机。这已经是我第二次找人维修主家电器，田心家中，我都已经住了 10 年，从未见电器今天坏一个、明天坏一个的，租住的陶玻家，却接二连三地出现电器故障。

好在，这次洗衣机也同上次热水器一样，维修人员"三下五除二"就调整到位。他交待了一些注意事项，要了 40 元上门费。

想着去买几套春夏装，去阿波罗。慢慢走着。快到阿波罗时，一毛信息到。

一毛：阿姨，广美出了。看到信息，我忙在阿波罗商场，找了一拐角处，倚着柱子，开始跟一毛发信息。

我：真的，我在逛街，待会儿回去查。

一毛：我又挂一个，不过总算知道怎么死的了。

我：估计小傅会一样，她说广美的色彩没有考好。把握文考，一起去江南算了。

一毛：呵呵，小傅应该会有更好的学校的。

我：我和她老爸都希望你们再续同一所学校之缘。

一毛：我也想，这样的朋友太珍贵了！希望不是江南啊！

我：呵呵，她也不想去江南。

一毛：那希望央美有戏。

我：一起期待吧。

一毛：嗯嗯。

与一毛通讯同时，我也将情况向远在印度的嘉爸报备，因为在逛街，我发信息告诉了他嘉广美的考生号，让他查询。嘉爸查询后，告诉我，嘉压线通过。但我们都很担忧，不知道压线算不算过。

我：她爸查了，235 分，恰合格线，没戏。

一毛：嗯，那也不错了，她现在是知道的第一个过线的。你问一下吧，好像有戏。问谢爹，广美很少会出最终录取线。

我：哦，我今天去问谢老师。

带着一丝茫然，边发信息，边开始绕着阿波罗瞎转。不想空手折返，在某休闲柜台，随性买了一条牛仔裤和一件棉衬衣。又到一楼，买了一双鞋。

期间，我又手机上网，查询到了嘉广美的成绩。素描：85 分；速写：85 分；色彩：65 分。果然是色彩拉后腿，总这样。

回家路上，接到一毛信息。

一毛：有戏哦！呵呵。

到陶玻家，进黄红蓝 QQ 群，给谢老师发出讯息。

我：谢老师在吗？我是嘉的妈妈，有事请教。

谢老师：在。她刚过线。我：是的，算合格么？

谢老师：算。我：那文考一般多少才有戏？

谢老师：2012 年我校在广东省外招生，美术学专业入围分数线为 200 分，其余各单考专业入围分数线为 235 分。绘画专业方向考试成绩在 215 分以上的考生，其他单考专业成绩在 235（含 235）分以上的考生，我校将于近日发出专业成绩入围通知单。请考生按入围通知单上的要求，在规定的时间内登录我校志愿填报系统，填报专业方向志愿，以便录取。

谢老师：她这个按专业排名录起的，文化可能要很高，问问招生办。

我：好的，谢谢。

这时，群里一徐姓同学写道：我一同学去年过鲁美零点几分，文化 527，上了，鲁美文化只占百分之二十。嘉肯定没问题。我：谢谢小徐同学

徐某：不谢。

谢老师：广美死一片啊，好在湖美、江南考试还好。今年比较难。整个湖南省是这样情况啊，别的画室都是报喜不报忧。我们班算考得好的。

将在 QQ 群中聊天的情况发出信息给嘉爸。

我：问了谢老师，他说算合格，但文考很高，让我们去比较。

嘉爸：没有问题，我查过广美 11 年招生的情况，500 以上就 OK.

我：是的，刚在 QQ 群中，有同学也讲嘉没有问题。

嘉爸：按别人 250 分计算，文化超过 75 分就扯平了，很容易。

我：呵呵，说得轻巧。

傍晚时分，一个人闲游在大街上。

嘉爸：两小时前，我发了祝贺给她，她刚回信息问成绩排名，有点急的样子，我给她讲了文化分的优势，能过 500 分就没有问题。

我：平日跟她聊天，她好像特别中意广美，对央美都没怎么上心。

嘉爸：幸亏上了线，晚上看看她表情。我：哼哼。

嘉下晚自习很晚，超过九点半。鉴于她已知广美分数，楼下看见她，就开始讲今天广美看分的全部经过。还不错，嘉肯耐心听我讲。

家中，我让她看央美设计班 QQ 群聊天的记录，她居然主动与陈班长聊天，说什么实力不济，要努力搞文化，嘉的情绪比较高涨。

我（发信息给嘉爸）：基于你的分析与她对自己的认知，显得比较阳光，有话可讲。

嘉爸：还好，她们班考的如何？

我：总共考上了 8 个，谢爸都抓狂了。

**嘉爸：去年考了 30 多，广美录取原则：按综合分高低录取。**

嘉有点兴奋，问嘉报不报听写，嘉说不报。我说，那我洗完衣服就去睡觉，你自便。嘉说："你要洗衣服啊，那就报吧。"

我们面对面，做着每晚基本都做的事——听写语文字词。只是，这一次，我俩边听写边聊天。嘉听写中，偶尔会冒出一句什么诗来：冷漠、凄清、惆怅。

我望向她问："嗯，同学，哪来的这么文艺？"

嘉："这是我们课本的中一句诗，以前背过的，《雨巷》。"我："谁写的？"

嘉："你查查。"我打开笔记本，上网查《雨巷》——戴望舒。

我与嘉，应该算是那种保持着求甚解习惯的人，听写时，遇到我和她都不认识的字词，我都会用手机上网求证，她乐意我这么做，并让我在书上将拼音和意思注上。就《雨巷》，我俩做了简要的探讨。

听写完，衣服仍在清洗中。嘉兴致不减，说起画画的故事。她说央美老师评考卷的情形，就像顾客在市场里挑大白菜，同学的画就像大白菜，老师就像顾客。老师绕着画先转一圈：哎，这大白菜这么差，还要这么多钱，算了，三毛吧；下一颗再看：哎，不行，也三毛吧，就这样，70%的考生都当作三毛钱对待。另外的百分之三十，再评定为五毛、六毛、八毛、一元之类的。

我特别不理解评画的标准，不厌其烦地问嘉如何评好坏，嘉跟我讲过若干次，她说评画其实不像文考那样有标准，但放一张好卷子放在一堆差卷中，一定评得出。她又以文考中"文化的作用"为例，详解一步步给分的过程；以专业考人像为例，讲述如何看画，以及老师评分的原则。

隔行如隔山啦，我处于"云山雾罩"中。嘉讲起油画与水粉的技法，油画强调触质感，水粉以神写意。油画经西方兴起，重空间、体积和亮感。

我插话，你为什么总在水粉画上"哐瓢，嘉说那不是哐瓢，是技术不够。她说，我能看得出画的优劣，但下手时不一定能把握好。就水粉而言，三遍成画，切忌涂涂改改。每后一遍颜色上去前，第一遍的颜色应自然干，这样颜色不易渗透，否则，导致失真。

睡前，嘉："明天休息，无'毒'一身轻啊。"我："不是只有半天么，这也值得庆贺。”嘉：“那当然，可以睡个懒觉啊。”

第三十一天（4 月 4 日周三，清明节）

嘉昨晚说要 8 点起床。可已经 9 点了，她还在睡。且让她睡一会儿吧。

我自行吃过早餐，近 10 点，叫嘉起床。

简单弄了一个大白菜炒火腿蛋，作为嘉的早餐。使不锈钢锅做菜，是从美食节目中借鉴的。嘉看见，很诧异：“老妈，你怎么用煮锅炒菜。”

我很得意地说：“瞧，同学，你 Out 了吧，外国名厨都是这么做的。”

做了一个月的早餐，我对火候、油盐酱的掌握日臻成熟。一般来说，我不太放盐，淋点高级酱油即可。让嘉评价我的手艺，她面带笑容点头了。只是她问了一句：“老妈，这白菜你洗了没有呀。”

“崽唉，什么话，能不洗么？”我接着说道：“哎，你要问我饭店的菜洗不洗，我告诉你不洗，问我洗不洗，怎么能不洗呢？你知道，我们吃的青菜，白菜、西兰花、小黄瓜、西红柿、生菜、包菜，都是隆平蔬菜。不洗，也能吃得呀。”

嘉说：“那是，你花钱买一份，别人家都可以在菜场买一堆。”

我说：“话是这么说，我要弄一堆来，不也是浪费啊。吃一点，买一点，反正我有的是时间。”

早餐后，嘉和我进入个人空间。按早两天制订的计划中午去乐和城魔薯厨房吃薯条。出发时老天已在“落泪”，带上伞在楼下等公交。时间超长，每多等一分钟，我都会担心嘉的情绪起波澜，不时观察她，一切安好。十几分钟后，112 路来了。在魔薯厨房：嘉选了一份酸忌廉培根，我要了一杯拿铁。在川味香锅店，已点了 59 元香锅。嘉觉得少了什么，在魔薯厨房又买了杯蓝莓果醋。

看魔薯厨房售货员做蓝莓果醋的过程，就对这款饮料起抵触。将其拿到嘉跟前，对她说只需试试味儿就行，喝就没必要了。这饮料与外面奶茶店一样，勾兑的。嘉非常明白我话的意思，果真只是尝了尝，没再碰它。

关于那份酸忌廉培根，尽管嘉对这家店子的薯条期待了很久，但是薯条就是薯条，只不过上面的芝士味不同罢了。嘉认为酸忌廉培根，冲着名字买的，太淡，试吃后毫无冲动将其全“消灭”。

我：“同学，你太刁，不像我，大餐亦我所欲，市井小吃亦我所欲。”

嘉：“我也一样，天天都吃在一中门口，我也很习惯的。”那也是，这点上，我的宝贝，确实让我省心。就餐在温和的气氛中度过，不像上周，为吃饭闹不快。餐后以为回家，嘉却说：“老妈，去买泡芙怎样?”

当然好。带着嘉出乐和城往左拐。嘉：“老妈，不是在地下一楼吗?”

我说什么啊，你记错了吧，这是乐和城，泡芙在平和堂地下一层呢。你真的不记事唉。嘉：“我以为是一个地方呢。”

我：“你不觉得这两家商场的气场很不一样吗?”嘉：“有点。”

往平和堂去，老天使坏，小雨变大雨。只有一把伞，要前行，定会湿身。我说街边等等，待雨小了再去。嘉说，那就不去了吧，反正吃得很饱。两人折返。

开家门，听见雨敲打雨棚声。嘉：“这声音确实很大，老妈，你在雨棚上垫块毛巾，这样，声音不就没有这么大吗?”

我：“我也想过，但放弃了。万一没有垫好，毛巾掉到别人家不好，再说，我观察，楼下好像根本没住人。”

嘉下午两点才上课，餐后时间，我只想睡觉，可一定忍到嘉出门，才能安心上床。时间只能在游戏中缓慢地过，我的上下眼皮直“掐架”。5 分钟、10 分钟、一刻钟、半小时，怎么这么慢。终于到一点半，想着嘉要去学校，我即刻与床“亲密接触”，好高兴。嘉突然喊：“老妈。”

我：“嗯，干吗?”嘉：“等下喊我啊”。我：“几点?”

嘉：“四十五吧。”我：“好。还有一刻钟。”

嘉去学校，我马上上床，舒服地躺下，睡着了。

“老妈，你每天这么写，是为了你老的时候，有回忆的记录吗?”冷不丁，嘉抛出问题。“我老了，眼昏花，哪里还会去看啰。”我回答。

“那你写这些干嘛啊。”嘉继续。

“这是现实的寄托，我有点激动地说，我每天的记录，是为了让自己有事儿可做，否则我干什么呢？我接道，根本不用等到老的时候去看，我只要随意看看一周前、一月前的记录，发现我怎么经历了那么多，就觉得有一种拥有的满足。这大概是我持续记录的原因吧。”嘉说：“不理解。”

“当然，你忙于文考复习，为着‘中国式高考’而努力，自是体会不到我码字的无奈。当人未来的路变成一马平川，可以看到头的时候，自然就懂了。”

上午。嘉爸从印度发来短信：今天到泰姬陵去，来回七八个小时，本不想去，后一想，有机会还是去。下次还不知道什么时候有机会和心情去。

接到信息时，我正举着北岛的《午夜之门》，对着嘉高声朗读：

“出门略有凉意，明月升起来，满地清辉。远处是灯火通明的耶路撒冷。这三大宗教的圣城，历史上招来多少灾难，都是以神的名义。宗教作为一种想象活动，恐怕源于对死亡和未知世界的恐惧。与诗歌不同，那是源于集体的想象，势必与权力发生关系，从而被权威化、制度化，甚至军事化，一旦和另一种集体想象遭遇，非闹得兵戎想见血流成河不可。在中国历史上几乎从不为宗教打仗，大概因佛教道教重个人体验，‘道不同不相为谋’，不行干脆就‘立地成佛’。想象需要空间，这空间在中东特别是在圣城极有限……”

放下书，拿起手机，给嘉念出她老爸发来的这段信息。

沉思片刻，对嘉说：“哎，我回复多拍几张泰姬陵照片，如何？”

嘉：“呃，我以为你会回复什么有深度的话呢，这太像典型中国人的回答啊，什么带点纪念品啊、拍点照片啊。”

我：“你不觉得我的回复中带着‘意味深长’吗？哎……”

雨，止住我外出的脚步，下午和晚上，与床为伍。一阵瞌睡，一阵北岛，倦身恋床。傍晚，雨点敲打着陶玻家雨棚发出的清脆滴答声，将我彻底清醒。

拿手机看时间。嘉爸有信息，两幅泰姬陵照片。文字：印度泰姬陵，世界文化遗产。

我：被雨困在家，恋床。好美的图片，好像没什么游客。

嘉爸：在回新德里的路上，晚上 1 点南航飞机，晨 6 点多到广州。

我：满世界飞是一天，一张床也是一天。

嘉爸：是的，上帝给每个人长短一样，但印度人完全过着不一样的生活。

我：笃信宗教的国度，每个人都为着来世，虔诚平和接受现世的一切。

第三十二天（4 月 5 日周四）

连休三天，上班即周四。

坐在大巴上，看见手里的黑色斜挎包，才想起，自己可能没有带田心家的钥匙。一翻果真，它留在了陶玻家的双肩包里。

如何，还能如何，只能下车后径直上班。今天早，9 点就到办公室。

画册策划王同事将图片汇总，辅以精练文字，雏形初具，进入编校阶段。

马车随车资料，司机操作手册的英文电子版，项目的小马把它们送至档案馆，英文及马文各 38 套。（后根据马来西亚客户传真，确认为 40 套。）

嘉爸从印度回。曹家巷午餐。几天无人的家中，显得清冷，透过光线，地面铺上了细密的灰尘。家，一定要有人住，才会是真正意义上的家。

第三十三天（4 月 6 日周五）

做早餐时，发现厨房的下水道堵了。怎么搞的，租房三天两头出问题。我尝试着用一根细铁丝去疏通，没效果。在我关注下水道时，放于灶上准备做菜的不锈钢锅被燃气烧得通红，出现了裂纹。赶紧拿下，废了。

傻眼。这时，嘉已做完起床后的准备工作，等待早餐。放弃疏通下水道，又换一另小锅炒好年糕。总算没误事。嘉说："这周过得好快。"

"是啊，才上两天班，就到周末。"我接话道。

从长沙回来的大巴上，关于时间这个概念，一直萦绕在我的大脑。

时间真是个奇怪的东西。从当下看，时间忽快忽慢；回望过去，时间驹隙；远眺未来，又觉遥遥无期。说时间是个矛盾体，丝毫不夸张。

嘉爸在田心立交接我。我给他带了一瓶酸奶和一个同志送的咸鸭蛋。这种情况下，嘉爸一定是没有吃早餐的。

长沙，下大巴后，轻松地走在路上。在八一路上，快到军分区时，想起拿手机看看，收到两个信息，一毛和一毛爸。两人同时发信：央美和清美出分了。

每次出分，都是一毛告诉我，此刻一毛爸也主动信息，我想一毛可能过了。信息问一毛，果然，一毛说，她考了建筑系的第 106 名，过线。

路上，我无法查询，想导出手中嘉曾经发给我的央、清准考证，发现全都打不开。发信息给嘉爸，让他回家查。

边往家走，边开始慌神。到家打开笔记本，查询。这两个学校查询成绩的方式与其他学校不同，需进入报名系统进行查询。正好我随身带有记录登录方式的小本。找到用户名和密码，立刻登录。

清美：艺术设计：速写 187.5，素描 187.5，色彩 150，总分 525 分。是否入围：否。

央美：艺术设计：创意设计 75，色彩 70，素描 50，速写 50，总分 245，排名 2745 名。不合格。

说不清的心情。这是正常情况，我和嘉都要面对。将成绩全部告诉了嘉爸，他让我做好充分的思想准备，迎接“暴风骤雨”。告诉自己不要慌神，嘉晚上回来，全盘托出，一次打击到位。晚 9 点刚过，出奇的早，接到嘉的电话。

她先平静地告诉我，清美出成绩了。我说知道，没通过。电话那头的声音即刻变化：“我就知道是这个结果”。随即电话挂断。

我赶紧下楼，去接嘉。眼望着嘉从清水塘路穿过马路走来。准备上去挽她，她一把推开。边走边吼，这叫怎么回事吗？

我没话找话：“同学，这是正常的。”

“什么啊，我不想考了。”嘉神态渐变着说。

我：“没事啰，崽唉。”

嘉：“不读了，不考了。”

说着，我熟悉的一幕出现，考北邮时找不到考场的一幕。嘉高扬拿手机的手，重重地将手机砸向地面。

真摔啊，同学。

我都不敢看路人的眼光，只是将手机捡起来，陪着她，继续走向家中。

上楼时，嘉落在我后面，我走一步停一步，望她跟上。

嘉一路边上楼，一边咆哮："……难道非逼我复读不可……"连续说了一段，让她愤愤不平的话，话中透露，她说等待了两个月，见识了一种结局。

非常理解，只有一直相伴于她参加校考的我，才能理解。上到四楼，情绪失控，嘉开始大哭。哭吧，哭吧，反正要发泄。

回到家，她将自己关在卧房，嚎啕大哭。我只能等待。

等待的时间，出人意料的短。很快，嘉出来，带着气，开始自行洗澡。

洗完澡，她平静坦然地开始晚间正常作息。令我咂舌。果真就平复了吗？我边洗衣边思忖。不知道她为何有这么大的定力。居然能安心学习，佩服。

我只想对她说：你真是好样儿的。广美很好啦，江南也很好。为何非得是北京？总居于高位，是好事吗？我有酸葡萄心理。

在田心家中的嘉爸，看不到现场，也能体会我的感受。他只能将要说的话借助信息传递：哭还好，出出气，傅家人是这样的；

我小时候也干过这样的事啊；

那不是手机报销了，我能发信息给她吗?；

其实，她是被比哭的，她要是有些上有些不上，她就不哭了。这是挫折教育的时候；

我们现在痛苦陪着，到填志愿时反而简单了；

她要是考上线或多个 5 分，我们都不知道怎么办，缘分吧，这些学校本科与她无缘；

哭完了？

接下来，嘉爸给嘉发了信息：嘉，知道你心情不好，今天就不多说了。但记住，今年你的专业已经在正常范围内。傅家的人一定要抗得住一些挫折，想不通哭一场、睡一觉，明天的天还是蓝的。

人生就像戏剧，一幕接着一幕。

第三十四天（4 月 7 日周六）

早起无话，将早餐做好。嘉不可能有胃口，多少吃了一点。喝完了牛奶。

待她离家上学。我倍感疲惫。对激烈竞争的高三充满了恐惧。老实说，嘉自己都承认在画画中，自己技不如人，应该坦然接受任何一场考试的结果。

问题是，她本就做的是一件喜欢的事，而这件事，却必须拎到中国式高考中浪淘沙，令事件者本人，被强行罩上体制的阴影。无论是天才还是蠢才，上大学、工作后才能看出致力于从事本行的程度，而不是现在。

嘉选择在中国式高考来淘一淘，本身就是勇气。

没有心思做任何事，唯有睡觉。复睡，没多久。嘉爸信息至。

**嘉爸：北邮意料之中的没过，素描 115，色彩 145，速写 63，总分 324 分，合格线 358 分。还有一门未知成绩的川美，已没有任何意义。对于校考，只有合格与不合格两类，合格面临选择，不合格也面临选择。已到手的两张合格证，高考完后，由她选吧。**

连回复的力气都没有。迷迷糊糊睡，再醒。世界依旧平静。无一丝变化。营盘路上，车来车往；展览馆内，音乐照旧；楼下有狗，持续犬吠。

我的心情，纠缠不清。嘉爸说我紧张，比嘉还紧张，那是真的。我既要装出无所谓的样子，又要不断在内心中挖出自以为愤愤的根源，折腾一遍，心绞一轮。让自己起身，离开那浮想联翩的床，用记录去遗忘。就这么想着，挣扎很久。

害怕自己远离昨日一切，跳身起床。因为，人在离开那种情境后，很难再写下当时的心情。不到一点，钟点工小萍敲门。我似乎抓到了一根救命的稻草。终于有人面对面和我讲话。

小萍很健谈。从我们俩的年龄谈起，经过比较，她发现比我还小几个月，就不停地说我命好，不愁吃穿，工作又好。她说我能跑通勤，就证明我工作轻松。她说我显得很精神，比她阳光。

谈到这，我接话，我说，其实我很多虑，尤其是对待小孩方面。她连声附和，说她也一样，跟我举了很多她与她儿子之间例子。

她告诉我，旁边展览馆在办服装展销会，让我去看。我想这是个机会，正好去散散心。留小萍在家，转到展览馆。长沙“春之韵”春季时装展销，名字起得很文艺，可展览馆内，整个就是洗货场，全是跛罗货（四川方言指不好的东西），地上狼藉一片，哪有什么时装。看的、买的，全是中老年人。

傍晚闲逛。遇到了一毛父母，他们订了宾馆，住一晚，明天陪一毛体检。

实在无聊，发信息给嘉爸，问他在干嘛。他说正陪同吃饭。我俩有一搭没一搭地信息聊着。他又将今日发给嘉的信息转发给我：记得联考后你当时很不爽吗？现在回头看联考已经是一种记忆。时间会证明什么有用的，什么没用的。校考对你来说得到了什么？就是迅速培养适应复杂心态的能力，以及不用担心报志愿怎么办的局面。文考最后两月当成一种品味高三生活的时光。再过一段时间，就像现在看联考，某个学校校考有没有考上实在不算什么。

嘉爸：广美和江南都是一流的学校。还有两校考不考得上已不影响大局，后面也不用再分心，当成谈资。你出生后，爸妈关注你每一个进步，更关心你身体心理健康。你老妈那样关注地陪着你，你心态好，她的心才会放下。

最后，嘉爸又发我短信：她快回家了，看看表情。

9:20 多，嘉来电。下楼接她。楼下水果摊前，看见嘉，挽上她，没有被排斥，暗喜，挺过去了。并肩走了几步，嘉开口："老妈，告诉你一个不幸的消息。"我先一愣，即明了，说："是不是明天体检的事啰，提前了？"

借着路边灯光，我似乎看见嘉的笑脸，嘉说："你怎么知道？"

其实，在我遇见一毛父母的时候，他们已告诉我明早体检时间，比嘉先前告诉我的 7:30 提前 1 个小时。我故作得意、轻松地说："那还能有什么事？"

嘉说："6:20 就要集合。"

"没有问题，我已经从家到中心医院走过好几回了，正常速度 20 分钟，"我又说，"你确保明早 6 点起床，6:10 带上早餐出发，6:30 我们可赶到。如果有公交，坐 111 两站下，走几步就到了。"

嘉："哎，又要早起。"我说："没有关系啦，正常现象。我跟你买了泡芙。正好可带上吃。"嘉说："第二天能吃不？"

"能吃，我问了售货员，她说放一天没问题的。"其实没问，我自己想着放一天没有问题，我："哦，还有，我也要告诉你一个不幸的消息。"嘉："什么？"我："泡芙不是抹茶味的，商场售货员说，抹茶原料断供，需从总部调，还要几天。”嘉：“呃，抹茶是什么做的？”

我：“我哪里知道，反正不会是真正的茶，磨出来的吧。”

嘉：“当然不是，这你也想得出。”我：“呵呵。”

到家，嘉平静开始做自己的事，我赶紧发信息告诉嘉爸嘉的情绪。

第三十五天（4 月 8 日周日）

睡得很沉。直到闹铃响起。翻身起床，将昨天买的玉米棒和两颗土鸡蛋放入锅中煮，将酸奶和泡芙放入嘉书包。6 点整，叫嘉起床。

不错，一切正点，6:10，嘉带上书包，随我出门。

营盘路上，已有很多穿一中校服的学生在马路两旁打的。111 路 6:30 才发出头班车，无可依靠。我对嘉说，我们不等，走路过去。嘉告诉我，她和宸同学在周五体育课时，有走到中心医院的经历。

不时有学生跟嘉打招呼，我唤他们一同走，他们宁愿等的士。不偏不倚在 6:30，到长沙市中心医院分院。门口满是的士和送体检的私家车。

分开前，嘉遇班上同学，我目送她俩走进分院，一人慢慢回家。

早 8 点多，嘉爸来信：昨晚嘉回了我一个字。我问她手机还在用吗？她说“用”。我笑笑，回复：哦。嘉爸：她开始和你说话了？

我：也许早上起得太早，没怎么说。6:30 陪她赶到医院就回了。

随后，嘉爸大人，对嘉的校考作了详尽的分析，真上心。

我：这些分析可别发给嘉，以免分心。嘉爸：知道，再提不是揭伤？

9:40，接到嘉信息。

嘉：搞定了。我：要接么？嘉：不用，要上课。我：好的，记得书包右袋中有土鸡蛋。嘉：吃了一个。我：好的，那玉米棒可是好东西，水水的，超营养哦。

校考公布分数这一关，算过去了吗？

人随心情而动。心情的好坏，影响记录的效率。心情好时，写得多，写得顺，写的正；心情不爽时，不想动，除了睡，别无他法，即便写起来，断断续续，写写删删，眼睛空洞，盯着电脑，一头雾水，不晓得自己在干什么。

为博嘉开心，上街购泡芙是借口，真实目的是打发时光。

穿芙蓉路，上蔡锷路，经中山路，绕过乐和城，到商场买到嘉喜欢的那一款泡芙。看似漫长的道路，走通它，对我而言是一种解脱，也是幸福。

昨晚，就这么走着，来到中山路。某处，有人扎堆，好多学生。好奇地走上去。在门口一张双人木课桌旁，坐着两个人，一位俊男，一位靓女。桌上有一堆“花花绿绿的”资料。走上前拿了一张，2012 英国新潮戏剧展——来自爱丁堡艺术节，英国 1927 剧团多媒体剧《上街的动物和孩子们》。红色剧院：2012 年 4 月 7 至 8 日，20:00。很诧异，不起眼的地方，有这样的演出。

看时间，19:10，如果看，来得及。问两位推销人员，该剧演出时间，靓女说：20 点到 21:30，一个半小时。21:30，惯常接嘉的时间。事先没跟她招呼，我往回赶还需要时间，万一没有公交，岂不坏事。放弃。

今晨 6 点，我与嘉去长沙市中心医院分院体检。体检完成，嘉说继续上课。中午准备去乐和城寻访电影。意外接嘉来电。我问她吃了没，她说没有，我说你回家吃不？她居然同意。弄了一份青豆煮年糕，炒了一份芽白，放了两粒雨润粒粒肠。她美美地吃着。请她作评，嘉说：“哎哟，这让我怎么说啰，还可以吧。只是，你弄的这些东西，我总觉得有吃不饱的感觉。”我说：“你都没有吃完，怎会不饱？这是习惯问题。平日你吃煲仔，饭多于菜，现在，你是菜多于饭，里面的年糕太少，让你总得没吃一样。”

趁机跟嘉讲起，红色剧院上演英国 1927 剧社《上街的动物和孩子们》。说：“哎，如果你不上课，我们就一起去看。”嘉：“老妈，你肯定看不懂的。”我：“没关系，好像从小到大就没有看过外国剧团的现场演出，想开开眼。”

“我们一起在湖南大剧院听过理查德·克莱德曼的钢琴演奏会，在田心听过几次湖南省交响乐团的新年音乐会，除此，再没有任何形式上的剧场经历。”我又说，“同学，你说我去不去呢？如果看，要到晚上 21:30，再回家起码到 22:00 点，你怎么办？你的手机又坏了，只能发信息，不能接听电话。”

嘉：“我留在学校多待一会儿。莫纠结啰，你去就是了。”

我：“那好，等会我就去买票，晚上，你在学校待着，到时候，我们信息联系。哦，对了，同学，你说我买那一种票呢？是 VIP，还是最唆的？”

“好多钱？”嘉问。“VIP280 元，中间 180 元，普通 100 元。”我说。

“你肯定会买 280 元的。”嘉说。笑笑，心想，买的时候再看吧。

谈到这，电话至。嘉爸的。他说下午过来一趟。哎呀，我说，正好，你来我就安心了，我要去看戏剧，刚跟嘉商量着怎么办的事。

聊完，嘉去学校，我于是去中山路，买了一张 180 元的票。

事情往往不会按预计的进行。陶玻家，因嘉的手机坏了，嘉爸带了一台新手机替换，他将他的 SIM 卡拿出来试新机，再放回去时，他的手机显示，无卡，试了多次无果，他的 SIM 卡，也受损了。致电客户经理，经理说只能在株洲换卡。思量后，他决定回株洲换卡。

哎，本就没有寄希望于他，倒还被他给折腾。思路重新置回最初的方案。

为让嘉得到第一手信息，我到一中高三五班教室找嘉。她补习去了。等了半个小时，没有等到嘉，却等到嘉爸信息，说他又从株洲起程，再次赶往长沙，估计 19 点左右到陶玻。已知嘉爸第二天要出差，让他不要再来长沙，他为了让我安心看戏，仍决定赶来。等我看完戏，嘉下晚自习，他再连夜回田心。一来一回，两下，自己家的事都可这么往复，世界的事呢？

说回戏剧。这是我第一次看戏剧，非常难得，况且还是外国剧团演出。《上街的动物和孩子们》，观名，以为儿童剧，前来观剧的多是家长和孩子。观剧完毕，我认定，这并非一部儿童剧，而是写给成人的黑色童话。

一周小结：惊心动魄的一周。周二广美出成绩，周五央美、清美出成绩，人生的命运在这一周起起落落，不知道今后的岁月会是从此开始，还是另有他路，一切仍处于发展中，无可定论。

40 过半，希望过平淡的日子。不愿再心惊肉跳。

周五被嘉摔的手机，周六能正常使用，我称之为奇迹，想给手机命名为“机坚强”。好景不长，周六晚，手机既丧失通话功能，换手机成为必须。

第六周：第三十六天（4 月 9 日周一）

午餐后，为嘉整手机。被摔的手机 iphone3，寿终正寝。粉墨登场的

iphone4 在家休养生息了半年，也没有人触碰它，这下，施展的舞台来了。静养的 iphone4，我早觊觎过，曾用 SIM 卡试过，可惜，苹果公司将手机卡槽设计变小，原卡无法插入。怕麻烦，加之我手机能用，放弃。

联通大厅，拿出好坏手机，说要剪卡，前台只说了声，剪卡后不可复原。

剪卡器很简单，像一台订书机，将老卡插入，手下压，“咔嚓”一声，搞定。

拿出的卡，很毛糙，交给前台让她插装。她费力装入后，告诉我，手机没有激活，到楼上 VIP 室，找专业人士。将我引到一帅哥前，我将东西交帅哥，他开始从电脑中帮我激活，并准备将原手机的资料导到新机。

他打开老机，问我开机密码。我迷惑，什么密码？我说不知。帅哥有些气恼，没密码你让我搞什么？我有点懵，知道是我的问题。赶紧掏出手机，打向嘉的同学。早上坐快巴时，嘉通过同学的手机给我发来信息：手机里面有照片要转出来。我当时的回答是再看吧。翻信息找到同学号码。

正值中午，应该没上课，嘉的同学接了电话。我心安了一半。我说：“同学，你好，快帮我找＊＊＊”同学很快帮我找到嘉，我问到了开机密码。

告诉帅哥密码，帅哥侧眼翻我一下，低头开始帮我导资料。嘉手机中的图片居然有 1400 张，花了些工夫上传至 iTunes，再由 iTunes 同步新机。

转的过程，嘉又用同学手机发来信息：还有记事本，我念出来，帅哥听到，说不一定，他尽量弄。当帅哥将全部东西交还我时，说：“还好，全部导出了，连屏显都是原来的。”很感激，连声说谢谢。

离开，到苹果专卖店，将手机前后贴膜，配上一粉红卡通小兔机套。OK!

回到办公室，想着一系列过程，忍不住发笑。一边试嘉的手机，一边用我和她的手机，对发信息。我用我的手机对嘉新手机发出：同学，中午时分，你老妈我以迅雷不及掩耳之势，不计成本高效完成新旧手机导出导入工作。为你，超敬业唉。

我用嘉的新手机回复我自己：好啰，谢谢你啊，辛苦了，爱你啰。

我又用我的手机对嘉的新手机发出：呵呵，应该的嘛。

晚自习后，嘉用同学的手机向我发出接她指令。楼下，我接到她，掏出新手机交她，并对她约法三章：今后不许摔手机；遇事可以生气，但不能失去理智；18 岁以后，我不会再帮你做这种牵涉私密性的活儿。

她听后，笑笑，无言。我告诉她，在她手机中留下自导自发的信息，我发出，我回复。她打开，爆笑说："老妈，你真的好搞哦。我拍下来作纪念。"

说着，她用手机将那页信息拍了下来。我很好奇，怎么能自己手机拍自己手机的信息，她教了我一招。

嘉的心情特别好，让她比较 iphone3 与 iphone4 的外观设计，她讲不好说；让她评价小兔手机外套。她说好搞笑。我说："你应该说可爱的。"她说："我年轻 10 岁，才会这么说。"

接着，她跟我聊到英语老师的年龄、英语老师的儿子、政治老师课堂上的风格，等等。校考的阴影似乎再无笼罩。

第三十七天（4 月 10 日周二）

营盘路这一日全面禁左。清水塘路口红绿灯撤除，行人一律经由地下通道往来。东西向车流行驶虽缓，但很畅通。至此，营盘路和芙蓉路交汇处，禁左全面实施。夜间，我不会再听到剧烈的刹车声和喇叭声。

只是今日，公交从营盘路拐向迎宾路，大堵。不足 500 米的路途，公交花了半个小时通过。好在八一路没堵，五一路没堵，快巴也顺利。

嘉爸凌晨 1:30 给我发来信息：**我已回家，早上到立交前打电话给我，来接你。**快巴到云龙收费站时，打电话给嘉爸。听得出，他还没醒。遇女儿高考，他依旧工作在前，叫人如何作想？这"无节律"的日子，他还要过多久？

晚上 7 点多到营盘路，营盘路东向西持续拥堵，到嘉下晚自习的时候，都没有缓解。嘉问我，禁左了，应该通行速度加快，怎会更慢了呢？

嘉一直让我去买 2012 年第五期《读者》增刊，那里面了汇集了许多人尽皆知的小故事，只要切题，均可当作文素材。我很不以为意，认为，高考作文素材哪里都有，考生但凡有心，都会留意。这《读者》汇集的素材，好是好，为什么要考生去领会并运用。嘉是这样，如果她发出指令，对我，就表明这事必须去做，于她，有用无用，另当别论。

杂志无货，上网查，复制、粘贴、打印，总算是间接完成了嘉的任务。

第三十八天（4月11日周三）

早上，太阳某刻闪现，以为天晴，不料，转阴，下大雨。

办公室，隔壁的翻译黄问："这雨天你还去长沙？"问得真奇怪。

我回答道说："女儿是第一位的，雨还能阻碍我陪女儿的脚步？"

一直在找说服自己的理由，终于在《南方周末》一篇周国平的文章中，找到一段话："普卢塔克发了一通聪明的议论，大意是：'我们决不可用贫穷来防止失去财产，用离群索居来防止失去朋友，用不育子嗣来防止失去儿女，总之，决不可因为害怕失去就不去获得有价值的东西；使人不能承受失去的不是爱，而是软弱，因此，只能以理性来对付一切不幸。'"

未走到田心立交快巴站，远远看见快巴驶向我。朝快巴挥手，司机将我捡上车。我又一次纵容了潜规划。天黑沉沉，似又要狂风暴雨。侧面窗外，思考着这雨究竟下还是不下，下了，无伞的我到长沙火车站后该如何回家？

理性思考的结果，如果大雨，脱鞋冒雨走回家，让雨淋个通透。

晚上与嘉聊天，说到快巴上的想法，嘉笑笑，问我："你知道为什么中午时分会下暴雨？"我摇头。嘉自问自答："那是因为早上开始地面的热空气上行，与对流云层相遇形成。"我："哎，同学，你怎么什么都知道啊。我在你这个年龄，除了学习，什么都不懂。学习也是死记硬背，完全不明就里。"

嘉："老妈，为什么要高考，我真的不想参加高考。"

我："我也不太认同高考的选拔，但，已经走到这个份上，不往前走走，其实就是逃兵，我们不在乎结果，权当一个成长的经历吧。就像当初看《万物简史》，你想想，它里所说的，每个人能健康出生，就已经跑赢了大盘，都是一个优秀分子。"

嘉接上我的话，细细将《万物简史》中的描述的内容用自己的语言讲解出来，相当精彩。又聊到两次去看过的北京798展览，嘉讲了很多已被我记忆屏蔽的展品，记忆惊人。附和她的好心情，我大声地跟她念《读者》精选的一些高考作文素材，一面鼓励自己，一面希望对她有所帮助。

第三十九天（4 月 12 日周四）

早上，快巴到达，在亿都国际试刷公共自行车卡，开启骑自行车上班。

办公室里接到广州地铁小丘来电，说他回校办理户口转移，现在田心。我请他一起到曹家巷吃午餐。

小丘毕业后分在广州地铁公司，电工。据他说，每月能拿到 2000 左右工资，伙食补贴每月 500 元，三人住一间宿舍。从去年底开始，他每月寄 1000 元回家。观其言行，感觉他对现在的工作比较知足。此番回田心，除办理户口，还要去长沙理工大学继续他的自考，在校期间，他已通过大部分课程考试，现还剩 5 门。

与丘分开，我回自己家洗衣服。洗衣机转着，我躺在沙发上闭目养神。

信息至。嘉发了一张图片。嘉在早上我放入她书包中的熟土鸡蛋上画了一副笑脸，拍下来，传给我。

站在镜前，端详打量自己。总算还有一副不那么令人厌恶的躯体。除此呢？皱纹、色斑、眼神，全都彰显镜中的这个人已不年轻。

多次行文，提及向老，全基于口服心不服，加之充斥于周遭的外媒，不停地灌输所谓人老心不老的概念，真以为自己是 40 岁的年龄，20 岁的心。

一月余，通勤的日子，往来长沙株洲快巴上，遭遇城市间穿梭的年轻人：他们为考试、为推销、为售后、为相亲，为夯实将来生活，积极准备中。才觉得自己离他们的境遇很远，安定成为我生活的主旋律，已习惯规律性节奏。

一月余，夜夜与嘉相处，尝试理解和宽容，在相互“碰撞”，共同经历中，发现无论我如何努力，我的学习能力、记忆力和驱动力，已望其项背。

一月余，潜伏在 2012 央设班 QQ 群中，第一时间得知各校考成绩的公布，掌握高三艺考生情绪变化，借机偷窥嘉画画班同学的思想、行动。又发现，这帮 90 后艺考生具备承受力、抗压力、疏通力、幽默力，他们可凭一己之力，常态迈入大学。

一批批新人的成长，预示着一批批旧人老去，这是无可抗拒的自然规律。

凡此种种，无不表明，年龄赋予我的，哪怕我不承认的东西已悉数加身，与时间的抗衡中，我与每个人一样，只能是它手下败将，一定时候就得俯首称臣。

天地万物，木替草荣；世人生活，悄然生变；而时间，一成不变，不论其中的人、物如何，它自顾自一秒秒逝去，丝毫不理会大千世界。

只是，我常常要面对内心，鼓励自己，去做让自己开心并充实的事情。每日有闲记录前，虔诚地安抚自己要放下忧思。

尽管如此，遇挫折想放弃，仍会时时出现。我不能停。“在你走过的任何地方，都必须留下不可磨灭的痕迹，不管是什么状态，你必须写下去——要记住，生活永远不会毫无意义。”我对自己说。

傍晚，我又被快巴司机捡上车。晚上，持续下雨，知道嘉无伞，决定去学校接她。校门口，下自习的学生陆续出门，怕错过她。电话联系嘉。她嘴里含糊不清，说她还在教室。

向教室走去。高三五班，好不热闹，讲台上挤满了人，在分蛋糕。看见嘉，她手里的蛋糕已经吃完。

我想在班上多待会，嘉却催促我：“老妈，走啰。”

我没理睬她，朝教室后面的黑板上寻找。教室后面，经常会张贴学校考试的排名，想看看有没有最新的考试成绩公布。好像有。欲仔细看。嘉拉我，扯我回家。我：“哎哟，不急，让我看看。”列表上有排名，找了半天，看到嘉的名字，年级排名在 50 多。暗自高兴。我问嘉这是什么时候的考试，嘉说好久了。正好一同学路过，我问同学那是什么时候的考试，同学说昨天。

路上我问嘉：“同学怎么那么大方，请全班吃蛋糕?”嘉：“哪里，同学们自己凑的钱买的。”我很惊讶：“怎么过生日的人不买，却是同学们买。”嘉：“这正常，你以为跟你们那时一样。”我：“哎，不可思议，什么人出的主意。”嘉：“有人在班上喊，某某过生日，我们凑钱买蛋糕，于是就有人响应，每人出 5 元。过生日的同学，还收到了很多礼物，‘奇形怪状’的。”

我：“你出了?”嘉：“出了。”5 元钱很值。我：“你都吃完了，怎么还有人在分呢?”嘉：“我是第一个拿的，我要回家，分蛋糕的同学，切下第一块就给我了。我准备出门时，下雨了。所以我又返回教室吃完它。”

我趁机问：“那排名是什么？”

嘉：“文综考。”

我：“考得不错啊。”

嘉：“手感好。”

我：“这么靠前，你很棒的。”

嘉：“哎哟，靠感觉，大起大落的，也有手感不好时啊。”

我：“这次好就行。共一把伞，冒雨回陶玻。”

家中，嘉翻看我带的《南方周末》，看一位城管写的《城管来了》。我翻看其他书籍。突然，我看到了什么，大声唤嘉：“哎，同学，我又读到了泰勒斯，昨天我就在周国平的文章中读到他，今天又遇。印证了你那则规律。”

嘉笑笑说：“泰勒斯，你知道他是谁吗？我们历史老师说他是哲学之父。他是最早提出‘水是万物之源’。”继而，聊到唯物主义。嘉跟我讲唯物主义的三个阶段，从苏格拉底朴素唯物主义一直讲到马克思主义辩证和历史唯物观。

现在孩子，懂得多，理解透。

第四十天（4 月 13 日周五）

快巴到田心立交，居然有人在桥下拦车。我坐在第一排，不经意听见司机说，这挡车的主不是回株洲，而是去长沙，挡车方向错误。司机没有理会他，径直将车开向立交停靠点。

我下车，瞧见那挡车的小伙迎面向我跑来。因为是听进了司机的话，当与他擦身时，我主动问他是不是去长沙？他说是。我对他说去长沙的车停靠在对面，过人行天桥有个站，去那儿等。他很感激地谢我。

亿都国际取自行车，骑向公司。贾总来上课，我，洗耳恭听。

下午，看错了时间，将 15:50 当作 16:50，匆匆离开，乘上大巴，才发现，嗯，时间还不到 17 点。太早到长沙，迎来的非无聊莫属。

第四十一天（4 月 14 日周六）

雨，淅淅沥沥。做完早餐，叫醒嘉。餐毕，嘉上学，我又回到上床。

突然惊醒，以为错过时间，致嘉迟到。跳下床，才定神，哦，做梦了。

重回被窝，定睛窗外。凌晨时分的一位远方同学的电话，回荡在脑海。

凌晨，已进入梦乡好一阵子的我，被手机铃声唤醒，看号码不识欲罢接。可铃响持续，怕吵醒嘉，按下通话键。对方低沉地喂了一声，立醒大半。嗯，怎么是他？对方说晚间喝多了，因而这么晚打电话。聊了一阵，感觉正常。话题无非回忆。想及此用手机在 QQ 空间写下：

听雨，复睡，白日梦；扣心，单念（恋），旧曾谙。

10 点多，嘉爸来电，说老大 50，晚上宴请兄弟及夫人。我说，你全权代表吧。晚上，我如果来回折腾，怕误事。

手机空间，读“不立文字”的《逻辑》，评论：远处的政治角力，身边的人事异动，似相关无奈何，慰藉内心是唯一可能的行为准则。

下午去看电影。坐上公交，翁老师来电，首先问是否打扰到我。告诉他没有，我在公交上，准备去看电影。翁老师说：“《泰坦尼克号》?”我说：“随缘。”翁老师得知嘉校考的情况，问及她的情绪。我说：“还不错，心态调整很好，迅速回归现实，将心安于文化课。”翁老师说那就好。感激翁老师的问询电话。

乐和城，结缘的是 3D《泰坦尼克》。早已不记得十几年前电影的具体情节，这次看片虽是重温，完全是全新的呈现，曾经的电影情节丝毫不过时，人物对白经典犀利，爱情永恒。

曾经喜欢女主角胜过喜欢男主角，特别倾心凯特·温斯莱特主演的《革命之路》和《朗读者》。原来觉得男主角过于稚嫩，再看莱昂纳多·迪卡普里奥的演绎却无比打动我，3 个多小时经典重现，再次被爱情孕育的永不放弃的人性光辉打动。

嘉晚自习归。将一天的经历，逐一翻出。滔滔不绝地跟嘉倒豆子，力求绘声绘色，讲到她发笑。提及《泰坦尼克》，讲到赌博赢船票，嘉立马接上：“男主角说‘赢得船票，是我一生最幸运的事’”，我说：“是的，是的，你怎么知道?”“网上都有嘛。”嘉说。

论及在凤凰网读书会，冯峰《时间的残渣》，大声朗读出书中一些我认同的桥断。尤其是引用了阿兰·罗伯格里耶在《重现的镜子》中的一句话："我从来只谈自己，不及其他。"重复多次，深以为然。

"提提"同学工作即将"荣"调，今日又遇为他嘉爸庆生，"提提"因酒？因兴奋？莫名在我的一则关于《泰坦尼克号》的说说后，以不相干的文字，回复：晚餐没有见到你，心理缺乏支柱。于是乎，我几乎醉了。

"提提"说醉，笑话。赶紧回复：哎哟，得了吧，这么正常的文字，醉？

"提提"：几乎，可以吧？5 桌，10 瓶白酒，6 瓶红酒，3 箱啤酒，还行。

我：每次与你把酒言欢，我都拜倒在你的面前。在我面前，醉是剔除在你的世界的。

提提：不可能啥。我在你面前一般不敢端杯。

我：那是因为，你有保护我的良善。

提提：不是。我身体不行，老了哈。

我：谁说的，新晋行政正职，舍你其谁？

提提：我晕。赶鸭子上架好不？我真的不行，607 思想有波动了。

我：他想赶超你吗？

提提：不是。他有些恍惚。

我：他的恍惚，源自他的担忧。他是聪明人，不会挑明。呵呵，只有局中人不了。

提提：也许。

一则说说，引出一段聊语，还真是。

将此摘录文字中，供今后，增添一份幽默的资源。

第四十二天（4 月 15 日周日）

周日，倾盆大雨。嘉补课。

无聊中，盼中午临近，嘉答应与我一同午餐。很难得的，这是我的荣幸。

盼望着，盼望着，盼到了一个电话——翔的，他在宁波。电话中翔爆料：一曰工作；二曰感情。工作避谈，谈个人感情。翔说，他又找了女朋友，不久前挑明关系。他如是这般这般，跟我讲述了一番两位相知相识经过。从翔同学讲述中，得知女孩不甚简单，经历丰富。害怕翔驾驭不了。翔倒是信心满满。呵呵，只要翔自己看好，我便祝福送上。

中午，好不容易，嘉来电。与她碰面，一起到我们商量好的自助餐厅。

餐中，从翔同学跨入恋爱一事，再次聊到《泰坦尼克号》，嘉跟我丢了一句："You jump，I jump。"我一头雾水，问什么意思。嘉说："哎哟，你号称看了两遍电影，这都不懂？你跳我也跳。电影中多次重复的。"

"呵呵，没有办法。我跟你比不得的，我迟钝啊。"我自嘲道。

"老妈，你现在的卧房，床头墙上就挂着两幅《泰坦尼克号》的照片，你不会这也联想不到吧？"

"啊，哎，真的哦。好像是唉。"我说。

"是的啰，一幅是泰坦尼克号的经典海报，（男女主人翁深情对望，我加的），一幅是 Jack 扮绅士跪吻 Rose。"嘉说。

"我从来没有这么联想过呢。"我道。

"老妈，你每天都在想什么，这两天，天天挂在嘴上《泰坦尼克号》，你就算不认识海报上的英文字母，那两个人你总认识吧？"

"就是因为没联想，以至天天照面的东西，最易排除在脑海。"我说。

很多次与嘉对话，我都"全军覆灭"。必须承认，现存记忆体系极有问题，总好像刻意地存储或剔除。而嘉，却时常做到过目不忘，年轻，就是资本。

餐后，嘉说下午无课，但去学校说要清东西。

最后一门校考的成绩，川美，终于公布，查询，214 分，合格线路 225 分，不合格。至此，所有的成绩一览无余呈现。

嘉 6 点多才回家。上楼时，我告诉她川美成绩，她反应平淡，正常。

晚餐，先期告诉嘉吃味千拉面。不是去味千拉面店，而是买的袋装的，自己家里煮。炒了一个芽白，再开始煮面，当一碗热气腾腾的大骨汤味千拉面放到嘉的面前，她还没吃，我便开始表功。

嘉呃了一声："我还没吃呢。"

我："肯定比在乐和城负一楼的好吃。"眼见嘉吃了一口，急问："怎样？"

嘉："可以。只是，你做的东西，总觉得吃不饱。"

"怎么呢？过一会儿就饱了，面在肚子里会发的。"我说，"等下再削个苹果给你。"饭后，嘉洗了个澡，开始做作业。我无趣，上街消磨时间。

刚出门，嘉爸来电，说川美出成绩了。我说已告诉嘉，她无甚反应。

我："这下，彻底安心了。她可专注于文化课了。"嘉爸："嘉肯定会认定广美的，她不会去江南。他说他打电话咨询了广美招生办，问及去年的招生的分数，如果嘉文考能上五百，上广美就无大碍。"

哎，我与嘉爸想的真的很不一样。我："直到现在，我内心都不希望嘉去考什么美术，如果她文化课考得不错，就放弃专业，上个普通文考的大学。"

嘉爸："那不可能，她绝不乐意的。"我："实在要画画，以后当个老师或媒体的小美编，别过于掺和到艺术圈中就好。"嘉爸："是的，当个老师就好。"

一周小结：所有校考成绩在周日尘埃落定。

第四十三天（第七周：4 月 16 日周一）

早上顺利，8:45 到田心立交。嘉爸已等在大巴停靠点。

在办公室坐了没有多久，静妹子来了。丢给我一封信，并火急火燎地说："我去传达室拿报纸，没有分发，正好看到有你的信，给你带来。我还有事，先走了。"

拿起信，是江南大学招生办公室的，明白江南大学专业考试合格证到了。

这一日，李 F 正式到档案馆报道，成为档案家族一员。

这一向，公司行政正职调整，变动较大，档案馆员工老问我会不会有变动，工作照常行进，自己不想，变从何来？谢媄驰说："档案馆是公司工作最好的地方。"是的，还有什么比内心安好更有力的理由呢？内心不安，再好的工作也会不如意。

晚间，与嘉共处之时，我将特意带的《南方周末》给她看。推荐《你就是摆脱不了看它的欲望》。嘉看着，我问："哎，同学，不看文字，单看画风，这几幅简单的画面，是不是觉得我俩的欣赏能力、价值取向有点相像？"

“哎，哎。”嘉说，继续看文。看完后，我又问：“怎样，还喜欢吗？”

“就这幅，还喜欢。”嘉指着那幅叫《用不上的礼物》说：“画风整体还算好，只这文字写得好血腥，我还是喜欢积极向上的。”

我点头：“哦，那是，应该的。”

这是一篇讲卢克·楚的文章，一位插画师，美国人。喜欢用简单线条构成小动物，自由抒发观点，用黑色幽默的方式，画出关于暴力、忧郁、孤独和悲伤的主题，又赋予作品美好的名字，如《报春花之路》什么的，以针砭时弊。画家目前为玩具公司提供作品，制成玩具，在中国，有相当粉丝。

我对嘉说：“只要看到它的生产玩具，我一定去买。”

“你不会看到的。”嘉头也不抬，边玩手机边说。

“长沙哎，大城市呢，怎么会没有呢。”我有些激动。

“长沙，二线城市呢，你承认吧。”嘉闷声回答。

与嘉对答，总会以挫败告终，我自言自语：“怎么外国人都喜欢用动漫、童真的方式，表现社会的黑暗面，就像我上次看的英国剧《上街的动物和孩子们》，表现手法很接近。”

“你才见到两件事，就以偏概全。”嘉丢出一句。哎，同学，你就当没听到嘛，我就随便说说，会在你面前自讨无趣，真是。心中想着，没再说。

继续翻看报纸。读到某处，我傻傻一乐，莫名自言：“呵呵，笑点，我属于笑点低的人。”

“哦，对了，老妈，跟你讲啰。今天有个同学讲笑话，包括我在内三个听的同学都笑了，她也笑了。我说：‘这个不好笑啊，你为什么笑呢。’那同学说：‘其实我笑点很高的，看你们都笑了，所以我也笑了。’”嘉笑着说。

“哎，既然不好笑，你为什么笑呢？”我问。“因为我笑点低啊。”嘉回答。

“哦，你是因为我讲笑点，所以就想起今天这个事，是吧？”嘉：“嗯。”

趁着嘉情绪较好，我故作严肃地说：“同学，提个意见，下次报字词时不能给我脸色看，像你今天，就特别好，我感觉你很开心。”

“哎，老妈，你不懂的，其实我心情不好，高三很烦的。”

“必须的，受着吧，你。”我回答。

第四十四天（4 月 17 日周二）

醒，5 点多，QQ 空间。收到官方 Qzone 生日礼物——樱花生日蛋糕。

生日快乐！心中默默为自己送上祝福。

长沙营盘路陶玻家迎来的生日，一天、一年、一生，仅此一次。

昨儿个好不容易晴了一天，晨，细雨绵绵。

QQ 空间一周内，先后收到 QQ 好友："天马 xiaoxiao"、"船船"、"叶文竹"、"飘"、"BBLBB"、"洋子"、"iiiiii"、"飘儿"、"北极熊"等的生日祝福，一并感谢。

生日，只是个平常的日子。做完早餐、洗净碗筷、嘉去上学、我乘公交、搭上快巴，一切按常态进行。信息接踵而至。"提提的"、静妹子的、同学王的、"BBLBB 的"、平安陈姐的、"鄂然的"、"锦书的"、"辣椒炒肉"的……特别有趣。

嘉爸：老婆早上好，祝你生日快乐！

我复：谢谢，老公。

嘉爸：几点到立交

我：还早，下雨，公交到处遇堵。

嘉爸：好的，上高速告诉我。

我：哦。

田心立交，嘉爸的车已在等待。坐上车，开向公司。嘉爸问："今天有何计划，需不需要购物?"我说："没什么想法，也没有时间。"嘉爸说："生日都不买点什么?"我笑笑："什么都不缺啊。"

除了好友，银行、保险、基金、商场、证券、影城都送了祝福信息或礼物等，瞧这架势，我好像算是位优质"白骨精"，心明：附属罢了。

蛋糕：浦发银行送来元祖蛋糕。

丛书：当当网购了一套三本《甘南纪事》、《定西孤儿院纪事》、《夹边沟纪事》，杨显惠著，附亲笔签名。"BBLBB"下午送到我办公室。

鲜花：洋子送，花店自取，还有护肤品。

好热闹的生日，可我心底里总觉得缺点什么。下午待在办公室，小王同学从大连打来电话，祝我生日快乐。呵呵，小王同学真懂事，知道我好这一口。我俩聊到了《泰坦尼克号》，我心动了动，似有什么启发。

放下电话，打开手机，将信息翻了一遍，找到芒果博纳影城的那条详看上面写着：生日当天可凭本人身份证与影城会员卡免费观影一次。

哦，我有了方向。决定早些到长沙，亲历生日免费电影。在公交上收到叶文竹信息：**欢心姐，给你在网上留言没有回，想和你说，昨天我在网上帮朋友买书，也给你买了一本，《你若安好便是晴天》，当是生日礼物吧！如果你下班有时间，我在厂门口拿给你。我：啊，我已提前出发来长沙，准备去乐和城看电影。谢谢！礼物我要，有空我来拿。**

公交车吵，错过了一个“不立文字”的电话。但他即刻发了信息：**生日快乐！**

乐和城五楼，《泰坦尼克号》、《春娇与志明》依旧是院线的强档，10 个放映厅，五分之四被这两部片子占据，我能选择的有《绣花鞋》和《纽约行动》。

前者不敢看，选了后者。观影前，1 个小时空闲，到商场为嘉爸的飞利浦剃须刀配充电器，被告知需到车站南路售后服务点去配置。

逛商场，我最喜欢的就是买吃的，尽管买回家从来不吃。离开商场，手中多了一个装满食品的塑料袋。

电影快散场时，嘉爸来电。他说，家中冰箱中有很多过期食品，问我还要不要。很难得他主动检查家中存货，从未有过的现象。大概一个人待在家，实在无聊吧！

出影院还早，慢悠悠地走在路上。天空开始飘雨，地面湿透。静同学来电祝生日快乐。电话间，我俩开心地聊着，不知不觉，已走过了蔡锷路。

穿过芙蓉路，上营盘路，快到家了，掏出手机看时间。嗯，3 个未接电话，完了，是嘉的。怎么回事？不到 9 点啊。

打过去，嘉没接。稍后，她打过来，说她已经到家。哎哟，这是住陶玻几十天以来，她第一次自己回家，自己开的门。这值得记下。

家中，问嘉为什么这么早回。她说，以后都会这么早，晚自习老师不再讲试卷了。我说："同学，你知道我干什么去了吗？"

嘉："干什么？"我："看电影。今天免费看。"嘉："为什么？"

我："哎，同学，你老妈我今天生日呢！人家芒果博纳影城请我看电影啊。下午小王同学，刚才静同学都有打电话给我，祝我生日快乐。就你，居然连我的生日都不记得！没良心哎。"

嘉："你生日不是早过了吗？"我："什么啊，就是今天！"

嘉想了想："哦，是的噢。"我玩笑似地对嘉说："说祝我生日快乐。"

嘉一本正经对我说："祝你生日快乐！"

骨子里，散发着跳跃因子，于是，平淡的一天变得充实。

第四十五天（4 月 18 日周三）

田心立交，嘉爸的车已等在那儿。在车上他告诉我，明天去上海投标。

下午，上班路上，想起了什么，赶紧掏出手机，将那一刻的想法写在记事本上。正记着，背后有人喊，回头看是毛同学和小郭妈。早上小郭妈就到我办公室与我聊女儿们画画的事，没聊完，被工作打断，不想，这儿又遇到。就上午的话题，我俩边聊边走进公司。

晚餐，席设在老妈厨房，宴请新调入馆的李 F。晚餐前，让敬陪我去取家酿葡萄酒，因为有车就先去了电气找叶文竹拿上她送我的《你若安好便是晴天》。礼物附带贺卡，上书：欢心姐，因为偶然，所以相识；因为文字，所以相知；因为阳光，所以相信；因为一切美好，所以相近。生日快乐，越来越好！

我是有多久没有接到过贺卡这样单纯礼物啊！

酒后，敬送我到立交，快巴上睡了。车停以为收费站，不曾想到终点了。

见嘉，挽她上楼。嘉先开口："老妈，我们今晚没补课。"我："为什么？"

嘉："没有联系到老师。"我："啊？"

嘉："我们自己在实验室做作业，后来陆续走了几个。"

我："你们总共 6 个人，走了不就没有了？"

嘉："是啊，剩我和杨同学。我俩聊天，她跟我大谈人生与哲学。"

我："这么深奥？"

嘉："她说，她想放弃专业，做回文化课考生，全力以赴高考。如果考得不好，就去复读。"

我："她就是那个一心只想读中央音乐学院的同学吗？开家长会时，我见过她老爸，她老爸对她的想法很担心。她是不是没有通过校考？"

嘉："她通过了中国院的校考。但她说不想去，一定要按文化生去考。"

我："啊？太极端了吧，当初她为什么要去学音乐？"

嘉："她外婆是学音乐的吧。"

我："好像是，她老爸也提到过。"

嘉："老妈，你高中的时候有想过哲学问题吗？"

我："哎哟，同学，我们那时候除了死记硬背，一门心思学习，从来不会有自己的想法，机械搬运老师所讲的课本，哲学问题，更无从知道。能知道的都是书本上要背的，却还不明就里。哪像你们，小小年龄，什么都想。"

嘉："我也没想呢，只是我弄不明白，杨，她曾经那么活跃和开朗的一个人，现在怎会变得这样？"我："她开朗吗？"

嘉："高一高二的时候，她还是学生会的干部呢！"

我："那你怎么看待她的选择？"

嘉："怎么看待？她有选择走那条路的权力，看她自己。"

我没再接话，心里想，嘉啊，你可别这么复杂，可别想复读的事儿啊。

嘉许还沉浸在与杨同学的交流中，她又跟我谈起了数学考试。她说："老妈，我怎么老在简单的地方出错呢？"

我："你才回来一月余，简单的数学题目正处于巩固阶段，偶出错正常。"

嘉："你不懂的，细节决定成败。"

我："你又考试了？"

嘉："每天都考，只要有两堂课连在一起，就考试。"

我："那好啊，当做练习，练着练着，记忆就深了，大考时便一气呵成。"

嘉似意犹未尽，拿起一本书，翻开当试卷模板，详细跟我讲解数学试卷的构成，难易分数的排列、分布。一般来说，她要跟我讲一个什么东西，我很容易弄清，而我要跟她表述什么，总得绕圈子才勉强能让她懂。这是我们娘俩的差别。而后，嘉又说，时间很紧，有很多东西都没复习。

我明白，她正在给自己施压。每遇此，我都恨不得对她说：同学，不考了，我们回家。当然，我得死憋着，不作声。

第四十六天（4 月 19 日周四）

亿都国际，取车，上班。嘉爸信息：老婆，到田心了吗？我刚睡醒。

嘉爸很少如此肉麻，我臆想，他昨晚与客户喝多了，于是回复：到办公室了，你昨晚喝多了吗？嘉爸：投标。我恍然。他跟我讲了的。投标前夜，他从未睡过一个好觉，为与对手博弈，伴黑暗到天明是常事。

我：哦，辛苦。将昨晚嘉与杨陈同学谈人生与哲学的话题，借信息发给嘉爸。嘉爸：那个同学的原目标不是中国院吗？

我：带国字头的都行。不知她看透了什么。

嘉爸：那嘉什么表情对你说的，有预谋的？刻意的？随意的？

我：嘉应该是第二次跟我说了，只是她自己不记得了。我问她对此事的看法，她说别人的事自己做主。嘉说她不明白的是，曾经那么开朗的人，为什么会突然陷入人生和哲学的思考。

嘉爸：她和同学们最后文考的几个月也是思想成型的时期。从画室回一中，同学们更有思想和上进，多看多想对她有好处。

我：从她的行动中看，她还是很想考出好成绩的。

嘉爸：那是和自己比，想在班上不输人，当然想多考几十分，文化课分高，可帮她挑专业。我：嗯。

今天，李 F 在运营管理部高经、小王、组织委员、小叶子、吴姐和“辣椒炒肉”的护送下，正式来馆上班。编研组添新丁，一片欢声笑语。

黄姐主编，俞主管辅助的《档案馆管理制度汇编》到馆，感谢黄姐，她 3 月份退休，仍愿为档案事业发光热，可敬可爱。

有电话至，曾经一起共事的幼儿园同事潘老师。潘老师说，要查询文件，可否？我说，可以。潘老师与吴老师来馆，查询她们任中级职称的令或文件。聊及往事，往事如烟。潘老师说她有写一些心情故事，好的坏的，我附和，并拿出《自说自话》送了她一本。

馆内有潘、吴二人任职专业职称的文件，复印盖章，可作凭证。潘老师回园后，她所带的《自说自话》激起一阵“涟漪”，立刻有余老师电话索要。想着办公室还有几本，答应了余老师。趁着午休时间，余老师翻了书，看了开头，便发信息给我：亲爱的贾姐姐，序的作者写得真好，写出了我心里想说的话。真心感谢你对我的关心、帮助、照顾。无法言表。书中第四页第五行“将照我…”是不是前后顺序不对啊，还是我看错了？

我：好多的错误，权当遗憾美吧。谢谢你如此认真，可别忘了看护孩子们。余教师：哈，我又懂了一种美，跟你总能学到新的东西。不扰你了。

天像孩子的脸，说变就变，一会儿晴，一会儿暗，雨介于下与不下间。

傍晚出行在忐忑中安然度过。嘉，带来了两个消息：周五家长会；周六春游。家中，嘉命我帮她填表，她人生的第一份档案。她先期打好了草稿，让我抄录到正表中。我说:“同学，这可是你的第一份档案，让我填，不好吧。”嘉：“没事啰。”

老老实实开始帮嘉填《湖南省高中毕业生登记表》。

嘉一旁监督我填，不懂的问她，包括自我鉴定，嘉念一句，我写一句。老师的评语，早已打印好在一张小纸条上，将其粘在老师评语栏内。

搞定后，舒了口气，让嘉收好。对嘉说：“同学，填个表弄得我头昏眼花，不行了，真的老花了。呃，奇怪哦，为什么天天看电脑没事，才写这么点东西就不行了呢!”

嘉说：“你的眼睛与电脑适配。”我：“同学，春游去哪里?”嘉：“植物园。”我：“要带些什么吃的?”嘉：“不用吧!”

说着给我一张春游通知，要家长填写回执。我签了字，交给嘉，她又说：“其实没什么用的，就是告诉你要交 66 元钱。”

通知上提示春游有烧烤，于是说：“水果、酸奶，再买点泡芙，行不?”

嘉："嗯。"我想起了什么，问："是否有学生不去？"

嘉："那当然。"

怕嘉有因春游误复习的想法，假作不经意："同学，你怎么想的，去还是不去？"嘉坦然："去。"

释然："对，对，一定要去，这可是高三难得的经历。"

嘉："同学还叫我一起看动漫。"我："怎么看？什么时候看？"

嘉："她说下到 Mp4 上，到时候在车上看。"

第四十七天（4 月 20 日周五）

一早开始下雨，时大时小。嘉爸昨晚从上海回到田心，怕我被雨所困，发信息给我：今天我有会，你几点到？我安排人来接你。

我回复：9:30 到，不方便就算了，不下大雨没有事。

这是 40 多天来，第一次，嘉爸说安排人来接，有些"惶恐"。我想说，除你以外，千万别给任何人添堵，我认定的事，从不畏难。可他是好心，不能辜负。8:40，城轨营销的周主席来电，问我到了哪里，车会停在那里，她来接我。

我本是一个笨嘴笨舌的人，简单的事轮到我表述，总难表清。加上周主席对往来快巴不熟，等我跟她说完后，她依旧"云里雾里"。最后，她说到田心立交问。快到收费站，发信息给周主席，用我擅长的文字对快巴停靠点进行说明。未接到她回复。快巴到站时未见周主席。拨通她电话，她说刚去办了点事，正往这儿赶。我说不用了，我已上了车并谢谢了她。

晚上，高三毕业生家长会。家长会时，嘉自行回到陶玻家。

嘉无心作业，一直在看手机，找话题聊天。我："哎，同学，跟你讲啰，你知道我准备给第四本书起个什么名字？这个名字承前启后，与前面的《日复一日》、《自说自话》一样，都用了叠字，且是借用老师形容你的成语。"

"哦，我知道。"嘉一下很兴奋起来："就是那个，那个。"一时语塞。

"曾经用在你身上的，你们老师给你的评语。"我提示。

"我知道，我知道"。嘉说，"青竹湖的，初一一期。"

不得不夸夸我的嘉，太有才，瞧我就这么一说，她便能带出这么遥远的回忆。我真地怀疑，她未必什么都记得。

“是的呢，就是肖老师的评语：‘你文静秀气，不疾不徐，恰似天边的那一抹红霞，颇为写意。’”我深情地背着，伴着优美的肢体语言舞蹈着。

“我记得，记得，最后一句，写着：‘期待你的爆发。’”嘉情绪高涨。

“是的，是的。就是这么写的，我今天特意将你青竹湖的手册拿出来，好好看了几遍。”我说。

嘉说：“记得学期末，一些男生被肖老师叫去誊分，他们看到这评语，对‘期待你的爆发’这话大笑，他们说，要肖老师爆了，可就把我们炸死了。”

“他们敢这么说?”我疑惑。

“哎哟，吐嘈与恶搞，是 90 后的标签，你不懂的。”

“那我呢，60 后?”我问。

“你们啦，生在新社会，长在红旗下的，主流啊。”嘉说。

“我觉得我不太主流，我是非主流。”我答。

“你还不主流，那没人主流了。你顶多算是主流人群中非要装作是非主流的人。”嘉坚持。

我接着喃喃自语，《不疾不徐》，太妙了，就是它了。

又想起，家长会前班主任李老师跟我讲的话。她在得知嘉校考成绩后，找了嘉谈话。我问：“李老师跟你单独谈过吗?”

嘉“嗯”了一声，不置可否。“谈什么?”我故意问。

嘉没有正面回答，只说：“我在老师面前泪点很低。”

“啊，为什么?”我问。“不知道，反正就是不喜欢面对老师。”嘉说。

“那与同学相处呢。你有没有喜欢的男生?”我问。

嘉饶有兴致地跟我聊。她说：“谈恋爱是很累的，既要你喜欢对方，又要对方喜欢你。这玩意不是一句两句能说得清的，画室的设计老师让学生不要去画恋爱题材的设计作品。设计老师说：‘我都搞不懂婚姻，你们哪里搞得懂。’”

嘉还跟我说了一毛和宸同学的个性差异，她说一毛大大咧咧，待人真诚，没有心计，喜欢体育和电视剧。而宸同学很要强，是老师喜欢的类型，老师有事就会找宸同学这样的。

我开始打探嘉的想法。故作轻松。问："同学，你校考通过的这两所学校，你是想去江南还是广美?"

嘉神态冷峻："都不想去。"我厚着脸皮继续："哎，知道你不想，只是问你更倾向于哪一所。"嘉："哎哟，老妈，你别探听口风，我不想谈。"

"好啰好啰，不谈不谈。"我只能顺台阶下。重新扯到她一起到大的玩伴性格上。嘉叹道："都是一起长大的，怎么性格差别那么大。"

聊了很久，但我想要的答案确丝毫没有得到。

我怕嘉选择复读。但我明白，一旦嘉作决，我定会义无反顾地支持她。

我很自私，就是不想让嘉复读，无论哪个学校，先去了再说。我只想将自己的想法传递给她：这世界上，人需要"不疾不徐。"

第四十八天（4 月 21 日周六）

天放晴。嘉 8:30 出发，去春游。

早餐弄好，鉴于给她带的东西太多，把原来准备给她带上的鸡蛋剥皮后让她吃掉。嘉说："为什么？你为什么非要这么急呢?"

我说："我性格使然，事一来，我就恨不得马上做掉，或立即想好如何去做，什么时间做完，不喜欢拖拖拉拉。说完，我就觉得刚才的话有点意味深长，不知她听懂否。"

饭中，嘉说："我觉得复读生很苦，今年黄红蓝陈班长广美报名时，遇到高中同学，同学问他，来师大干什么？陈说报名。同学问报什么名，陈说考广美。此时，陈的同学已是大二学生。陈同学去年考上了央美，300 多名，没录上，小龚也是，去年央美恰好录到她前面一名，所以她也选择复读。"

听到嘉对复读生的言语，我暗自高兴，谁说不是呢，家有复读生，苦的可不是复读生自己，一个小家共同苦。

人呐，无论活得如何精彩，施展才华的舞台绝不可能无限。嘉懂的。人人都直奔一流和顶极，生活的很多乐趣会消失在奋斗空间。

生活中小乐，一定是出现在个人努力与坚持中，而不会像坐过山车。嘉啊，喜欢画画就去画，千万别带上强烈的目的性，一步步把路走实了就行。

嘉出门时，略有喜气。离家约1小时。嘉来电，我惊，以为她没赶上车。谁知嘉说："老妈，你可以帮我做件事吗？以为她忘记带什么东西，要我带到植物园。"问："何事？"嘉说："帮我去订电影票。"

啊，我奇怪："什么电影？"嘉说："《泰坦尼克号》"。我："跟谁看？"嘉："宸"。我说："哦，告诉她，不用订票，随时都可买，关键看她们什么时候回来。"嘉坚持。知道再多说无益，说："好的，中午前，查到后发信息给你。"坐公交到乐和城查电影放映时间：15:50、16:30和17:10，发信息给嘉，提示她收信回复。

**嘉：回复，我现在好饱。表情符号**

**我：呃，好奇怪。**

想想，就不奇怪了。她带了水、薯片、橙子、桂圆和泡芙，加上一去就烧烤，不吃撑才怪。

中午刚过，小萍来做卫生，我去长沙市七中。家长会上班主任李老师说艺考生在长沙市第七中学高考。上网查到方位，离陶玻家有4站路，决定走过去。沿东风路向北，向东拐上德雅路，约半小时，看到了长沙市第七中学。一路上，我留意饭店与宾馆，看是否有合适的供中午休息的地方。

嘉回家洗澡后，电话约宸同学到乐和城看《泰坦尼克号》，我看《超级战舰》。

观《泰坦尼克号》，让嘉凭生很多"沸点"，从公交到家中，一直跟我讲解电影的情节与细节。讲电影相同台词的区别，"你跳我也跳"几次不同的表述方式。

讲Jack跟Rose画裸体像的绘画功力。她说，电影很真实，因为，这张裸体画呈现的专业水平，正是Jack这个人物刚好具备的。

讲导演的卡梅隆对电影细节的表现力。嘉对比了好几个镜头，说导演很用心。设计师、救孩子的父亲、时钟和壁炉等。

尤其讲到《泰坦尼克号》的特效，嘉更是兴奋不已，一个劲儿地大赞特赞，并问我怎样。我说：“同学，我是剧情控，对特效的观察力差。”嘉说：“不啊，如果没有这么好的特效，你不觉得真实性打折扣，影响整个影片吗？”我说：“虽说是，但我关注的是人物的表演。”

嘉又问我，如何评价Rose的未婚夫。我说：“他应该很爱Rose，要不怎么会送她海洋之心。”嘉不以为意地说：“就算他送她海洋之心，结了婚那财产也还是他的啊。”我说：“你看他行贿后准备逃生时，Rose救出Jack后，激发了他作为男人的全部雄性激素，这时他放弃一切，也要杀了Rose和Jack。”

我渐入佳境，开了一罐下午买的500ml朝日啤酒，边喝边听她讲。

谈到画，嘉一阵狂热。她说：“我跟你吐一下《泰》片中的槽啰。”她一一细数Rose房间里放的世界名画，有毕加索、德加、莫奈等的。她还说：“不可能会有这么多名画在船上，大概导演喜欢名画的缘故。你知道吗，那幅裸体画就是导演亲自画的。”嘉又说：“非常喜欢德加，喜欢他的色粉画；喜欢莫奈的《睡莲》。莫奈喜欢日本文化，他是印象派画家中晚年唯一生活过得好的人，他为了画睡莲，修了一座人工池塘，繁殖睡莲。”瞧嘉谈画的劲头，我即要向她致敬了。

借嘉的风头和酒的微熏，我旧话重提对嘉说：“不管你爱不爱听，你老妈还是要跟你讲我内心的话，只要你不去复读，到哪我都支持你。当然，你如果真选复读，我也还是会支持的，只是，那支持是被动的，你明白的。”

嘉没有排斥这个话题：“老妈，其实我很纠结，我不是非选复读不可，我也知道复读的日子很苦，我只是心中不服气罢了。”

我很明白，嘉不服气的原因。我说：“美院各有千秋，不可能一所美院包揽全部的好，也不可能一所美院一无是处，修行在个人啦。‘得之你幸，失之你命’，如果换一种表述方式：‘得我你幸，失我你命’，关键看你从哪个角度看问题，你是将自己当主人，还是以学校为中心。毋庸置疑，我选，就选做自己。你如此优秀，是与你擦身而过美院的遗憾。到了美院，如果没有坚持，任何理想都如影如幻。”有时候，酒真好。它真的可让我斗胆。

余兴未了。嘉继续。离开《泰》，谈人。谈普通人的所思所想。她说：“很多人看似简单，但他们想的可能就比你多，而且，你以为你想得多，但他们并不这么认为。”

嘉开始谈动漫，谈到夏达，说夏达画完《子不语》后，开始画连载《长歌行》。我问是不是以《长恨歌》做脚本。嘉说不是，但取材于那个时代，很容易让人这么联想。嘉说夏达的《子不语》（这是她第一次跟我谈），属独立单元格式，易懂，不像连载要追着看。剧情设定和前后穿插很用心。像刚才对《泰》片的评价。嘉说：“用心的东西我都很喜欢。”

嘉又说：“就像你为文，你的前言、后记、标题，你都会倾力去想，这是一样的。(我跟嘉详说过“找自己”、“拂了一身还满”、“不疾不徐”的由来。她放在心中了。)”

嘉又说：“不过，《长歌行》这类型的故事，不太喜欢，喜欢轻松一点的题材。”即使这样，嘉也跟我讲述了《长歌行》的剧情起伏，一下将我带入。

讲到动画的形成，3D 动画和 3D 电影区别，动画导演功力及动画中帧的设定，嘉站在厅房，嘴上讲解，肢体并举，表演着，分析着。

我带着些许醉意，看着嘉。

动画讲过，转到高三五班同学。嘉说：“我们李班长，喜欢尼采，有一次，他上台讲尼采，滔滔不绝讲了一堂课；有两位同学，一男一女，喜欢辩论，哪儿哪儿都要正方反方观点激辩一番；那个学音乐的杨陈同学，探讨德日意轴心国，讲得有声有色，头头是道。她为什么要放弃专业，重新回到文考中，大约就是因为她更喜欢哲、史、地的缘故。”

同学，你今晚超棒耶。这么想着，我近乎谄媚状，凑在嘉耳边：“同学，你不会跟什么人都谈过这么多吧?”

嘉：“当然不会，跟不同的人，说话的方式和语调都会不同，我跟你比较熟悉，才会这么说的。”

我：“哎，那你的意思，我应该算是你知心朋友之一啊。”

嘉：“呃，不要这么酸。”

我：“换个角度讲，我可以算你知心朋友中的一个吧？愿意和我聊，这么说可以吧。”嘉：“算是吧。”

第四十九天（4 月 22 日周日）

午餐，受邻座一家三口的感染，与嘉谈至父爱与母爱，嘉说，某人曾这样形容过父母之爱：母爱是无条件的爱，父爱是有原则的爱。

太阳高高，穿芙蓉路，上营盘路，烈日下指挥交通的交警，帽檐下一张张稚嫩的脸，我说：“同学，他们也是公务员唉，如此年轻，为了我们的安全开始干这种可以看到头的工作，即使他们有机会升迁，也只是转为管理，轻松一些罢了。”

“你的工作不也是一眼望得到头吗?”嘉说。

“是啊，所以，我才一有机会，就求新求变嘛。就像我来陶玻，就是为了看自己换一种活法，看自己的适应能力。”惆怅的我，如是回答。

第五十天（第八周：4 月 23 日周一）

看到一年轻美女，先我一脚上了大巴，眼熟，伸长脖子朝她正脸看了看，没错，是她——运营管理部的竞竞。叫了她一声，她回头。好巧。竞竞才下火车，Z17。

快巴到田心，嘉爸的车已在等待。我邀上竞竞同往田心。

这日，胡思乱想，落于笔，一个字也写不出。算了，撂下，权当留白。

只是，晚间，嘉心情超好，要么自言自语，要么哼小曲。

第五十一天（4 月 24 日周二）

早上快巴上，检票员位置上坐上了一位“大姐大”。从长沙到株洲一路上，她一刻不停地，除了跟司机讲话，就是以“无比高亢且略带嘶哑”的嗓门讲电话。我坐在第一排，真真切切听进她的每一句话。

嘉爸明天去马来西亚，谈项目合同。两个月，我们相处时间极短。偶得片刻闲，嘉爸邀约：“下午有空吗，出去转转。”“好啊，事不是特别多，随时恭候。”想着答应。见面少，交流也少。人是很奇怪的动物，长时间不见面，见面就不知道要说什么，很容易置于不想说话的境地，颇显各怀心事样。

约好下午 4 点到 7 点在一起。这 3 个多小时里，天气“天翻地覆”，好在嘉爸开车，暴雨倾盆，未致影响聊兴。谈嘉、谈工作、谈对人对事的感悟，话匣子打开。田心立交兜圈时，我说：“每天走过这里，3 个农家乐争先恐后放着毛主席的歌，觉得很好听。”

嘉爸：“怀旧的东西总有感觉好的时候，并不是什么时候都这样。”

我：“是啊，现今，对我而言，物质丰盈，之所以喜欢听，是在给精神找寄托，那个年代的歌，旋律熟悉，歌词单一，精神领袖屹立脑海，无可撼动。不似现在，乱七八糟。”

嘉爸：“是的，浮躁、急功近利。”

因为聊天、因为暴雨，破例与嘉爸共享晚餐。嘉爸要送我去长沙，我道：“明天你要出差，如果饭后雨小了，送我到田心立交即可。”

点了 3 个菜，其中的羊肉几乎没动，打包带回曹家巷。老妈一人在家。档案馆包场《泰坦尼克号》，老爸在老姐陪同下去千金观影。

7:20 赶到立交，8:50 到陶玻。眼睛干涩，心情不舒，问正低头看手机的嘉：“哎，同学，你有没有特别烦的时候，什么也不想干，什么也不想写。”

“我每天都烦。”嘉迅速回答。

“不说你啰，高考生，另当别论。说像我这样的，怎么一个字都挤不出?”

“这叫‘卡文’。”嘉答。

“嗯，什么?”瞬间又明白：对，是的，卡文。

“你还号称天天泡在网络，连这都不知道。简直弱爆了。”嘉鄙视态。

“是的啰，我不可能什么都晓得。”自嘲。

“网络上连载一般分两种，一种是作者已写好，分章上传，一般不会出现卡文；另一种是边写边上传，很容易卡文。遇此，喜欢作者的粉丝们便会着急。”嘉说。

“作者应该按早已定好框架，按大纲写啊。”我自以为是地答。

“你以为哦。又不像你写自己、写纪实文字，编小说不是那么容易的，前后衔接、人物对应、故事迂回，很难的。”嘉高腔道。

“那粉丝们自行接下去啊。”我不以为然。

“那怎么行，文风都不一样。你不懂的。”嘉说完，不再理睬我。

第五十二天（4 月 25 日周三）

天气忽晴忽雨，白天无事。

去长沙。第一趟，快巴人满，第二趟，我作为最后一名得以搭上，坐在倒数第二排。我座位的前三排，有一对年轻夫妇，带着一个宝宝，四五个月的样子，白白净净，我上车时他就一直在哭，邻坐的人用各种方式告诉年轻夫妇，如何止哭，可没有效果。快巴开动，宝宝继续哭着，声声揪心，那对年轻的夫妇束手无策，开始争吵，最后，年轻的妈妈索性将宝宝丢给年轻的爸爸，爸爸无奈抱着孩子。约摸 20 分钟，哭声渐止，全车人都松了一口气。

长沙火车站，收到嘉爸信息，已到吉隆坡。

五一路，开始大规模提质改造，且不论堵，整条路笼罩在扬尘中，听电视里讲，这工程要持续 20 多天。

这一向，眼睛干涩、少泪、有异物感，上网查询，知道自己又患上了新的“不可逆转”的毛病，每天告诫自己少用眼，多眨眼，多休息。

嘉打电话给我的时间较晚，问为何。她说在学校“攻破”数学难题。幽默。我问她是否今日回家了，她说是，下午放学后，回家拿书。我说，下午出门，定要反锁门，她不以为意。

家中，我大声念出《南方周末》某篇文章中认同的观点，嘉甩出一句：“老妈，你搞笑哟，跟高三学生念这些。”我说：“怎么了，我就是不想让你只沉浸在高三的氛围中，人生又不只有高三。”嘉说：“我要复习了。”

无趣，收起报纸，睡觉去。

第五十三天（4 月 26 日周四）

快巴上，坐了一位有三天假期的快巴司机。他有位置不坐，坐在司机旁走道地板上，一路与快巴司机聊天。他俩共同探讨捡客经验；捞外快如何规避车队稽查；每日以捡一次客为基准，捡上了，算赚了一天的饭钱，多捡多赚，不小心给稽查逮住，自认倒霉，下次还干。日复一日与稽查玩猫捉耗子的游戏。

昨天所乘公共自行车，还车刷卡不成功，车卡被锁。电话咨询服务热线，了解解卡程序。走到九方小学公共自行车自助站，按程序操作，成功解卡，消除心头一缕烦恼。

下午 3 点多，收到嘉信息：老妈，帮忙找一下《地理必修一》的书。

下班后，回家翻箱倒柜，恁是没有找着。

我：翻了一圈，无果，借一本我帮你复印。嘉：哦，那算了吧。

我：好，你掌握分寸即可。

晚自习后，嘉回家，心情不好，一直在唉声叹气。问她为何，回答做数学做得很烦。人都很类似，心情时好时坏，与嘉血肉相连，朝夕相处，易被她所牵动，随她起伏。

人的精力有限，一门心思都用在别人身上，一不小心就把自己忘了。

第五十四天（4 月 27 日周五）

快巴上接到董同学信息：贾，公司的 BBS 员工之声有个贴，写的是你亲爱的老公，挺有意思。我：啊，是吗？

董：呵呵，好贴，去看啰，标题是："我现在才知道曾经坐过傅总的车，就是副驾驶那个座位。"我：好的，我在从长沙回来的路上。

到办公室，打开电脑，登录公司网页，点开 BBS 看贴。几个世纪不曾回帖的我，笑着灌了一次水。

"辣椒炒肉"来办公室，丢在桌上一封信，广州美术学院几个字一下映入眼帘。我说："哎，终于来了。""辣椒炒肉"说："应该早到了。"

拆开信，一张广美专业入围通知单。通知上写着：考生若报考我校，请于 5 月 10 日—6 月 15 日之间登录我校 2012 年普通本科招生考试志愿填报系统，填报专业方向志愿。

中午，为父母装修新房工程正式启动，装修师傅小湛，曾为老妹装修过。随他一同看房，钥匙交他，交换意见，达成简约、环保装修意向。

眼睛不给力，逼自己远离电脑。遂提前去长沙。任时间在路上消磨去。

快巴上，动念想去看《黄金大劫案》，这部期待了很久的导演宁浩的影片。

不得不说，希望越大，失望越大。《黄金大劫案》根本不像很多媒体所述拍得怎么好，完全激不起观众多少共鸣，哎，不予缀述。

电影中，怕嘉提早下课，给她发信息说在看电影。

电影结束，往家赶。路上又连发两信息给嘉：**已在回家的路上。到楼下了，你何时回？**

到家等到近 10 点，不见嘉的电话，有点小急。打电话问她到哪里了？嘉回答：“刚出校门。”

舒了口气，下楼，见到嘉，急切地说：“同学，今天很不幸。知道为何？”

嘉：“哦，电影不好看吧？”哎，怎么说呢，嘉同学，对我真的了如指掌。我说：“同学，你怎么一下就能说中，太了解我了。真是应验了希望越大，失望越大这句话，有些颠覆宁浩在我心中的形象。”

嘉不再应答。到家。知道嘉有两天休息，便问：“放假一起去看电影不？”

嘉说：“没时间，要考试。4 月 30 日、5 月 1 日嘉放假两天，2、3 日即进行高考前一模，仿高考程序，全真演练。”

嘉知道如何安排自己，且由她自控吧。

第五十五天（4 月 28 日周六）

五一调休，今日上班。早上 10 点多，湛师傅来电，约我到新房，再次商议装修事宜，10:28，鞭炮在新房中炸响，装修开张。

我意识中，想当然以为五一小长假应该是 1 日到 3 日。公司 29 日放假，我还蛮高兴，觉得与小长假错位，很好。

下午快巴至长沙大道，全城现大堵，才从邻座的聊天中知道，公司的假期就是法定假期。长沙大道上，举步维艰，走走停停。好在我不着急赶时间，任由快巴慢行。好不容易驶过二环，上远大路立交桥，向火车站方向开行的车已堵到了桥上。按理，从立交如果步行到火车站也不过五六分钟的事儿，因为堵，人车齐齐被困，一时半会儿根本就到不了车站。快巴一步三停，半个小时，才行进了一半。车上的人，已开始狂躁。铁路桥下，一男性乘客实在按捺不住，要求下车。司机顾不上安全，开了车门，于是车内大半数人，蜂拥下车，我亦尾随人流，下车后尽情地猛吸了一口气。

拐向车站旁的一家超市，买上酸奶和水果，确保第二天嘉所需。因为下雨，嘉发信息让我去学校接她。带着伞，9:30 到校。校门口到处是车，到处是家长，我以为下雨的缘故，后嘉告诉我，学校召开高一年级的家长会。难怪。将家长会安排在放假的头天，哎，真难为家长们了。

共用一把小伞，挽嘉回家，最幸福的事儿。跟嘉说，快巴车上金鹰 955 电台，不断预告 29 日、30 日晚上 8:00，在红色剧院上演话剧《无人生还》，票价 200 元，我想去看，怕时间太长。嘉让我去。知道她会这样，问题是我没拿定主意。我说："《无人生还》的作者写过《东方快车谋杀案》和《尼罗河上的惨案》，《尼罗河上的惨案》中，对侦探波洛的盥洗室里被人放进了眼镜蛇，波洛在墙上敲出三短三长三短的 SOS 求救信号，上校听到后赶来救了波洛那个场景记忆最深。"

我讲不出作者的名字，从描述中，嘉想起了什么，她说，"哦，老妈，我知道作者，我应该也看过她的作品，好多年以前了。"

陶玻家，我俩各做各事，时不时就《无人生还》说是一两句。嘉突然指着正翻着的《读者》说："对，就是她。"《读者》的封三，介绍的是最受电影欢迎的作家 TOP10，里面就有《无人生还》的作者阿加莎·克里斯蒂。

嘉："我想起来了，英语老师放过她的电影，关于马普尔的，马普尔是阿加莎·克里斯蒂小说中的一位乡村侦探，是为数不多的女侦探之一。她是来自圣玛莉米德村的可敬的老小姐侦探，是个天生的侦探，与知名侦探波洛是好朋友，住在英国的圣马丽密特丹，是小说所描述过的最佳侦查头脑之一。"

越深入，对作家的了解就越清晰，平添了我对话剧《无人生还》的期许。

洗衣时，嘉开启另一个话题。她拿着手机给我看一幅页面，是关于 2012 年世界末日的。在百度搜索"2012 世界末日"，页面会撕裂开来，飞出一张船票呼吁你登船拯救世界。船票上写着：2012 不怕，绿色承诺，拯救地球。点击"你也来参与吧"参与活动。我晾晒完衣服，同她一起点入"你也来参加吧"，参加活动。在长江流域版块，发表宣言：少开空调，多享受自然清新空气。

第五十六天（4 月 29 日周日）

做完早餐，嘉吃完去上学。

感觉全身乏力，无精打采。续睡了一早，直到嘉爸来电。他仍在马来西亚谈判，询问嘉近况。我说还不错，一切正常。我说广美的专业合格证来了，要求在 5 月 10 至 6 月 15 日上网填报专业，他要我暂不告诉嘉，等她考完再商量。

放下电话，不能再睡，逼自己起来，出去走走。

最好的理由，一是去看电影或去购《无人生还》话剧票，二是去采购食品。前者无非是为采购做铺垫，结果就是采购。出门发现，每抬一步脚都觉得累，不知道怎么回事，但仍坚持朝预期方向行进。

到中山路红色剧院，门口无人售票，问剧院内售货员说票所剩无几，如果有需要，打电话叫票务送来。我犹豫不决。问演出需要多长时间，答两个多小时。

算算，8 点至 8:30，已无公交，走回家至少半个小时，回家 11 点多，嘉咋办？放弃！如果明晚嘉不上课，再行决定。

时间才值晌午，走到乐和城。看看是否有电影《杀生》。《杀生》有点文艺范儿，讲述一个事实——人是可以被说死的，跟众口铄金如出一辙。影片伴着佛意、禅语，演绎着西南边陲小镇的自然景色、风土人情和世俗习惯。

依旧无甚兴致，不知道干什么。想着作点记录，却连开电脑的情绪都没有。一人傻想，我这么费心费力地记什么啊，为什么要记录，过一天算一天不就得了，何苦来哉？这大概是我通勤日子以来，最想撂笔的一次，只想好好泡个澡，躺在床上，睡上几天几夜，什么都不想。行吗？不行！

再过几个小时，嘉下晚自习，我必须笑嘻嘻地面对她。如果现在懈下来，晚上重上发条，怕恢复不好。告诫自己：打起精神，打起精神。昨晚嘉的情绪很好，谈天说地的，我不能因自控不好情绪去左右嘉的情绪。

人的记忆就像食品，易变质，新鲜不再。一两天可能无碍，一两周就不好说了，况且文字的记录以原始、当期发生为最真实，过了这个档期，被其他的事情一搅和，留下的痕迹必定是背离了初衷的。

两个月朝夕相处，亲见嘉在努力、用功。这两个月，比起前17年来，我与她的沟通和交流都多，我所希望的是，嘉在文考的这3个月，去经历，去感受，去思考，去定位。身心持续健康，成人！而非成材。

想到这，情绪舒缓，重整思绪，进入文字状态。

很快，码完字。搜索《无人生还》，看能不能了解些大概。搜到了两段完整话剧版视频。点开有字幕的，看下去。约晚餐时分，嘉来信息：**你去看了吗？**她想我真会去买票看现场版的。

**我：没，我正在家看视频，你回来吗？我做晚餐给你？**

**嘉：晚上有课。**

**我：哦，我看的是中南大学雷雨戏剧社排演的。**

134分钟的话剧，断断续续地看着，不求甚解。中途出门，沿着东风路，走一路吃一路，将喜欢的路边小吃一网打尽，权当晚餐。

嘉下课，发信息说8分钟以后回家，此刻视频还有20多分钟未看完，暂停视频播放去接她。

家中，跟嘉议及观视频话剧之感，到底不如现场版冲击力强。嘉打开话茬，大谈特谈戏剧，没有背景交待，主要角色不超10个，道具不可能搬来搬去，故事依人物间矛盾冲突展开，有夸张的肢体表达，情节紧凑激烈。剧情源于从生活抽出来比较起伏的部分。

嘉还说，我看的是高校戏剧社的表演，一般而言，他们没有经过训练，表演不成熟。戏剧对灯光、音箱，话筒要求高，高校很难达到高水准配置。他们学校戏剧社团编排的剧一般很恶搞。学生观众在意的不是表演如何，而是剧情搞笑不搞笑，喜欢模仿周星驰那些无厘头的电影，突出台词笑点。

嘉说着，又招呼我看《读者》上的一则四格漫画，让我看完后说出意思，我兴致勃勃地说："好，我来看，肯定看得懂。"

结果，我看了好半天，却愣没懂。嘉笑说："瞧，看不懂吧，我都研究了好久才明白的。这四格漫画讲的是，妻子站在门口等丈夫上班前亲吻自己，而丈夫认为上班要迟到，匆忙间将镜中妻子的影像当作真人，亲吻了镜子后飞奔出门，留下妻子站于镜前目瞪口呆。"

我在嘉的指点下，恍然大悟。“说：同学，你怎么会研究出这个结果?”

嘉：“我也是看了好久，才想出来的。”

聊了些别的，忘记了什么话题，嘉无比自信地抛来一句：“你不要跟我争论这个问题，我的审美观绝对比你好些。”

第五十七天（第九周：4 月 30 日周一，五一假期）

11:15 开始，我便叫她起床，捱到 11:32，终于，嘉的房门打开，她揉着眼从房间出来。我笑着说：“崽，优秀耶，瞧瞧，这一觉睡得，黑眼圈都没了，一下整好了。”洗漱完毕，直奔自助餐厅，早午餐一起吃。

与嘉一起吃饭，是奢侈很开心。我对嘉说：“同学，己所不欲勿施于人我觉得能做到，可己所欲也勿施于人，对我来说就难了，你以为呢?”

嘉：“这很难讲，要看具体情况。”

我：“你看啰，就像读到一篇好的文章或收到一份好礼物，我总会急于传递出去，比如说第一时间就告诉你。你会吗?”

嘉依旧：“看情况。”

哎哟，心想，我只是想知道嘉愿意不愿意与我分享她的快乐，咋不配合我的初衷呢？尽管我很明白她是不会像我一般直抒心怀的，但我还是想试试。

换个话题。我说：“同学，《读者》上有一篇文章，讲一位本科毕业生被用人单位抢着要，看了吗?”

嘉：“对，我也看了。那位同学做事专一，将一件事情做到极致。”

谈及陈丹青及他所倡导的国民风范。嘉：“老妈，你觉得鲁迅长得怎样?”

我：“不咋样，不是我喜欢的类型，不喜欢他的胡子。”

嘉：“啊。我倒是觉得鲁迅还长得蛮好的。同意陈丹青文中的看法。”

我：“我俩的审美到底不一样。”

议及《读者》杂志本身，嘉说：“《读者》是她看过的杂志中最有文艺范儿的，最为认同的，她说，小一些的时候，看《读者》曾经看哭过。”

我：“这么喜欢《读者》，那将所有合订本一网打尽，天天抱着看好啦。”

嘉：“那不好。看这种杂志就要一本本等着去看，合订本反而没有那种味道。同类型体裁文字一次性看多了也容易厌倦。每期杂志中，不同类型的故事是交错编排的，时换口味，有利于保持阅读兴趣。”

自助餐后，出门时，嘉在一块布满蓝色霉菌的奶酪旁停了片刻，用一旁的刀切下一块。我笑着说：“怎么，同学，你不是不喜欢霉变的东西吗?”

嘉：“喜欢啊，谁说不喜欢的？你经常吃的腐乳，我吃的酸奶不都是发酵的吗?”她开始讲酸奶中菌种的类别，谈醋、苹果醋、酒、泡菜、包子、馒头等。口若悬河，我只有听和点头的份儿。

我：“同学，今后你去当个美食家好啦。”

嘉：“不可能的啦。”

我：“当啰，当啰。到时，我想吃什么，一声令下，你就帮我做什么。”

嘉：“呃，我不会去做的。”

嘉继续讲。她说中国食品制作大多沿袭传统手工艺，一般而言，都是祖传，祖辈传父辈，父辈传子辈，靠的是世袭，制作出来的食品，依个人手法的不同，味道也会相差很多，不像国外食品制作，都是可以用文字记录，可量化，生产线，工业化。中国食品工业中的非物质文化遗产很难好好保留。

一直说到陶玻家门口，隔壁省画院又有展览，对嘉说：“去看看?”

嘉：“好啊。”李大勇书画诗印多以水墨画为主，看完后，嘉：“老妈，画得很一般。”我：“我看不出好劣，画得都一样，你不画水墨，能评定吗?”

嘉：“我虽没画过，但涉猎很多，能看个八九不离十的。”

哦，在这方面，我相信嘉的鉴赏能力。

打着为嘉买泡芙的名义出门。先到芙蓉路上的中国银行省分行。有几张英镑要处理。在田心的时候，中国银行田支说新版的英镑，没见过，不予接收并兑换，让我到总行办理。中国银行省分行门口，一位中年男人看见我，就上前搭讪，问是否兑外币。我左右环顾，银行门口，有相当一部分人提着袋子晃来晃去的，保安和工作人员熟视无睹。我曾听说过私人活跃在银行门口的情况，于是认定这或许也是一种潜规则。

那搭讪的中年男子见我不语，跟着我进了银行。边走边说，他给的钱肯定比银行兑换的要高，不信，他给我看外汇牌价。将我带到银行自助电脑前，熟练点开。屏幕定格在当日外汇报价上。他问："你是什么外币？"我说英镑。他下翻屏幕，找出英镑汇率。告诉我，银行兑 9.92，我给你 10，怎样？还没有等我回答，他猴急般从手提袋中拿出几沓人民币，问兑多少。我有点被吓到的感觉。问他带这么多钱，不害怕出事吗？他说他们天天都背着一百多万，不会有事的。他又说："你不相信我，这样，我先把人民币给你，你去存好，出来再将英镑给我？"我说："你不怕我骗你或有假币？"他说："不会。"

所揣着的这几张英镑已困扰了我一段时间，很多银行都不收英镑，花英镑的机会也少，它们就像烫手的山芋。兑成人民币，至少可就用。我拿着那人给我的人民币，走进营业大厅。将人民币存入。出来，中年男人迎上来，我将英镑递给他，完成一宗交易。交易很简单，比之在银行中兑换，确实省了许多麻烦。临走，男人给我一张名片，说以后可联系他。

离开银行。向五一路走去，看蜘蛛人清洗高楼的玻璃幕墙；看五一路长沙市政进行的提质扩改；不知不觉，到黄兴中路，上解放路人行天桥就到黄兴南路——长沙最著名的步行街。到处是人，被人流推搡着，并不生厌。

转向解放西路，走到太平街口，从宜春园戏台走向西牌楼街，边走边看，边看边记，想着有东西可写，待我开启电脑，觉所记的东西全无必要。弃了。

在八角亭社晃悠一圈，累了。买了两个抹茶泡芙回家。嘉在家中待了一下午，晚餐前，我让她陪我去买小南瓜。嘉显得很勉强，但还是跟上我的脚步去朝东风路的家润多超市，在超市收获 1 个锦南瓜，3 个小台芒。两人有说有笑地回家。做了一份炒紫包菜的紫菜面，权当晚餐。

第五十八天（5 月 1 日周二，五一假期）

雨一直下，持续了一个白天。嘉起得较晚，拿上玉米棒，去了学校。

中午炒了份西兰花，蒸了个肉粽。下午，嘉在家，我睡觉，捱到傍晚。

准备起动晚餐仪式，接到锦书电话，说她和小刘已在长沙，从老家带了些鸡蛋带给我，问我住哪儿？说地址是我最不拿手的活儿。告诉锦书，别麻烦，在长沙城区转很费劲，一不留神就会绕弯子。昨晚，"不立文字"也打来电话，说在长沙，五一回田心，顺道来看我和嘉，请我吃饭，我强力拒绝。

锦书很执着，于是我又发信息。

我：长沙路特不好走，加上到处提质改造，很多路禁左。真的，太感谢，你们还带着小米，早点回田心，我明天来拿，好吗？

锦书：我们已经在一中附近，别太在意了，那鸡蛋你坐公交不好拿，哪条路哪个小区。小米睡了一觉，兴奋极了，不要担心。

我：如方便，将车停到省展览馆里，不方便，告诉我停车地方，我来接。

锦书：好。

晚6点，锦书来电，说已到展览馆。我赶紧下楼。展览馆门口，看到锦书、小刘、小米，还有小刘妈妈和一小男生。

看见刘妈妈，更不好意思，想想他们一家从永州过来，开了几个小时的车，已经很辛苦，还要这么折腾一下，真够让我内疚。

小刘拿了一箱鸡蛋，锦书拎了一只活鸡递给我。我接下鸡蛋，活鸡坚持不收。小刘妈妈见状从车后备拿出一只杀好的鸡给我，我还是没要。

天将晚，不敢留他们久待，谢过后，让他们赶紧回家，希望他们能在天黑前到家。到家后的锦书，又发来信息：贾姐，我婆婆说鸡蛋要捡出来放在冰箱里，里面放了糠，会闷坏的。

我：你婆婆太好了。真不好意思，让你们一家兜了很多圈子，谢谢！

锦书：她老人家是很可爱，不要见外，没能为嘉做些什么，别放在心上。

晚餐前，嘉去了一趟学校，拿了些书回家。她跟我感叹道："班上的气氛好紧张，人人都在努力唉。"

我说："那当然，想想，文科生考600多分，都不见得能上什么好一些的学校，他们自然得努力，考得分越高越好。"

我接着说："你不用那样的，你已经有专业保底，尽力就行，别把自己弄得紧张兮兮的。"嘉："那也得考好一点啊。"

我："500分就行啦，你老爸说的。"嘉："你以为500分那么好考。"

我："你行的，只要放松心情，没问题。"

我："明天一模，你想早点去学校，还是晚点去？"嘉："早点去吧。"

我："那早餐后我们一起走吧，你去学校，我回田心上班。"

嘉：“啊，你明天不是休息吗？”我：“谁说的，要上班呢。”

晚餐后，雨住了。空气好走过便河边巷、体育路、东风路、德雅路，再折返回去。

第五十九天（5月2日周三）

回株洲的快巴上只坐了一半的人，车便起动了。很奇怪，以为中途要接客，岂料，只载着这半车人，开到株洲。

公司OA（办公自动化系统的英文简写）每周都有人事调整，总有一些人来电话询问，是否知道一些内幕。对此我毫无兴致。打开OA，看人事机构调整，因为馆内要编写年鉴，我需要对各单位领导有个基本认识。不过，正基于此，倒还真引发我思考。

我为什么每天不屈不挠地来上班？为工资？为名誉？好像不完全是。到底为什么？待在办公室，让我的内心得到一种放松，获得一种安宁，让我感知我的存在。于是我想，或许不一定是这样的一间办公室，其他任何一间，只要属于我的，都可能会适合我，不管什么岗位。

我应该是为了更好地安放自己才好好工作的，而不是什么其他理由，至少现在如此。

五一后新作息，办公室待着，蛮自在。不知不觉到了下班时间。匆忙回到田心的回家，简单收拾后走向立交。桥下，遇到老爸老妈，他俩已吃过晚餐，正在日常散步。

我紧走几步打招呼。老妈见我第一句话：“还没吃晚餐吧。”

我轻松回答：“早上带的鸡蛋还在包里，待会上车吃。”

跟老爸老妈讲何处乘车，多少时间到达长沙，怎么回家。正说着，一辆快巴向我们驶来。毫不迟疑，跳下人行道，向快巴挥手。

快巴驶过一段距离才停下，我只能朝快巴跑。到车傍，向老爸老妈挥挥手，上车。快巴司机让我坐在最前方，并对我说：“如果到收费站有人检查，你就说你是收费站的，然后下车后朝边上走。”我说：“那我在收费站咋办啊？”司机说：“放心，我会让后面司机带你。”我说：“这么麻烦？”司机说：

“互相理解一下。”

我倒能理解，心想。只是，真要被查到，麻烦的是我。

忐忑不安，通过收费站。悬着的心放下。将 24 元钱交给司机，索要票据。起身到车厢后部找了个空座。一路无话到长沙。天空阴沉，无雨，走路回家。

至陶玻。走到楼梯口，看见家门口有光线打在走廊墙上，疑早上出门没有关灯，打开防盗门，发现木门也开着，想着是嘉回来了。

果真，嘉正在吃酸奶。我：“什么时候回来的？为什么不发信息给我？”

嘉：“早回了。”桌上有一个餐盒，里面还有些剩饭。我问：“还吃吗？”

嘉：“吃饱了。”我边将饭盒放进垃圾桶边问：“再给你泡点牛奶？”

“不用了，才吃的酸奶。”嘉又说：“哦，今早带的鸡蛋没吃。”

我：“正好，我今早带到田心的鸡蛋也没吃，不过，它已经碎在了包里，壳也破了所以扔了。鸡蛋你还吃不？”嘉说不吃。

我将鸡蛋剥着吃了。问：“洗澡不？”嘉说洗。

嘉洗澡时，我心里犯嘀咕，看样子这一模第一天模得不咋样。

洗完澡，嘉捋着头发，踡在椅子上看文综。有点心不在焉。临阵磨枪？不一会，一首熟悉的旋律从她嘴里哼出。一时想不起名字，我跟着哼起来，哼着，想起了名字，邓丽君的《我只在乎你》。我问道：“同学，你怎么知道唱这个歌。”

嘉：“在画室的时候，小郭有段时间天天唱。因为她要跟另一名男生上台表演对唱。”

我：“啊，真的呀。”

嘉：“是的，她天天都练，练得我都会了。”

我：“选择这首歌，她唱得出感情不？她有恋爱的经历吗？”

嘉：“哎哟，老妈，你不知道……”

嘉如此如此这般地跟我八卦了一番。

她饶有趣味地讲，我意趣盎然地和。我：“同学，你要找可得找一个大眼睛的男生，你老妈我喜欢。不过，话说回来，你老爸眼睛也不见得很大哦。”

气氛朝轻松方向发展。我去洗衣。某一刻，听嘉叹息："老妈，我要有记忆面包和一支每次都能考满分的笔就好了。"

"啊，什么呀。"我问。

嘉："机器猫啊，哆啦 A 梦。你不记得了。背书的时候，如果有记忆面包，吃了，什么样的书都能背了，还有那支每次都能考满分的笔。"

我："同学，你还真相信?"嘉："说说嘛，老妈，你不懂的。"

我："同学，我跟你讲啰，这帮日本的动漫大师们大概读书的时候，成绩就不好，所以画出来的都是他们的心声。"

嘉："才不呢，你对他们有偏见，都有成绩好的和不好的。"

"那这样，我明天去买面包，好不?"我故意借面包说面包。

嘉："我不想吃面包，不过，你要能买到记忆面包那就另当别论。"

"没可能的。同学。"我说着离开。

近睡觉前，翔来电说周五来长沙，带女友一起，要给"类似我这样的"长辈见见，听听意见。我说："你都带来见面了，哪还会听我们的意见，你的定力足得很，根本无需我们多说，可自有主张。"翔笑着说，他已带着她去了长汀和福州，父母及小姨那边都觉得挺好。我告诉他周六来吃餐饭，住一晚。

第六十天（5 月 3 日周四）

嘉一模的第二天。嘉似乎并不想太早起，在床上磨来磨去。

冰箱中鸡蛋多到"爆"，鸡蛋炒年糕。早上嘉食欲总不好，费多大气力，弄什么样的早餐，她只吃一点点，剩下的我打扫。好在，她喝完了牛奶。

放下筷子，她就出门。我清理后，关门离家，此时，7:55。

迎宾路、五一路修路，大堵。快巴上，天色暗下，雨至。无伞，想着下车后怎么回家。老天爷算开眼，到田心立交时，虽有雨，但可以接受。亿都国际取车，骑行上班。

嘉考完文综后，11:40，给我发来信息说文综好虐。

喜欢嘉用各种方式抒发情绪，无论是面对面还是借着信息，她的每一种情绪，但凡被我捕捉到，我都会开心。她无表情的时候，我才最难熬。

晓得冰箱空了，傍晚到长沙，直奔超市。常对嘉说，当我看见冰箱空的时候，是我最兴奋的时候。嘉问为什么。我说把买的东西都吃完，对我而言是件很有成就感的事。

嘉说："哎，我看冰箱满的时候是我最悲伤的，因为我要努力地消灭它们。"

拜托，同学，配合我一下，让我们步调一致，行不。我想。

超市，有荔枝，还是青皮。买了两份。再买了酸奶、蔬菜、肉粽、脆皮肠、朝日啤酒等。拎着两袋食物，走了半个多小时才到家。

如昨儿一样，嘉在家。进门后就问："吃了吗?"嘉说吃了。我觉得眼光扫到的家中某处有点不对劲，是垃圾袋！早上才套的垃圾袋有动过的迹象。这个家，除了我，嘉不会动。我低头仔细打量纸篓，发现了猫腻。

"同学，你吃的方便面?"我提着嗓门问。

"嗯。"嘉淡淡回答。

"哎哟，这吃的是什么呀，几乎全倒了嘛。肯定没怎么吃。"我说。

嘉没吱声。我疑她因一模考试的原因，心情不佳。又说："哎，我正好没吃，炒个青菜，我们一起吃，行不?"

嘉声音有点起色，说："好啊。"

我将刚买的冬苋菜洗洗炒了。嘉一碗，我一碗。嗯，还不错，对嘉说："同学，你看，我出师了吧，你不觉得我有当厨师的天赋吗?"

"哟，就这，不就是个青菜啊，谁不会炒。"嘉不屑。

我找话问："同学，问个问题，从明天开始，早上是不是不按常规到校。"

"谁说的，你以为学校有这么好?"嘉说。

我："你看你，这两天去得晚，回得早，这不就是吗?"

"这是因为一模考试，要模仿高考作息时间。考完一切照旧。"嘉说，"老妈，怎么会这么幼稚呢?"

我："其实，我也不愿变，这两天考试，你起得晚，我起床后，都不知道干什么了?"

"那你也晚点起来啊。"嘉说。

“可我已经习惯常规的作息时间。”我说，“同学，你早上发信息说，文综好虐，这个虐代表什么啊?”

嘉：“老妈，只是种表达方式，就像‘囧’、‘擦’、‘汗’或‘OTZ’等，不必解释。”

嘉将冬苋菜杆挑着吃完了，留下叶子，撂下筷子：“老妈，不吃了。”

我：“好的，那你还要不要牛奶。”嘉：“不用。”

我：“那待会再吃荔枝。”

将洗澡、洗衣等杂事完成。嘉开始剥荔枝。跟她说荔枝今日上柜，售货员连标价都不熟悉，找了很久。嘉说：“老妈，这荔枝好像不熟。”

我：“同学，知道多少钱一斤？这么贵的东西，不熟？超市不是找抽哦。”

嘉：“这上面不是有价么?”说着剥了一个，吃着。

我：“我只是想着你要吃，就买了，可能是第一批。”

“给。”嘉说着将一颗剥好的荔枝递给我。

哎哟，还帮我剥。我小感动。接过来品尝，说：“这批青荔枝，没有完全熟透，还有点涩，不过，真的还蛮新鲜。”

嘉很认同。探讨起荔枝与桂圆的区别。嘉问：“桂圆为何又叫龙眼。”我无言以对。嘉说起龙的演变，说看过一本书，介绍龙是由青蛙演变而来。我问理由，嘉说因为青蛙产子多。嘉联想到古人，不无同情地说：“古代人真麻烦，什么都没得吃。”

晕，同学。我想着，说：“大自然给什么，吃什么。”嘉接：“哎，不说别的，起码就没有蛋糕。”

“同学，这哪儿跟哪儿啊。”我说。

很快，一份荔枝被“干掉”，倒数第二颗，嘉又递与我。我：“明天上学，我跟你把另一份荔枝放在书包里，休息的时候吃。”

嘉冒出一句：“你带了治脚气的药膏没有?”

我：“没有。我问了，你脚不痒，就是小水泡，不要去管它，过两天就好了。脚气膏不能在破的时候擦。”

嘉：“哎，你这是种不严谨的治学态度。”

陶玻家的沙发又矮、又脏、又没有型，坐下去就陷进去。久了，极易使人脊柱变形。因为我在沙发上垫上了自家的窗帘，显得干净。吃罢荔枝，嘉坐在上面弄得我神经兮兮，不住地要提醒她坐直。

沙发上，因《读者》中一篇介绍《这个杀手不太冷》女主角的文章，嘉我跟谈起了娜塔丽·波特曼，讲她演的《黑天鹅》。嘉说《黑天鹅》讲一个芭蕾舞演员的双重性格，影片集虚实、幻想、惊悚于一体，看得人异常的闹心。嘉还说片子是她同学下载在 Mp4 里，在一天内断断续续看完的，主演将一个人多面性的心理刻画非常准确，表演难度相当大。

她将剧情说了个大概，我听得扑朔迷离。我："很喜欢这个娜塔丽·波特曼，她演杀手的时候，长得不好看，越大越漂亮。改天有空，我去看《黑天鹅》视频。"嘉："杀手中的娜塔丽·波特曼好看，好不。"

我强调："长大了才漂亮。"

空间中有一则小王同学的 QQ 说说：I believe I could find the treasures under the rainbow someday. 我用生涩的英语念出，将电脑转向嘉，请她翻译。嘉看完笑笑。我："同学，我试着翻译，你看对不对啊。"

"我相信我将能发现…呃，这是什么？"

"财富。"嘉回答。"这你都认得？"我说。

嘉："老妈，我们要背单词的好不好。"我："哦，好，好。"

嘉："不过，我现在不想背了。"我："不想背就不背。高兴就好。"

嘉："老妈，你想多了。"嗯，什么意思。一时没有接住这话的意思。我想了想，傻问："同学，什么叫想多了？""哼"。嘉从鼻中挤出。

我想想了，明白，开口："同学，呵呵，真的是，我想多了。"

第六十一天（5 月 4 日周五）

一模结束后的第一天。嘉正点按常规作息。

早餐依旧不给力，做的鸡蛋炒包菜，她只是蜻蜓点水般吃了些。不过，她将花卷带出了门，加之书包中的酸奶、橙子和荔枝，也够了。

迎宾路像着了"魔"，每天堵。从八一路口一直堵到营盘路口。公交上乘客下车步行。人很奇怪，居家无事，不说半个小时，一两个小时地消磨都不会觉得浪费时间，待在公交上，哪怕 10 分钟，都以为很长，超级难耐。

部门 10:40，主管层级会议。部分中层人事变动。罗总亲临。做重要讲话。贯彻罗总讲话精神，让人将讲话中的精华："人，最可贵的是自我激励与自我约束。"张贴，与馆人共勉。

**嘉爸：已到广州，飞机正常，5:30 到长沙，回田心后我们一起去长沙。**

**我：好。**

嘉爸 18:40 到家。简单逗留，田心路边小店吃了汤粉，开车驶向长沙。路上跟嘉爸说，嘉一模应该今天出成绩，去学校了解了解。

长沙一中，满校园飘香，甚是好闻。高三五班，教室内学生不多，嘉去试验室补课不在。我和嘉爸轻轻地走到教室后，瞧墙上张贴的东西。果然看到了英语和数学一模成绩。感觉嘉比上次六校联考有进步，欣慰。总分及排名无法查询，我问一位正在背书的黄姓男生，他的名字嘉跟我讲过，特有印象。他的父母年轻时喜欢看《射雕英雄传》，于是给他们的儿子起了男主角扮演者的名字。小黄同学非常热情，他说有一份，去帮我找。可惜没找着。

只能去老师办公室查询。办公室内班主任李老师正在接一家长来电。电话那头的家长也在问自已孩子一模考试情况，李老师详细地跟家长报告那学生的成绩及排名。放下电话后没等我们开口，李老师便大声说："怎么搞的，嘉考得这么差。我与嘉爸面面相觑，不知李老师何以这么说，我们明明看到的是嘉的进步啊!"

李老师拿着成绩排名走到我跟前，直指政治分说："只有 50 分，不晓得她怎么考的，平时里，我觉得她背得蛮好的。我还没有来得及去查分，这一门，她可是最低分啊，别人一下就差她十几分。"

我对李老师说："难怪她昨天说她文综没考好。有预感的。"

李老师情绪回位。我以为她刚才小激动缘于她是政治老师的缘故。

我说："其他课目还不错，都有进步，分数也上了到了 500 分，比上次进步了 50 多分。李老师见我没有任何责备的意思，舒缓地说："是啊，也可能这次考的恰好是她没有复习到的。不过，不能跟她说很好，否则她会放松的。”

嘉爸也接话：“是的，不能对她说考得好。”

与李老师就一些话题老调重弹。电话至，想着是嘉的，果真。接听，嘉问：“老妈，你在哪里?”我说在学校。嘉大概一回到教室，听同学说我们来了，她似乎有些不乐意。我知道。

我：“我们待会儿一起回家。”放下电话，跟李老师再次道谢，退出办公室，来到教室。

嘉在清理东西。我示意，她会知。我们三个走出逸夫楼。又一阵香味扑来。我问嘉这是什么香。嘉说是香樟树。她说前两天下雨，香味还浓些。关于樟树，嘉爸加入了探讨，并说樟木不起虫，田心家的储藏室一直保管着他从福建长汀带来的樟木箱，樟林箱离开福建已近 40 年，保存完好。

陶玻家，就一模考试，嘉爸说文综是最好拿分的课目，嘉很同意。嘉爸又说，高考一分压倒几百人，嘉附和说：“老师说，一分一操场。”

嘉没有排斥相关话题，表明她对一模成绩心中有数，乐见之。

第六十二天（5 月 5 日周六）

因为要与翔及其女友见面，嘉爸留宿陶玻家，这是他第三次睡在此。

做早餐时，嘉爸穿衣起床。问他为何不多睡一会儿，他说要送嘉上学。

嘉早餐依旧神情不佳。嘉爸将从马来西亚特带给嘉的零食一一开启，放了满满一桌，嘉并未领情。我见状，将一盒零食塞入嘉书包，嘱咐她到学校吃。嘉离家，与往常无二，嘉爸少见此状，问我：“不用送?”我说不用。心里暗笑。

时间不到 8 点，嘉爸提议爬岳麓山，我说到烈士公园走走。嘉爸坚持。

开车从营盘路隧道向河西，路不熟，绕了很大的圈子，所花费的时间相当开车到岳麓山下。湖大前在毛主席铜像旁的登山路，几十年未变，嘉爸提及当年来爬岳麓山坐的是立珊专线。山上绿树成荫，空气清新。向上缓行，虽为上坡，并不觉累。忽生感慨地说：“人如果生活中钱不是问题，那人会想要什么?”嘉爸没接。良久后说，身为湖大、湖师大、中南大学的学生，靠着这岳麓山，真是莫大的幸福。在“半山茶亭”，嘉爸问：“进去喝一杯?”我说：“这里会有什么好茶?”嘉爸说要有时间，就自己带上上好的春茶，烧上一壶山泉水，那才来劲。

鸟语林旁，中南大学正举行第二届春季登山比赛，青春洋溢的莘莘学子，看着让人羡慕。

返回后，联系翔，约定 11:45 到自助餐厅，借午餐机会，完成翔带女友“拜见”我和嘉爸的仪式。翔照例是迟到，见面后我毫不客气地数落他，他竟不服气，倒是第一面见面的小李，忙不迭地赔不是，懂事，第一印象树起来。

4 人落座。小李将见面礼送上，宁波老酒、红茶和给我的包、给嘉爸是坐飞机的靠枕、给嘉的运动腕表，弄得我和嘉爸不好意思。我脸皮厚，笑纳。翔与小李离座的某刻，嘉爸要我也买些礼物送给小李。哎，我想的有些复杂，道：“等下次小李到田心再说吧。”

翔与小李，相识于宁波。问谁追谁，翔坦诚地说是他主动出击。真难得。姻缘这事儿，真的说不清，翔原来 8 年的初恋，几经反复，终化作尘埃。这个小李，看上去干练，打扮偏职业化，讲话蛮得体，长得好看。整体感觉清爽。问及谈婚论嫁之事，翔说年内。

餐后，两两分开。回到陶玻家，嘉爸稍事休息，回田心。他周一又要去马来西亚。我则逛街。嘉晚上不上课，同往常一样回家吃饭。做了份肉丝西兰花炒面。嘉吃着蛮香，看着她吃，我就舒服。

小李送的手表，嘉喜欢，立即戴上。我将她原来的那块表从书包中翻出，说：“明天我去专卖店帮你将表带换换。”嘉说好。跟嘉聊起中午与翔和李见面的事情，表达对小李印象不错的看法，嘉饶有兴趣。转换话题，对嘉说，下午逛街时，眼睛再次变“蒙”，于是我做出一个重要决定。让嘉猜是什么决定。嘉迟缓片刻，说不玩电脑了。

“同学，你简直是我肚子里的‘肥虫’，怎么什么都猜得出来。”我说。嘉笑着说：“你真的不玩了？你那么执着要当第一的干劲哪去了?”

“那当然，”我说，“我开出两条路，一是保眼睛，一是继续玩，左右权衡，决定从今天开始，再不玩 QQ 超市。告诫自己，一定要忍住，再忍住。”

嘉笑着打开她的手机，进入她的手机网络……

第六十三天（5 月 6 日周日）

周日，嘉难得早餐中与我有话可讲。喝牛奶，吃鸡蛋，拿着玉米棒出门。

我被屋后展览馆内传来嘈杂的声音吸引，遛到展览馆看究竟。5 月 4 日至 7 日，正在举办“2012 第六届湖南茶文化节暨紫砂展、春茶展”和“2012 第八届湖南书法艺术品展览会”。9 点开放，每天开馆前，会有一台节目表演，以中老年艺术团体为主。又唱、又跳、又猫步，音乐加煽动的主诗词，好不热闹。

展览并不吸引我，绕场一圈，去商场替嘉换表带。专买柜台前，售货员告诉我需要预订，时间大概两个月，让我留下电话和姓名。

冰箱中无酸奶，打着这“旗帜”，又一通好买。于是当嘉放学，我抱歉地告诉她回家吃吧，又买多了。红辣椒肉丝炒面，加上两个鸡蛋，半片香干，递给嘉说：“看，史上最好吃的炒面来啰。快看好吃不？”

嘉尝了一口：“嗯。”“怎样？”我又问。

“嗯。”回答依旧，不过脸上带笑。唉，好，满意。替自己做了一份鸡蛋炒香干。吃得精光，超有成就感地说：“我真的可以当大厨了。”

嘉基于习惯，老说正餐吃不饱。于是取食桌上零食。吃着夏威夷果，对我说吃夏威夷果的精髓在于剥壳。原来的同座常带夏威夷果到校，总看到他费劲地撬那些缝很小的果，桌子，教室门等常被他当作开果工具。

除非聊天，否则，我喜欢有独立的空间。嘉在家，我出门。乐和城看《形影不离》。一部讲述白领遭遇重大精神打击而发生的一系列故事。涉及工作、感情、精神层面，算一部有深度的影片。

晚上，嘉不想出门。先消灭一个火龙果，再吃一份煮南瓜，说不饱，又蒸了蛋，对付过去。

第十周：第六十四天（5 月 7 日周一）

一上班，王同志便将档案馆画册最新版交我审定。

天渐热，人易乏。不知是什么原因，上周起，往长沙的快巴上人就不太多。一人坐两个座位，甲和乙临坐偶尔的触碰。胡思乱想有了没禁忌的空间。人格分裂就此开始。说来奇怪，车上，我幻化成甲和乙两人，不停地“博弈”。

甲：你今晚去跟嘉说，让她去住宿舍，你不想这么辛苦地跑通勤了。

乙：你有脾气吧，你现有的激情与动力全来源于嘉，不是她高考，不是租房，你有这机会吗？你以为天天待在田心家中，有意思吗？

甲：嘉现在的状态很好，况且，几次考试成绩显示，她稳中有升，对艺考生而言，她对付文考，已不用操心了。

乙：你做了什么？陪陪睡，周六周日偶尔做一餐，不得了了？

甲：嘉自己知道要什么，也是知道自己该如何努力的人，你是多余的。

乙：缺氧了你。你现在每天的充实感都来源于嘉，时间已过去三分之二，你不珍惜，却瞎想什么？将来，你想找这样的日子也找不到了。

甲：哎，我只是突然一下子，觉得很累。

乙：拜托，好好想想，过了这个村可没这个店，你难道还想让嘉再过一次高三？

甲；算了，我说不过你，当然，我也说服不了自己，我会继续下去。

乙：这还差不多。

二者合并，又成了一个人。想着，待会儿到陶玻，有时间就去超市逛逛，买点蔬果。长沙城区不堵，快巴很正点。时间尚早，决定走路回家。

没到8点，开启陶玻的家门。打开灯，天哪，“离奇的现象”——满屋的飞蛾，“炸”出我一身冷汗。怎么回事？稍定神，拿出主意，要么赶走它们，要么……

嘉爸：被扣在海关出不去，见识老外的警察是怎么磨人的。

我：啊，咋了，你又不是第一次到吉隆坡。

我知道，嘉爸因公护照快到期，前一阵他去三三一办理新护照。于是我又发出信息：是你的护照到期了吧。

嘉爸：办了一本新护照，去马来西亚一年签证的那张东西贴在老护照上，只有拿新旧两本护照过关，有的国家认，有的人认，有的不认。

知道是这原因，放下心来。我：呵呵，那就熬吧。

等待审核的嘉爸继续发来信息：在这儿看见各种各样有问题的人。我佩服那些一个单词也说不出来的人，也没看急死，就是一个个慢慢熬。

我：事情都会解决，夜不耽工，你应该耗得起的。

嘉爸：我们已快了，讲了半天，要我们拿出回程票，我们没打印机，只好找地方上网打印。

我：唉，我一回陶玻家，开灯后看到满屋的飞蛾，吓得一身冷汗。刚喝下一听啤酒，决定大开杀戒。嘉爸：没关窗户吧?

我：关了，是从厕所滋生出来的，好恐怖。嘉爸：一天就滋生了?

我：那当然，潮湿的环境早已存在，这一窝全从厕所吊顶的缝中钻出，那破茧成蝶胎盘的印迹还一丝丝垂在厕所天花板上。

嘉爸：多搞点防虫东西喷洒消毒。

我：我不想消灭它们，可嘉回家会受惊，蛾们，别怪我不客气了。

以家长会中所发，某本关于高考生的杂志作武器，见一只扑一只，见两只杀一双。不知哪来的勇气，越干越来劲。起先只想将它们赶出去，后来，竟完全置于脑后。对蛾们说："同志们，你们待错地方了，为了嘉不受惊，只能委屈你们了。"每杀一只，我说："拜托，不要再出现在我的眼前。"弄死一只说声对不起。厕所，虽不致将天花板卸下，但能触到地方，我都没有放过。

半小时后，眼睛扫过去，已没有了飞蛾肆虐。一屁股坐在椅子上，软了。

9 点多，嘉发信息说晚点回。以为会等到 10 点。谁知 9:20，她就回家了。没敢跟她讲飞蛾的事。只问她为何要晚回。嘉说："我们老师说，以后晚自习要到 10 点。"我说："疯了吧，咋这样，没必要。你自己把握就可，想回就回，不就是个高考吗，别把自己非人看待。"

嘉洗澡，我洗衣。做完家务，我放心睡去。嘉待在客厅，继续挑灯夜读。

第六十五天（5 月 8 日周二）

回望三四月，时间过得何其快，而正过着的 5 月，奈何这么慢。

心理作用。通勤的日子变成常态，原来的那些激情会渐渐消失于无形，加之嘉根本不用我瞎操心，人跟着跟着就倦了。

每天早上，办公室一落座，就提醒自己：坚持，保持新鲜感。

工作中，照例各主管各司其职，即便完全把我给“架空”，档案馆也照转不误。打心眼里感激档案馆每一位员工。

用心整理，《不疾不除》有了200多页，加上正酝酿的前言与后记，300多页的纪实性作品又呼之欲出。《不疾不徐》是支撑我保持“革命斗志”最有力的精神食粮。

快巴在长沙二环行进时，闷热的天气突然完全暗下来。一场暴雨即将来临。钻进火车站行人地下通道，雨倾泻而下，天地全被覆盖，不知何处是天，也不晓得何处是地。不一会儿，地下通道开始进水。人的渺小与无助，这一刻尽显出来。

等待20分钟后，天地界限始明。我嘀咕着该上路了。我有任务，要去帮嘉买可赤脚穿的凉鞋。想着，顶着包里的太阳伞，走向12路公交。五一路修路，加之暴雨，公交几乎不可能靠站停，在马路中间离站还有很长距离，公交就会打开前后门，任乘客上下。危险可想而知。韭菜园路口，后门开启，我准备下车，一辆公交从右擦着我们公交而至，我只好站在车门，等它过去。谁知，公交女司机冲着我大吼：“还不下车，站在车门干什么？”

是啊，站在人家车门边干什么？我只能灰溜溜地小心下车。走向蔡锷路地下人行通道。下去才发现，黑黢黢的，电线该是被雷电击穿。借手机光，小心通过。终于，一身湿漉漉地到了商场。在Crocs专柜，为嘉选购了一双白色透明休闲鞋。在超市，买了些食物。

户外，雨依旧。这下，除了黑色斜肩包，手中又多了两个袋子。得走上10分钟，才会到公交站。808公交起点站坐上车，气得以舒缓。

20:10，陶玻家，有灯，开门，嘉居然在家。问她咋回这么早，她回答不想上晚自习。我说：“不想上就不上。”说完，兴冲冲拿出休闲鞋给嘉看。问她喜欢不喜欢，说我为买鞋“历尽千辛万苦。”

嘉：“哎，老妈，你为什么非买这个牌子的鞋呢？”

我："我只知道这个牌子，也只知道那儿有休闲鞋买，除此，我就不知道上哪买了。"嘉："我们校门口，都是簸箩鞋，很便宜。我自己去买吧。"

我："那你是不喜欢这鞋啰。"

嘉："老妈，我俩的审美品位真的不一样。"

还想争取说："那我明天去商场帮你换一双？"

嘉："算了，我自己买吧。"

可想而知，我的内心会有多沮丧。还不能表露。对嘉说："那我给你钱，你自己买？"嘉："十几元一双，我有钱。"

不能就此话题再讨论，怎么论，我都是败者。换话题："同学，我还没吃饭，我做个青菜炒蛋，你吃不？"嘉："好啊。"

总算拾回了一点面子。"屁颠颠"地奔向厨房。

第六十六天（5月9日周三）

睁眼看窗外，天很暗。以为时间尚早，看手机，已经6:30。

细看，知道雨还没下透，乌云压顶，早间还有大雨。祈祷：老天，要下就赶紧的，别等到7:15后，那可是嘉上学的时间。

正想着，豆大的雨点开始砸下，打得玻璃钢雨棚发出巨大声响。还算好，嘉早餐后，雨点小了些。

嘉离家，我也没敢耽搁，走向公交站。今天赶上了136路。

在军分区门口，136路公交与路边一黑色小车剐蹭，下车准备转乘其他车。走到军分区站，这辆136路公交车居然与那小车司机调停到位，也开到站。复上车，跟司机说是刚下的，司机点头，也没有让我再买票。

办公室网络不知咋回事，慢得出奇。星参加中干竞聘，我帮他修饰竞聘PPT，昨天弄完一稿，凌晨一点多他将二修稿发于我。好不容易从QQ邮箱中把文件打开，花上心思精练文稿，再转发。网络几乎连不上，无流量可言。无论从外网、内站、QQ渠道发送都慢，真是的。

越急越有事。近午餐。静妹子来电，请我和"提提"吃自助。这可是太阳从西边出。一定得去。电话曹家巷，告诉老爸不回家吃饭。这边，叫罗同学拿U盘来拷盘。罗同学很快到我办公室，将文稿拷贝。

自助餐厅，一顿海吃。吃了9个烤生蚝，4份银丝干贝，两块榴莲酥，一碗翅捞饭，几块酱板鸭，若干中餐菜式，“提提”还帮我弄了份西米露。“提提”看我吃得香，说：“这么瘦，这么能吃。”我哈哈一笑：“这多好，连晚餐也省了。”

下午，将昨天的日志上传QQ空间。被不同的人解读，四种表达传递于我，非常感谢他们的关心。

“不立文字”：枯燥烦琐的日子被你写得富有情调和色彩斑斓，生活就是这样地存在了65天里。我就知道你在著书立传，期待ing。

“辣椒炒肉”不知不觉一晃就是60多天，苦难的日子快熬出头了。

“飘儿”：我总觉得这时你要把你的沮丧挂在脸上，那么辛苦总得要得到尊重。即便不喜欢首先也要感谢妈妈。我不赞成你这样对嘉。

叶文竹：看到题目就猜到是通勤的日子，会越来越好的，辛苦的母亲。

两个月的通勤，写在文字中，尽管是每一刻的真实记录，但仍带有我个人强烈的情绪特征。在外人看来，是做母亲的辛苦与不易。开始的时候，我也这么认为，走着走着，我发现了很多意想不到的好处。对我个人而言，避开了酒不表，说到睡眠，刚到陶玻家，因为家邻近营盘路，根本睡不着。从家中带来两副耳塞，每晚将其塞到耳朵，始能入睡。现在，我几乎头一沾枕头就睡，虽还借用耳塞，但中途醒后可拔去，具有了嘉爸超凡睡眠的魔力。

在购物方面，我似乎有一种病态的执着。认准一个地方，而这个地方有我的基本需求，我便会舍近求远，从始至终选择同一地点购物，不轻易移位。譬如：我楼下就有家润多，可我偏不在楼下购物，而喜欢跑到东风路或火车站的家润多去采购。

再说为嘉服务。嘉是一位朴素的女生，她极少对我提要求，但凡她提及需要，我便如飞蛾扑火般，尽己所知的最好去满足她。而她，从来都是喜欢才认同，决不会附和我，以为是我买来的就收入囊中。而且，嘉不认同我舍近求远的购物模式，她觉得，怎么方便怎么好。因此，尽管我自以为费力所购，换来的只是她嗤之以鼻。

晚上，到陶玻家。开灯，飞蛾再次频现，扑杀了 5 只，去商场替嘉换鞋。

我不知道她是否已在校门口买了休闲鞋，想的就是将昨天买的鞋换一双，如果嘉又不喜欢，我再去换，换到最后，实在没有她所需，就换自己喜欢的自己穿。商场 Crocs 专柜，说换鞋，服务员认出我，热情接待。挑了一双绛色鞋，鞋口镶有粉边，可松可紧。我试穿，很舒服。款式极为简单低调，如果嘉不要，我穿。

接晚自习后的嘉上楼说："同学，我今天去换了鞋，保证你喜欢。"进门指着鞋说："就那双"。嘉说："哪双啊？"边说边走向放鞋的墙角。她开始脱鞋、脱袜，我狂喜，知道她看见并肯一试。

嘉将脚放进鞋。我急切问："咋样？"嘉："嗯。"

我："说说嘛，喜欢不？"嘉："嗯。"

我："那我剪标签了。"嘉："嗯。"

鞋搞定。我掏出手机，将一组刚在商场拍摄的画面给嘉看。母亲节即将来临，商场与文化小学举办画母亲肖像活动。在两块黑板上，张贴小学生们画的母亲，儿童画。嘉哈哈一笑，说："好有趣。"我说："同学，这跟你以前画的画好像。"嘉自叹："哎，能回到小学就好。"

嘉问："为什么会搞这个活动？"

我："哎哟，同学，母亲节唉。"嘉："什么时候？"

我："这个周末。"嘉："哦。"

我："这个母亲节，我也要送点东西给奶奶，正好今天在超市看到有新西兰的黄金奇异果，明天，我去买点，带回去给爷爷奶奶吃。"

家中还有个别飞蛾仍在张狂，嘉准备洗澡，刚进厕所，飞蛾闪过。她说："咦，飞蛾。"我："好，让我消灭它。"

嘉："你真的打啊。我说：我不打死它，等下它就在你面前蹿来蹿去，不胜其烦。"说着，我又拿起那本书，扑向飞蛾。

嘉："飞蛾就是蝉。"我："啊，是吗？破茧而出？"

嘉："大概就是吧，至少是其中一种。"为求甚解，翻开手机，查询飞蛾相关知识，隔着门，对正在洗澡的嘉大声念出。

第六十七天（5 月 10 日周四）

雨转晴，空气透明，目光所及，可以很远很远。

整修中的五一路，倍儿清爽。快巴上，等待嘉爸信息。左等右等不见。猜他昨晚定有应酬，回家很晚，肯定还在甜美的梦中。如果此刻回开家门，定被嘉爸反锁在门外，唤嘉爸起床开门间，我肯定会大发雷霆，遂放弃回家的念头。骑着自行车，绕田心立交，从恒丰小区往东门方向骑行。

东门马路上，远望一熟悉人身影——崔园长。大声喊，崔园长回应。

久未见她，看上去精神很好。崔见我骑着自行车，很惊讶。告诉她我才从长沙回，她觉得不可思议。我邀她到档案馆坐坐，她说下午来。

坐办公室。嘉爸信息，问我几点到。看着手机，苦笑。午餐后回家，嘉爸说昨晚，下飞机，就直接被拉到云龙一号陪客，后 K 歌。果如此，算我英明，没主动找气。嘉爸又说，今天晚上去北京。习以为常。

悠游来办公室，幼儿园的美女主任兼才女，我的 QQ 好友。最近公司机构调整，她被新成立的后勤保障部唐部长看中，调任办公室主任。

和悠游聊天，彼此熟络，没什么禁忌。又说又笑，时间悄然而逝。

下午，崔姐姐来了，尽管已内退两年，依旧显得年轻，端庄，天生那种高雅气质一出现，令我周围充满魅力。我俩共事近两年，她当园长，我是副职。她，阳春白雪，由下里巴人的我作陪衬，工作中，倒也相得益彰，不温不火。

2006 年，我离开幼儿园后，我们很少见面。去年我借赠书的机会与她长聊过，甚好。

傍晚，快巴至长沙火车站，早上还是清朗的车站，一天时间，即被灰尘笼罩。公交车、出租车、私家车、三轮车、人流将车站前满满占据。

嘉近 9:30 回家。见我面，就大呼："人生啊。"这是她的口头禅，多少代表她当下的心情。我笑笑，嗟叹："人生啊！"削了一个奇异果，递于嘉。

第六十八天（5 月 11 日周五）

到田心，骑上自行车去曹家巷。我带了 10 个奇异果给老爸老妈吃。

太阳破云而出，新一轮热，来临？中午，对老妈讲，饭后回家洗被子床单，晒干后让她去帮我收。老妈却让拿到她那里来洗。

父母之命不能违背。我将待洗的东西放在家门边，下午上班后，老爸老妈不辞辛苦，将它们拿到曹家巷。哎，惭愧。

一个新问题即将摆在眼前：嘉高考完后，我该干什么？下午，在办公室，与谢、李二人探讨，没有答案。

不到 9:10，嘉下晚自习最早的一次。楼梯口接到她，急急地说："同学，我有两个'宏伟'的目标，想实现，但都需要你的配合。你配合否？"

无回答。片刻，走在我前面的嘉："老妈，跟你说啰，明天要早起。"

我问："起早干什么？"嘉："不是'早起'，是'交钱'。"

我："交什么钱？"嘉："什么试卷了，等等。"

我："哦，交多少？"嘉："880。"

我："啊！这么多，880 啊。"嘉："什么呀，你怎么听的，380。"

哦，这还差不多。我接着说："同学，你听说我啰，我有两个计划唉。但必须要经过你的同意。"嘉问："什么？"

"一个是，从这周开始，周六日你回家吃饭，可否？"

"不行，哪有时间啰。"

"哎哟，你莫急于否定，搞得我怪不舒服。我不是说每天，是周六周日。"

"哦，明天肯定不行，一天都有课。后天上午考文综，然后没课。"

"那好啰，那就后天一天在家吃啊。"没回答。

我："还有，跟你讲，如果你明天上课，我去新华书店或定王台，这可是我两个多月来第一次去，你想要我买什么书？"

嘉："哪有时间看。我去过几次定王台呢。"我："真的，什么时候？"

嘉："高二的时候。坐公交车去的。"

我对嘉说："同学，通勤 10 周了，我第一次想到还可去书城，打发时间，可见我是多么地不喜欢读书。抑或说，过去假装喜欢读书是多么的可笑。"

嘉抿抿嘴。这两个想法，来源从火车站行进回家的路上。离高考不足 4 周，又发现了一条可让我充实起来的路径。感谢自己。

第六十九天（5 月 12 日周六）

512，汶川地震 4 周年。睁眼，感知“老天在流泪。”

计划中购书，要出门，天不让。待在家中，等待雨住。

嘉爸昨晚从北京回田心。发信息说很久没有给我买包了，发现一款我会一见钟情的包，买下了。早上又来电，说这两天在中南大学上 EMBA，问我需要带什么东西到陶玻。我说没有什么特别的需要。

10 点刚过，嘉爸信息：**安卡拉地铁中标了，324 个不锈钢车。**

我回复：**神奇。**想起嘉爸曾经跟我说过去安卡拉投标的故事，其中，关于议价，他就做了 4 个方案，直到投标前最后一秒，他才取其一，亲自将价格标书投下。中标了，他定很兴奋，信息中可窥一斑。

我向嘉爸证实猜想：**就是那个价格博弈的单？**

嘉爸：**土耳其首都，是的。我们的不锈钢线可忙乎一两年了，压力暂缓。**

雨，不依不饶，持续。苦于家中实在无味，冒雨出行。

袁家岭新华书店，收获 7 本书：《窦文涛跟陈丹青聊天》、《佛祖在一号线》、《我的非正常生活》、《7 姿 16 式》、《张艺谋的作业》、《如丧》和《重点所在》。7 本书令身体负重，却满心欢喜。还剩 4 周通勤的日子，够我在一月内品读。

雨，一直倾力而下。我支撑小伞，偏执走回家。嘴里哼着陶喆的《找自己》。

晚上与嘉聊及我的书，提及李煜的《清平乐》：别来春半，触目柔肠断。砌下落梅如雪乱，拂了一身还满。雁来音讯无凭，路遥归梦难成。离恨恰如春草，更行还远还生。

我说，这个春天，雨水特别多，楼下樟树秋天未落下的树叶与新生的花蕊，经风雨吹打，残枝散落，清洁工人没日没夜地扫，不可穷尽。

嘉说：“我们的作文素材中《哈佛家训》，有篇文章叫《明天的树叶永远不会今天落下》讲一位小男孩，父亲交给他一项任务，要他每天上学前将树叶打扫干净。秋冬之际，树叶总是不停地落下来。头一天扫完了，第二天照常落满庭院；刚刚清扫完，一会儿又落下几片，总扫不净。男孩从别人那里得到一个好主意：扫地之前，先将树使劲儿地摇，小男孩将院外的树一棵棵摇了又摇。第二天，他高兴起床。谁知开门一看，院子里依然是落叶满地。男孩傻了眼，可他还是不死心，又去抱着树摇了又摇。但无论今天怎样用力，到明天清晨，还是会看到满地的黄叶。父亲知道了男孩的烦恼，他告诉他，每天都会有落叶，今天只落今天的树叶，明天的树叶只能在明天落下。”

我说起了北岛《午夜之门》中收录的《后院》中，首段写道的文字：“起风了。我站在窗前发愁，眼看着后院四棵橘子树和从墙外探进身来的三棵野树的所有树叶，都要落进我家游泳池。那意味着绝望的劳动，刚捞起一拨又来一拨，要是鱼或美元倒也罢了，与天奋斗的结果是一堆烂树叶。”

第七十天（5 月 13 日周日）

嘉文综测试。学校很重视，给学生家生发信息望家长督促孩子 8:40 到校。嘉出门，我们约定，中午回家，我做饭给她吃。

中午，她进门，手里拿着一支康乃馨。我猛然想起，母亲节。

将花递与我，嘉就叹气，说文综考得好“唆滴”。我：“过去了，就别想了。”嘉这种表现，正常，每遇大考，嘉定会与平日有所区别。

嘉：“明天就高考，考完算了。”

我：“是的，是的，一轮接一轮的模拟考，磨人。”

为缓解嘉的心情，我赶紧从垃圾袋，找出早上丢弃的听装啤酒空罐，装了水，将康乃馨根部剪了斜角，放进去，展示给嘉。嘉：“呃，这也可以?”

我：“当然，有啤酒余香，肯定能活一周。”

嘉：“不可能。”我：“拭目以待。”

青豆炒面，炒苋菜，蒸水豆腐。嘉吃得很爽，我不住地称赞自己手艺。

为让嘉从测试中的不良情绪脱离，我说：“隔壁又在办新的画展，待会儿去看看?”

嘉：“嗯。”

省画院，正展出一位卓姓画家水粉画展《石头记》。二三楼展厅被锁，门口告示显示，下午两点开门。不甘心白跑，拉着嘉，将省画院一楼的画廊：

文新画廊、省书画院画廊、李氏艺廊、湘云画廊和水墨春天，逛了一遍。

她的心情并没起色，不易与之久待。我：“去看电影?”嘉说不去。我：“那我去，你一人在家?”嘉同意。

选择出门，只不想受嘉情绪干扰。往往这时，嘉会沉浸在手机的网络世界里，如果我下午待在家，看见嘉专注手机，会忍不住叨唠，更会刺激到她。最好的方式，两人待在不同的地方。

乐和城的芒果博纳 10 号厅正在上映《影子爱人》。张柏芝主演，一人分饰两角。她还是她，皮肤与景甜的比，差很远了。男主角，标准的韩星做派，酷帅风格，不够幽默，比《晚秋》中的那个稍逊。

电影后，逛超市。在 Crocs 专柜有模特表演，鞋打特价，自叹自己从来就交不到这样的好运，前两天买的那双鞋，因连续阴雨，嘉还未穿。

五一路，为迎接中博会，仍在大改造。某处，一群人蹲在地上，围一圈，边拧螺丝边交流。多看了两眼，他们穿蓝色长袖工作服，背上印着“嘉诚护栏”，一位工人偶尔抬头，正与我照面，他一脸稚气，笑容阳光。好似被感动，我的脸上也随之绽放笑容。

晚餐后，拖着情绪仍不太好的嘉散步，我说：“其实我觉得，过去的这两个月，回头看还是挺好的。尤其是看我的日记，真的，很值得珍惜。当然，我是站着说话不腰疼，不是我亲历高考，你必须将高考完成，才会有切身体会。”

我又说：“整理文稿，200 多页，相当有成就感。大文豪们写历史，那些波澜壮阔的事件，哪一件是作家们亲历?因他们勤奋，将历史写进小说，成就他们，也成就经典。假设中国若干年后取消高考，那后人，无从知道高考是什么模样?那时，我的书就成为历史素材，启发后人的想象。”

嘉：“算了吧，中国怎么会取消高考呢，做梦哟。”

嘿，无所谓啦。我想，至少我自己的历史变成了记忆，真实的记忆。

嘉：“你知道吗?今天买花时，好多人在买。”我：“真的?”

嘉：“嗯，有一个男生买了很多支，我很奇怪，问他为什么买这么多，他说他们班女生让他买的。”我：“呵呵，康乃馨多少钱一支?”

嘉：“你猜？”我：“5 元。”嘉：“嗯。”我：“那平时呢？”

嘉：“两元三元吧。”我：“在哪买的？”嘉：“楼下。”

见嘉情绪向好，我：“同学，问一个问题？”

嘉：“你想说什么？”

我：“你沉浸在手机中的这种状态，怎么没有叹气？也不显烦？”

嘉：“这算半个我喜欢的事。学习，我就不喜欢。讨厌作业，讨厌背单词。”

我不能顺她的话，转而用表扬的口气，表达：“当你要干什么事的时候，还是拿得稳心态的，你觉得呢？”

嘉：“就是很烦。”我：“讲一下，为什么烦？”

嘉：“没有为什么？”我：“是不是只要一看手机，就不烦？”

嘉：“也没有啊，看手机是在接收信息。”我：“对将来有什么想法？”

嘉：“反正我没有什么动力了。”

面对此刻的嘉，我告诉自己她只是说说而已，不用当真，也一定不要尝试着去引导，去说服，谁都有情绪不稳的时候。

想不出什么更好的办法，于是，保持沉默。

第十一周：第七十一天（5 月 14 日周一）

鉴于嘉昨天考试后，一天心情不敞亮，我决定从分数上找对策。

打电话给李老师，第一个未接，该还在上课。12:04，再拨通李老师电话，很快接通。

我：“嘉这次文综如何？”

李老师：“200 多分，考得很好。在几个艺考生中，她考得最好。”

一喜一忧。喜的是，嘉的心情因为这个成绩，会得到暂时安慰，忧的是，还有两次模拟考啊。每次主动探听嘉的成绩，是为早预知早想对策。我知道，嘉是一个对自己有要求的孩子，她知道要做什么，但一次一次考试，出成绩，弄排名，总令她心情反复。

将一个独立且与体制轨迹有冲突的人，放在同一个环境中，来回折腾，人因要适应这个环境，会主动顺从这个体制，变得没有个性，加之，嘉算一个中规中矩的孩子，她知道要完成高考这个过程。不过，这分数，嘉定可以接受，我想，晚上，我能面对一个“阳光灿烂”的嘉了。

果然。晚自习后，嘉的电话，声音中都透着开心。哎，都是分数给闹的。

种在啤酒罐中的康乃馨似有香味飘散。发现新大陆似的，我奔向康乃馨，嗅了嗅，惊呼：“同学，瞧，它比昨天不仅开得饱满了，而且散发了清香。”

嘉闷笑，不予理会。我开始做文章：“同学，你知道吗，它为什么飘香？既有自然因素，也有人为因素。”

嘉爆笑：“哎，它还有意识的能动作用呢？”

我：“是有的。任何生命都是有感应的。你看，昨天你不开心，它也不太开心，今晚，我俩很嗨，它便也呼应。来，我将它拍下来，留作纪念。”

正拍着，嘉冒了一句：“这是它寿终正寝前的遗照。”

“哎，同学，怎么这么讲，不好？”

“好啰，那就叫风华正茂之时的艺术照。”

“对，凡事都从正面想，就 OK 了。”

我又说：“同学，看你今天的心情，我就高兴，你每天这样，就好了。”

嘉：“我本来今天准备早点睡觉。”

我：“是的，应该的。你从现在起，改变作息，早睡早起，第二天自然醒，精神定好。学习这个东西，别以为弄得越晚，就学得越多，每天上课 45 分钟和晚自习，好好把握，就行了。我现在才知道，什么是有用功和无用功，关于这点你肯定比我清楚。”

嘉：“就怕我上床后睡不着。”

我：“习惯就好。你记得昨天早上醒来的第一句话吗？”

嘉：“没睡醒。”

我：“是啊，你用这样的状态去开启新的一天，无论如何都好不到哪里去。我们试着从今天开始，11 点以前就寝。”

洗漱后，嘉真的去睡了。或许是这晚嘉的心情格外好，弄得我有点激动。

躺在床上，居然有点小失眠。

第七十二天（5 月 15 日周二）

在办公室的一早上什么事都没有做，总会在刚想着什么的时候，有人到，总会在刚落下键盘时，有电话到。

下午 3 点，嘉的收到信息：**《四级词汇分频精讲速记》**。

还买书？我心想，同学，什么时候了，有必要吗？

嘉随后补充：**老妈，帮忙买一下单词按频率排的书，不一定是这本。**

再补充：**最好是高考或四级的**。嘉的请求我从不会拒绝，但今天不可能去书城，我只能回复：**今天不行，没时间了**。嘉爸有信息：**下午回株，5:30 到长沙**。他昨天匆忙出差，去了宁波。

傍晚，从家中拿了咖啡机，起程去立交。出小区时一辆银色奔驰停在我身旁。正诧异间，车窗摇下来，一张熟悉的脸探出，是紫藤苑邻居徐，问我去哪？我说去立交坐快巴。她说送我，我说不用，麻烦。她说她也去长沙，正好顺道。天！这么巧？

路上，徐说她女儿在长沙河西读初二，她一有空，下班后就去长沙，她家在学校附近买了房。我说，初二你就陪，还有 4 年啊。徐说女儿处叛逆期，关键。徐送我到湘江中路的万达公馆，她借营盘路隧道过江，去河西。

见到嘉，先将她带到厨房，指着咖啡机，说："同学，看什么？"

嘉："呃，老妈，没多少天，你怎么还把它带来？"

我："我开始觉得这有家的感觉了，所以带了过来。也因为没几天，所以想过得更滋润些。"

我又说："同学，跟你讲今天的经历。我今天搭了顺风车。我们姓徐的邻居，正好也来长沙，陪初二的女儿。她说她女儿的叛逆期。"

嘉："初二就叛逆？"我："是啊。这初二的小女孩跟你一样，也喜欢动漫。徐妈妈比我年轻，不过，处理的方式和我完全不一样，她用禁止或限制的方式，而我，完全放开。看看，还是我好吧。"

嘉："呃。"我："我对徐妈妈说，禁是禁不住的，还得根据具体情况区别对待。徐妈妈说就是因为她接触了动漫书籍，很是担心孩子。我说，要相信自己的孩子，孩子们有辩识度。”

嘉：“是的，老妈，我跟你说，其实小孩比大人想象的要懂事早得多。大人总以为孩子什么都不知，学生们通过媒体，什么都能接触。有些学生，会经常将其看到或听到的，大人想象不到的东西，去讲给其他同学听，再‘纯洁的’人，也会从不同渠道接触到。”

我：“徐妈妈说看到的日本中学生小说，都写得很血腥，是这样吗?”

嘉：“那倒不一定。日本动漫分类很多，有少儿系列、少女系列。少儿系列如《名侦探柯南》，少女系列如《美少女战士》，你都知道的。”

我：“是的，这些动漫很有趣嘛。”

嘉：“我也看过一些血腥加不堪入目的文学作品，有被吓到。”

我：“对，我想也是这样。人不可能只接受单向度的作品，有纯的，就有不洁的。我相信你，所以从来不对你要的提出异义。是非分辨一定是由个人的体验完成的，而不是他控。还有，我一直觉得你很自律，知道自己什么时候干什么，是吗?”嘉：“那也不一定唉，有时，也会控制不好。”

我：“这正常。大人也一样。我认为，一类事物到一定程度，总会有个回转，或保持平衡，决不会一直向上。像我玩游戏，玩到吐血，砸电脑的念头都有，始知放缓脚步。”

我：“对了，徐妈妈说，她与女儿班级同学交流时，同学们说如果她女儿，如能把三分之一看动漫的时间放到学习上，她的成绩就会大幅提高。”

嘉：“不尽然。一般人总会这么认为。每个人在自己内心，对某项事物信息接纳是有一定比例的，不会因将倾注甲事物的精力转移给乙事物，导致对乙事物就像她们所说的成绩提升。不排除特例。”

我：“对，我也这么认为。”

第七十三天（5 月 16 日周三）

快巴上，接到嘉爸信息说接我。8:52，我到立交。嘉爸晚到两分钟。

嘉爸：“找个时间去逛逛商店，买点东西?”我：“好啊，午饭后去。正好帮嘉买书。”嘉爸：“都什么时候了，还买书？”我：“我也知道啊，但嘉提出来，又是英语方面的，能拒绝吗？明知没效果，还是要买，一个心里安慰。”

老妹来电。昨天不知在哪看到一段话，带感，于是电话中念出。我虔诚地记录：“我喜欢一个人捧茶杯，让思绪漫游天外，我总觉得，人的一生是个收集和被收集的过程，每日精神或平常的感觉慢慢积累，沉淀出便是完全属于自己的世界和人群，有时，总以为自己拥有很多，但低头盘点，未来不可预知，现在，稍纵即逝，真正可据为己有的只有那些散落的回忆。”

午餐后难得与嘉爸上街。车在株百停车场停稳，嘉爸自己都感叹，好久没来了。买了一克西洋参。再去书城，找不到嘉所需的英语书，不能空手，买了一本感觉接近的书，估计99％无用，但可向嘉交差。

嘉爸说，明天要去南宁，还说，6 月初要去土耳其。我想说，你崽高考唉，能不能让别人去之类的话。控制住了。没有用的。说了也白说，有我陪着嘉，他还需要操什么心呢？

回到陶玻家，嘉又在家。本来，我是准备到家后，再去家润多买点水果，看见嘉在，先赶紧将中午买的书交到嘉的手上。嘉一看，叹了口气，说：“老妈，你没有理解精髓，压根不是一回事。我要的是按频次排列的，你买的是按字母排列的。”我自嘲般嘿嘿一笑，说：“那我后天帮你去定王台买吧。”

嘉进入作业状态，我说：“同学，我去买水果，想吃什么？”嘉说：“普通的，香蕉什么的。”

我说：“好，就买香蕉。”

第七十四天（5 月 17 日周四）

奇迹，嘉早上 6:30 起床。我问：“睡好了？昨晚 11 点睡的？”

嘉：“10:30。”我：“难怪。多好。”

7:10，嘉离家后，我也出门，比往常早 20 分钟。

快巴上，嘉爸问我几点到，我很纳闷，问他不是今天去南宁么？他说 9 点多出发，接我后来得及。但是感觉到一阵温暖。

事难料。快巴快至云龙新城，司机接到前方快巴司机的电话，说红旗路有罢工，路被堵，让他改道。于是司机决定从株洲东下高速。我赶紧将变化通报嘉爸，让他不要来接我。

首次在红旗广场下车。决定取公共自行车骑回田心，顺道猎奇堵车的现场。骑至湖南省火电公司，看见两台加长货车并排将火电公司大门封死，估计这儿就是堵车的起点，一旁红旗路上，很多警察，路已恢复通行，较缓。

晚上回长沙的快巴还未到收费站，车便熄火，再无法发动。司机联系维修人员救援。基于对车况不明晰，我下车，伺机等待下一辆开往长沙的快巴。当救援人员随下一趟快巴至。我毫不犹豫再次登上车，对司机说："师傅，我重新买票，随你的车走。"司机默许。

顺利随车到长沙。下车，没有失言，掏出 24 元递给司机，他既尴尬又兴奋，我向他索票，他从在司机室翻了张车票给我。

见到嘉，嘉："我们明天同学聚会。"

我："对了，明天中博会开幕，调休。你们毕业聚会?"

嘉："不是，初中青竹湖的余 R 同学去美国，周老师说让我们送送她。"

我："她也是文科生?"嘉："不是，理科班的。"

我："去哪里?"嘉："金太阳。"

我："你知道地方吗?"嘉："刚下课时，有同学指给我看了。"

我："是啊，就在长沙一中旁边。"嘉："你怎么知道?"

我："哎，你们一中方圆一公里我都熟悉。再说，你老爸每次到一中，路过金太阳，都会建议我们去吃一次。"嘉：那"你们吃过?"

我："没有呢，你明天去尝尝，好吃，下次我们再去吃。对了，我带了两盒巧克力和一盒糕点，都是你老爸出国买的，正好，明天带去一盒巧克力送余同学，糕点大家吃。"嘉："老妈，你是不是借机消灭它们。"

我："哎哟，是的，你老爸喜欢买，我不吃，你不吃，那只有送人了。"

## 第七十五天（5 月 18 日周五）

第七届中国中部投资贸易博览会将于 2012 年 5 月 18 日在长沙举行。

昨夜，烟火开启中博会序幕，湘江两岸，冲天礼花绽放，迎接八方贵宾。

早醒了，赖在床上很久。闻动静，知嘉起。翻身下床。

将菜椒西红柿鸡蛋炒年糕端给嘉。吃得干干净净，这可是第一次，嘉将早餐一次性吃完。我看着空碗说："同学，真想抱你一下，看，吃得多好，以后还是要彻底睡醒，就能好好吃饭。"

嘉："你知道吧，我们班同学正在讨论去旅游。"

我："真的？你也去。"

嘉："我不去。我们老师跟他们说高考后再讨论，同学们则说，现在订票便宜。有个女同学的家长让她高考后再定，随便什么时候、票多贵都没有关系，钱家长出，可那女生还是跟组织者说，先帮她订上票，到时候再跟他父母说是临时买的。"

8:58，定王台新华书店还没有开门，门口已聚集了不少老人和学生。

转到附近书市，买了一本与嘉发给我手机照片中一模一样书。

重回新华书店，门已开。书店一楼，与很多书店布置的一样，将所谓的畅销书放在最显眼的位置，顾客随手可取。那些名字千篇一律，不断重复着：成功、心理、操控、幸福、舍得、财富、博弈、心态、发迹、交际、营销、应酬、厚黑、礼仪、卓越、输赢、哲理、老板、创业、智商、情商、巅峰……

很讨厌这毫无特色的布置，纵深搜寻。大书店，总能找到自己想要的书。

《书之孽》《生存的习惯》《观点》《不适之地》《美丽的恶意》《如何是好》《见闻札记》，绝大部分是国外女作家的作品。《香樟年记》落入眼帘，梢带收入，翻完，后悔得不行。

嘉与同学在金太阳聚餐毕，打电话给我。我打开四楼楼梯口防盗门，等待她上楼。有一位白皙且气质不凡的女士拎着两袋食物先于嘉上楼，我支开防盗门，侧身协助她上楼。随在她身后，伴嘉上楼。那女士主动发问："你们几楼？"我："六楼。你呢？"女士："七楼。"我："那岂不是很热。"女士："你们房子多少钱一个月？"我："1800 元。"女士："这么贵？"我："嗯。"女士："我到你家看看。"我："好。"

602，女士边进房间，边审视，边问："你们住到什么时候？"

我：“那不就是高考完哦。你家孩子多大？”女士：“初二。”

我：“初二就租房，还要住 4 年，顶楼很热，夏天多难受。”

女士：“是的。你这窗不是双层的？”

我：“是啊，每晚上要戴耳塞。”

女士：“如果把床调换到冰箱这房间，可能好些。”

到底是做母亲的，眼光犀利。

我：“是的，会好些。”

女士自言自语：“1800 元，有没有少哦？”

我：“没有，多一天都算一个月。”女士谢过后，上楼。我展开与嘉对话。

我：“同学，礼物余同学喜欢不？”嘉：“好多同学都送了。”

我：“哎呀，看你老妈，做事就是这么到位。你说我怎么就知道昨天带巧克力来呢？”嘉：“你到底想说什么？”

我：“没什么，就是想表扬一下自己。有多少同学聚餐。”

嘉：“10 多个。”我问，几桌。嘉说一桌。嘉掏出 100 元钱交我。我问：“没有 AA 制？”嘉说：“有人付了钱，可没问我们收，再说吧。”

嘉：“哎，都是初中同学，当年还在上初中，现在就考大学，烦死了。”

我：“人都是要长大的嘛。”嘉：“烦死了。”

我：“你们聊什么？”嘉：“那有什么聊的，都是胡诌。”

我：“有没有谁和谁谈爱的。”嘉：“那怎么可能。”

我：“待会儿，我去看电影，《我 11》，王小帅导演的。”

嘉：“王小帅，是谁？这名字很奇怪哦。”

我：“名导演呢，第五代导演，导演过很多名片，什么《青红》啊之类。”

嘉：“没看过。”

看完电影，回家对着嘉，又开始叨唠：“同学，跟你讲罗，本来去看《我 11》，可两个时间都没有对上。准备离开，听见广播讲《复仇者联盟》正验票进场，想着不白来一趟，于是买了《复仇者联盟》。哎，3D，美国大片，典型的美国英雄主义，只不过这次，什么美国队长、绿巨人、雷神、钢铁侠、黑寡妇、鹰眼等，英雄齐放，群侠争鸣，好看。”

嘉："啊，好看?"我："确实好看，反正，经典的模式，历经万苦，地球得以拯救。不过，我不得不说，电影节奏过快，还是有点跟不上的感觉。"

嘉："我好佩服我们班同学，晚上 11:30 睡觉，早上 6 点就起来了。"嘉调转话题。我："真的。你在画室不也这样吗?"

嘉："那就不是啊，睡得晚，但 7:50 才起啊。"

我："后来校考时，你不是起得很早吗?"

嘉："那才几天，没几天的。说着她有点激动。"

我也转移话题："哎，我看你是朦胧的，是我眼睛有问题?"

嘉："你眼睛有问题!"我："是的，是有问题。"

嘉："你很搞笑。"我："是吗?"嘉："我一直觉得你搞笑。"

第七十六天（5 月 19 日周六）

六校联考、第一次模拟过后加 N 次单科测试后，嘉适应了文考环境。今天是第二次模拟考试，从昨天的状态来看，嘉对二模的表现基本淡定。与我的对话交流通畅。嘉起得较晚，我只在 7:30，提醒赖床的她。而她，近 8 点才出现在客厅。我懒得催她，催也没用，她有判断。早餐"消灭"得比较彻底，仅此，足以令我欣喜。能吃，那还有什么不放心的呢?

嘉 8:35 离家。我开始琢磨自己一天的计划。看看书，写写字，对了，看《我 11》。

乘快巴回长沙。陶玻家，往床上一躺，不想动弹。直到嘉回了。

进门，嘉主动说："数学考得好'唆'的。"

老套路，我呵呵一笑。复回到床上。半小时后，起身弄晚餐。

豆腐菜椒炒肉炒面，外炒一碗木苋菜。嘉边吃边看手机，我叨唠："同学，好吃吧，每次看你吃我做的东西，就兴奋。我的手艺是不是日臻娴熟?"嘉："那有什么用，考完后你也不会再做了。""那可不一定哦。"我说。

我又说："如果哪天你吃饭时，不再需要我发问，便夸我的菜做得好，那我可就达到一定的境界了，你说，会吗?"

嘉："饭店厨师做得再好，也不求表扬啊。"

我：“那不一样，好不。就像木苋菜，知道我每次洗几遍？三遍呢，你说饭店会这么洗不?”嘉：“那肯定不会。”

我：“所以嘛，此番操锅勺最大的感触，就是将来去饭店少点青菜。”

我：“你猜，小的时候，我们仨姐妹谁洗菜?”嘉不语。

“哎，你猜猜。我执着。”嘉依旧不语。无奈。自己回答：“红阿姨啰。她洗菜干干净净，看不到一只虫子，而我们家其余的人，都不如她。我洗的话，常在菜中发现虫子。”嘉大笑。我再说：“那个时候看虫子习以为常，挑出来扔掉即可。后来不做饭了，但凡发现虫子，就会大惊小怪。而这几个月，开启做菜以来，我对虫子又麻木了。”猛然想起厕所很多碎发突然发问。我：“哎，同学，你是昨天还是今早剪了头发?”

嘉：“嗯。”我：“哎，你看我后面的头长且不齐，帮我剪剪?”

嘉：“啊!”我：“没问题的。你高中三年，全是自己给自己剪头发，剪得那个好，有时我都很嫉妒。”嘉：“不是吧。”我：“是的，你就把我当试验品，剪齐了就行。披上毛巾，拿上剪刀，走进厕所。”我：“来啊。”嘉也跟了进来，将剪刀递她。嘉真够淡定，剪下一刀，两刀，很快。嘉：“好了。”我说：“左边?”嘉：“左边本来就比右边短。”

拿下毛巾，跑到客厅，照镜子。比原来好多了。兴奋地说：“同学，今后你就当我的御用理发师算了，既省钱，又漂亮。”“不是吧，老妈。”嘉说。我在墙镜前左右转着，真是越看越觉得好。

嘉望着我，微微笑着。我说：“同学，你老妈真够疯癫的吧?”嘉明亮的双眸持续望着我，淡淡的笑，弄得我有点发毛，低调下来。

嘉明天二模文综和英语。她拿起书，复习。未几，她轻叹：“好烦唉。”

我说：“不想看就不要看，你在这个时候，既学不进，又会平添烦恼。要知道工夫在诗外。”

第七十七天（5 月 20 日周日）

睡醒，手机提示音响起，提醒充电。去嘉的房间充电，她正抱着枕头，头埋在枕头里。她早上最怕自然光。画室的时候，她就令我将画室窗户遮得严严实实。陶玻家，她的卧房，窗帘已是双层设置，防止光线侵入。

插好手机电源，突然看见嘉床上放着她的手机屏亮着，显示某网页，网页的画面我猜是有关动漫的。原来她早醒了。

心中，有些隐隐生气。其实，她每次模拟考试期间都会觉得心烦，不想看书，抱着手机上网，我理解，从不发作。我说：“同学，大亮了，起床吧。”

早餐中，想起今天日期，故大呼：“哇塞，你知道今天什么日子吗？520，我爱你。”嘉未回应。片刻，嘉：“老妈，你帮我把卧房的窗户蒙上啰。”

我：“全都蒙好了，还要蒙什么？”

嘉：“今天早上什么这么亮堂，昨天就没有啊。”

我：“昨天下雨了。”说着走进她的房间。老式房间门上，都有气窗，光线透过两扇气窗射入。嘉：“这么亮，讨厌死了。”

我：“哎，同学，这可是自然光，没必要蒙上。”

嘉没再说什么。我想，等她离家，找两张报纸给粘上。不过终就没有蒙上。(后来嘉自己找了个布袋蒙上。)

饭后，嘉说：“老妈，你帮我请病假，不想去考试。”

我没有正面接，说：“人总是要面对的，像我，50岁了，依然要面对各种各样的事儿。”我又说：“我给你剥荔枝。”剥好，留下尾部让她拿，希望她一口将肉吃入，再将尾部剩余壳丢去。她却不，她将壳全部退去，拿着荔枝的上部，从尾部吃，一小块一小块地咬，吃到三分之二处，扔掉。我看着急，大叫：“哪有这么吃东西的，简直令人崩溃。哎，你怎么什么都跟别人不一样啰。”站在客厅，原地转了一圈，试图知道自己下一步想干什么。这是我无所适从的表现。

想了想，能干什么呢。嘉到了时间自行去学校考试，便眼不见心不烦了。

嘉去考试了。一个人的家，天马行空。

每个人成长的节点和接受程度大相径庭，不可拨亦不可压。碰巧，到了高三这个节骨眼上，嘉的逆反开始顺势增长，我有明显感觉。这要依我过去的脾气，每遇一些我以为不对劲的场景，定暴跳如雷，而今，我会任事情发展，静观其变。自己和自己有什么会过不去呢？

有些人，需要静静陪伴；有些人，需要叨唠陪伴。不必大一统的。我的宝贝，她的话，有些不必太置于心，听了就听了。就像叹气，非得弄清为何叹气，岂非自寻烦恼?

11:33，嘉电话到。电话那头，她正跟同学在讲话，声音较大。好现象。

我赶紧:“我在家里。”

嘉:“哦，你在家。”我:“是的，你回来啰，我开始做饭了。”

开心啊，开心。进门，嘉的眼光就一直停留在手机上。肉、菜、面都准备就绪，我开始剥大蒜。唤嘉:“同学，来帮忙剥大蒜。”嘉跟着我到垃圾袋旁，蹲下。眼光却还在手机上。我说:“同学，能不能放一放手机啊。”话落，将两颗蒜放于她手。

嘉:“等一下，百度一下吴客。”一只手接过蒜，另一只手仍在手机屏幕上写。能跟过来就不错了。我还能怎么要求她。心里这么想着。

嘉的手机屏幕已显示了吴客的信息，于是将手机放在地上。我开始借机发挥:“哎，问你一个问题?”嘉:“嗯?”我:“你这样没黑没白地看手机，不会腻吗?不会吐血或贩（田心话，意摔）手机吗?”

嘉:“不会啊，我已经贩过一次了。”她还记得。

我:“我不是这个意思，上次你是气极而摔，那是特例。”

嘉:“那你什么意思?”

我:“我的意思是，任何一样东西都会有厌烦的时候，就像我玩游戏，终至‘吐血’、眼睛无力承受，方罢手。”

嘉听懂了，抿嘴一笑，将剥好蒜交我，捡起手机，进了客厅。

我追着问:“那吴客是什么意思?”

嘉:“什么地方人。”我:“历史书上没有吗?”

嘉:“哪能都有，跟你说了高考是选拔性的考试，你就是将书倒背如流，也不见得考得出好成绩。”

做好的饭菜端上桌，笑眯眯看着嘉，来神了:“同学，你没有什么话吗?”

嘉:“好啰，蒜蓉味道不错。”灵范的她，知道我在等她夸奖。

我:“弄了半天才这么一句。你知道你为什么夸蒜蓉吗?哎，那是你剥的啊。”嘉笑笑:“哦。”

我："瞧瞧我，有什么变化？是不是变成包菜头了？"

嘉："哦，你今早又剪头了？"

我："悲伤逆流成河啊。今早打开洗漱台旁边的灯。强烈的灯光照射，将头发一撩，哎呀，白发苍苍啊。我当即决定，行染发之事。于是将剩下的半瓶染色剂用了。"嘉："你是遗传吧。"

我："什么遗传，我老妈 60 岁以后才有白发，而我，现在就这样。染了发，洗了头，加上昨天你做的修饰，我的发型好像在悄悄发生变化。"

正说着，电话铃声响起是静同学的。静同学敲定 23 日早到长沙。此番来长沙，是因为付 H 同学。付 H 同学被邀到湖南卫视一档节目做嘉宾，作为长笛帮成员兼死党，静同学将空降长沙。

电话后，对嘉说了静同学的行程，玩笑着："哎，同学，你有什么偶像或死党，我帮你去找他，带你转战天涯海角"。嘉："神经哟。"

我："哎，下午我终于可以看电影了。"嘉低头闷笑，说："来之不易啊。"

我："那是，连续三天，我都在念及这电影。"

嘉："不知道为什么好饿，想起来了，今早既没喝酸奶也没吃香蕉。"

我："什么香蕉？我给你带的是油桃。"嘉："每次考完文综我就觉得好悲愤。"我翻出嘉书包中的酸奶与油桃，递给她酸奶。

嘉："哎，高考为什么不一天考完？"

我："是的哦，最好连续考，不休息，考完拉倒。"

嘉："神经哦。哎，文综考完，一出考场就遇到政治老师。她说，这次选择题简单吧，只有两道难题。"我："政治老师就是你们班主任李老师？"

嘉："是的，身心憔悴啊。"说说而已，不要放她的话于心。

嘉自言自语，如果高考还是这么闲散，怎么办？不予回答。

嘉见我不语，又问："你说呢？"

我想，你天天在我面前玩手机，视我为隐形人，还要我来解释你之轻视高考的举动，不能再入套。说："没听懂。"

不知是基于内心愧疚还是自我释放，嘉难得重复："如果高考像现在这样，这么悠闲，怎么办？"我终于想出答案，说："那完全看个人的掌控。"

没有中招，且将皮球巧妙传递给了嘉自己。与嘉这样的高三学生相处，也是需要智慧的。

我俩，开始进入个自的世界。某刻，沙发上的嘉突然脱裤，我惊诧：“干吗？”

嘉：“穿反了。”我：“啊，怎么发现的。”嘉：“手插口袋，发现。”

我：“就这么穿了一早上。”嘉：“嗯。”我：“其实校服有好处，因为肥，所以看不出正反的。”

嘉：“那是，裤线有两条，正中。”穿好校裤，嘉离家，下午考英语。

我在超市购物，接到一毛爸电话。问我高考两天住哪儿？我说就住家，我已经去过七中，距离我家步行 30 分钟，无论步行还是公交，相当方便。

一毛爸说，长沙市七中附近只有一个科苑宾馆，他去预订，已无空房。

我说，已从陶玻家步行至七中，好几次。对附近情况了如指掌。如果你们订不到房，高考两天就到我家，我不能保证别的，但饮食卫生是一定可以保障的。我喜欢一毛，她是一个性格开朗，大气、平易的女生。欣慰嘉有这样的一位同学，她能来跟嘉搭伙，是我的荣幸。一毛爸说，他再去访访。

嘉考试回家。我做了个米豆腐西葫芦给她当晚餐。而后出门，去乐和城看《我 11》。终于如愿。电影很长，放映厅很冷，咬牙坚持看完。王小帅标识度明显的电影，清晰地显现那个年代，他印象中的几件大事：广播体操、白衬衣、革命歌曲、性萌芽、反革命、武斗、公审杀人犯大会……

嘉考试完成后，买了本《动漫新时代》画册，我抄起一翻，里面的字小得几乎看不清，嘉洗澡出来，迅速收走。并说：“老妈，你又看不懂。”

我一脸无辜，说：“我也学学嘛。”嘉不予理睬，坐在沙发，开始看她的手机。借洗衣机会，我开始跟她聊那本画册。我说：“同学，那画册怎么没有动漫连载，全是花花绿绿的，根本看不清？”嘉：“它是动漫作品的简介，或叫荟粹，并不连载动漫。”

我：“哦，难怪看不懂。是中国的吗？”

嘉：“当然是。好久没有买动漫书了，今天买它算是一种回忆。”

我：“你看得懂上面的什么排名、排行吗？”

嘉："多少知道一点。"

你肯定什么都知道，天天泡在手机网络里。我心想。

我："这书好便宜，全彩页，只要18元。"嘉："这还便宜啊。"

我："是啊，上回我买的那本讲樟树的书，还要18元呢。"晚间，嘉兴致不错，跟我大谈特谈高考规则。我正好在写东西，顺势记下她的话。

嘉说，评卷老师一看这试卷，就会说，背得很准确，这孩子太聪明，不得不给分。如果答题怕会踩不到，就多答。评卷老师可能会漏看，所以模式要清晰。地理考试总结概括能力要强……哲学、发展、矛盾、对立统一，细化的小知识要很清楚。矛盾的普通和特殊性的统一……一轮二轮三轮，总会有理解偏差，怎么能讲老师都是对的呢？做了一套宁夏卷。政治选择题，漫画的寓意。去年的作文意义立足不专，以致很多学生偏题，后来放宽了评分标准。今年作文，可能会直入主题。主题清晰……

第十二周：第七十八天（5月21日周一）

骑在去单位的路上，恍若隔世，状态很差，这样的感觉特别强烈。过去的3天，时间像拉得特别长，3年都不止似的。书店买书、嘉第二次全真模拟考、中专的同学来株洲、两场电影《复仇者联盟》和《我11》。

身体不适，大量失血，超级虚脱。嘉的情绪，在早晨突有反转，面对她，保持微笑、无言相对。坐上快巴，苍白无力的我，好似经历炼狱般，"不良因子"蜂拥至大脑，某刻竟不能自已。

办公室。整理述职报告，上传给"辣椒炒肉。"

下午首次着公司正装参加了株机公司管理提升活动动员大会。

开完会，约翔同学让他将新房的钥匙给我，以备不时之需。依旧是老样子。寒暄几句，他早上到，参加完管理提升的会议，晚上飞宁波。

嘉的第二次全真模拟考试今天排名，给李老师打电话，问李老师嘉的考试成绩，李老师说不错，进了前100名。进了前100啊，太厉害了吧，嘉同学。这一刻，我为嘉早上说赶紧结束高考的说法有了进一步认识，是的，嘉现在的状态，确实，考完拉倒。但还有两周多啊，不能掉以轻心，这口气得端着，不能泄掉。现在的嘉已不是为高考而战，而是挑战自我。

人，这么一路走着，总不免遇到这样或那样的不如意的事，这每一件事都会冲淡或扼杀曾经预设在人脑中的理想。一个人，如果不够坚强，不够坚持，只需经历一至两次失败，既变颓废；一个人，如果执着，而且淡定，即使小步徐行，走二退一，也能渐渐企及目标。

快巴至长沙火车站，我这么走着、想着，到了一中。我需要拿到嘉每门功课的考分，它是我为文的素材。

期望在办公室见到李老师，未果。两位女同学在。找到了五班第二次全真模拟考各门分数及排名。对两名女同学说："借张废纸。"其中一位找了一张递我，我抄下了成绩：语文 119，数学 106，英语 112，政治 67，历史 72，地理 78，总分 554 分，年级排名 99 名。两女同学看我指着嘉的名字，问："阿姨，你是她妈妈?"我说是啊。女同学说："阿姨，你好可爱。"我说："那＊＊＊性格呢?"她俩说："她不怎么说话的。""是的，"我说，"她总是'嗯'。"我学着嘉的样子给她俩看。她俩爆笑："是的，阿姨，她就是这样的，你们怎么会反差这么大?"我说："家长外向，小孩就内向啦。"她俩说："不啊，我们的父母和我们差不多啊。"我说："我是属于特别外向型。"她俩："哦，也对。"

晚自习上课铃响，两女生说："阿姨，我们上课了，你走的时候关门。"我说："我跟你们一起走，待在这儿，我害怕。"随她们来到教室。在门外，眼光搜到嘉同学。盯了半天，她看见我。有点惊讶，立即平静。走到嘉座位，挨着她坐了几秒。什么也没讲，起身来："同学，我走了。"嘉："拜拜。"

教室后墙，又逗留了一阵。再回到嘉座位，有一位女生已坐在嘉身边。她叫琪，她看着我笑眯眯，说："阿姨，你好可爱。"我朝琪笑着，自豪地对她俩："瞧，同学们都说我可爱唉。"琪笑出声来，嘉仍低头，含蓄地笑。

出教室，在逸夫楼前，一位女生正在一自行车旁。见我，主动叫我。是刚才在老师办公室里的女生之一。我问她叫什么名字。她叫杨陈（谐音），我惊讶，说："你就是杨陈？嘉跟我讲过你唉。"

杨陈说她喜欢在家自习，所以提前骑车回家。我将嘉曾经跟我讲过的关于杨陈同学的一些故事学说给杨陈听，杨陈开朗地笑着。我问她："你的性格为何发生那么大的变化?”

杨陈:“我也不知道，同学说我高一高二时开朗大方活泼；高三学音乐后变沉闷；3 月份返校后变沉思，一浪比一浪低，三个层次，界限分明。”

“是的，嘉也是这么评价你的，一个曾经那么开朗的人怎么一下子变得哲学了?”我说，“我和你老爸开过一次家长会，你父母并不希望你复读?”

杨陈:“是的，我现在也想通了。再说我读的也并不是声乐系。”

我:“那是什么专业。”

杨陈:“我可选诸如心理学等。”

我:“那就好。即使复读，也不一定能考上北大或清华这样的学校，而且，复读苦的可不是你一个人，家长也跟着受一年的煎熬。”

杨陈:“是的。阿姨，我曾经想找你聊聊的，没想到，今天这么巧。”

我:“只要你愿意，以后有的是机会。你的性格变化是怎么产生的?”

杨陈:“去北京学声乐的时候。看到了太多。”

我:“这是必经的，是成长过程中的一环。你不是很喜欢音乐吗?”

杨陈:“不是的，我学习声乐是被逼的。在北京学了 9 个月。”

我:“哦，这样。你应该将所经历的当财富，这样心态才会端正，就像我，人生这么一路走过来，也有很多的起伏。但一直保持着阳光的心态。”

杨陈:“阿姨，是的，我们都觉得你超级开朗。”

边走边聊。简单讲我的职场经历，走过营盘路，穿过松桂园十字路口，至此，一个向东一个向西。

嘉回家，我谈及与杨陈的聊天。嘉:“越临近高考，越悠闲。”

我:“没有老师管你们了么?”嘉:“管还是管呢!”

我:“我去办公室，老师都不在?”嘉:“有管呢。哦，明天不上课。”

我:“又休息，这是怎么了，真的越临近高考越放松?”

第七十九天 (5 月 22 日周二)

嘉休息。做好早餐，唤起她。我吃完出门，留她在家。

坐上快巴不久，宸同学来电，问我嘉在哪?我说在家，今天放假。宸说今天早上政治补课，昨天她跟嘉说了。我打电话给嘉，接了。这家伙，肯定在用手机上网，否则她一定不会接电话。说了补课的事。嘉有点意外，又有点遗憾。也没有明确告诉我她去不去，就放了电话。这就是她。

快到田心，嘉爸来信息：问几点到。我说 9 点。车到收费站，嘉爸：**正准备出发，发现车在厂里！**

晕不死我。心中气，快速爬升。不指望了，低调回复：**哦**。

气在胸口盘旋，又发出：**工作和老婆，孰重孰轻，一目了然。我想，这个时候，你才发现车在厂里，可见你对我，只是到该想起的时候才想起**。

不知道他什么心态，信息：**我走路来接你，以表示重视**。

无语唉。快巴到立交。我取了公共自行车，发信息：**我已骑上车**。

车至立交转盘西，看见嘉爸迎面走来。照面，下车，不知道说什么。

俩人走着，嘉爸提及嘉第二次全真模拟考试，僵局打破。

告诉嘉爸嘉的成绩及排名，嘉爸很高兴，说进步很快，进前 100 了。

我说，她好像有点放松了，天天跟我唠叨，赶紧考完高考吧。也确实是，现阶段，她的数学、语文、英语都达到或接近她离开学校前的水平，而文综，有很大的偶然性，嘉说即使将书倒背如流，也不见得能答全文综的考点。因为个人的理解实在是不同，老师设定的评分标准不见得就正确。

快巴，近长沙大道，正值晚下班高峰。坦然置身快巴与公交，任车蜗牛般挪移。这情形在通勤期间经历多次，早已学会不再焦躁。

天在雨。又一轮变天。开启陶玻家门。嘉见我便呼："老妈，饿死了。"

"好，好，就做。"边说，边打开冰箱。

"很快，来啰。"我大喊着，从厨房端着扁豆炒鸡蛋、菜椒炒面到嘉面前。一屁股坐在另一张椅子上，双手支在桌上，撑着脸，急切地看嘉吃。

嘉被看得不好意思，问："老妈，你干什么？"

嘿嘿，你知道的。我希望得到嘉的表扬。

"哦，还可以。"每次只有等到嘉这句话，我的心才会放正位置。

得寸进尺，说："唉，你说，同学，我是不是有成为大厨的可能？"

"哎哟，回田心后你还会做吗？"嘉反问。

是的啰。嘉总这么一针见血，直点死穴。

饭后，桌旁，嘉时而看手机，时而看书。随着高考的临近，嘉显得越来越轻松，我与她的沟通也愈来愈多。开启电脑，QQ闪。静同学发来一则视频《向上吧，少年》。介绍星二代付H。

看完，实在觉得不咋地，跟嘉讨论视频中的男孩怎么那么不自信。嘉即发表长篇大论：他当然没有底气，如果普通人家里孩子，父母仅能供吃穿，没有什么可寄望父母的，那孩子就觉得很舒服，会选择过自己的生活。而这种家庭，父母都有名，孩子又没有值得称道的才艺，加之，这孩子好似未长开，没什么阅历，自然心里压力很大，他还可能容易自卑。这个社会，星二代大多是父母给宠出来的，在他们父母还没过气的时候，还会有人帮着他父母去捧他，这时间不会长，除非他个人真的有所建树。

好家伙，嘉同学，表面不语，说起想法，一套套的，不服不行。

“对了，老妈，跟你推荐一个视频：《舌尖上的中国》。”嘉说。

我：“你从哪里知道的？”嘉：“同学跟我说的。”

“好。”说完百度《舌尖上的中国》。

打开第一集《自然的馈赠》，嘉迅速挤到我身边，我们就这么津津有味地看下去。看完《自然的馈赠》，我与嘉眼神相对，再看一集？第二集《主食的故事》已开始播放。

两集中，我与嘉商量，每晚只看两集，连接几天将七集一网打尽。可是，当《主食的故事》播完，我们话都没说，任第三集《转化的灵感》顺势看完。

《舌尖上的中国》系列纪录片全部7集，讲的都是普通人与食材的故事，以碎片方式将地域食物习惯串联。纪录片贴近中国大地，并非只讲述美食本身，而是借食物由原材料到加工成型的过程，将人的劳动、传统、价值观、人际关系、风俗习性、地理特征、生存状态、哲学思考一点点娓娓道来。

前三集，每集50分钟，从8点多开始，一直看到近11点，意犹未尽。

第八十天（5月23日周三）

静来长沙，请假一天，陪她。

静结束一期德语培训，回田心休息几日。恰她长笛帮付 H 同学应湖南卫视《天天向上》节目组之邀，录制《向上吧，少年》节目，静决定在长沙待两天，看能否与付同学一道，见识“星二代”的风采。

静同学 9:15 飞长沙，打车到省展览馆。静同学下的士，一见我，便说：“萍阿姨，我没有钱。”帮她付了 81 元的士费，带她到酒店房间。

问静同学今明两天计划。她说走一步看一步。我说：“怎么能这样呢，我需要你完整的时间表。”静很不以然，说：“待会我去马兰山找付 H，看他们住哪儿，再说。”酒店房间，静同学好一阵打扮。我给了她 300 钱，让她打车去马兰山。我与嘉在“家福菜馆”午餐后，嘉上学，我回陶玻。

下午，睡一觉后，去家润多买菜。在路上接到静同学来电，说过来陪我聊天。

听静同学讲笛子帮混北京的故事，讲德语学习，讲外出比赛，讲艺术圈的事，讲人际关系，讲她自己今后的打算。晚上静同学又去马兰山找付 H，一直到 23:30，静发来信息，说已回宾馆，我随即心安。

嘉晚自习后回家说：“老妈，我跟你讲，我们老师今天在讲地理还是历史卷时说，如果我们再努力一点，就可以达到平均 80 分了。我后面的一个女生讲，不是所有人都可达到平均分的。”说着，嘉哈哈大笑。

我听懂了她表达的意思，可解释不出，不明白嘉如何能开怀大笑。我说：“同学，本来就是啊，不可能每个同学能达到平均分的。这通道理很好笑吗?”

嘉：“哎，老妈，你不明白我的笑点。”

我：“是的，与杨陈聊天时，我们都谈及你的笑点与别人相异。我呢，在你面前就是表达能力欠点，我要能复述清楚，就可与你同日而语了。”

“老妈，同日而语不是这个意思呢。”

“哦，那就讲可与你匹敌了。”

第八十一天（5 月 24 日周四）

阴雨绵绵。嘉爸昨晚 23:00 回到株洲，说来接我。

车载电台播放着爱心送考的活动情况。嘉爸说：“株洲很多考生的家长都在考场附近租房，供考生午休，我们怎么办?”

这事，我早已考虑，并考察过多次长沙市第七中学。而且我跟嘉爸也说过这事。嘉爸真是多此一问，大有对我信不过之嫌。

我顶了一句:“如果你高考的时候在，就去操心，你不在，想那么多干吗?”

嘉爸说:“哦，那好。”

中国的高考真是奇了怪了，无论是局内人、局外人，都乐意“飞蛾扑火般”奔向这个主题。这完全是一个学生自主成长的阶段，却非得掺和进 N 多的想法，让本来一件寻常普通的事变得异常复杂。

我便是其中被动者之一。且放下嘉想法不表，我自己秉承：以嘉自己走的思路置身其间。这有什么啊，又不是生命攸关，何必紧张兮兮。

随着时间的推移，高考临近，不断有抬升高考重要性的说辞灌入耳际，人便不由自主被带入，弄得左右不是人，不胜其烦。以至，我根本不愿与他人谈论这个话题。一切以“还行啊，很好啊”搪塞，而当日工作缠身的嘉爸偶尔一句“随大流”的关心话将我的无名火引燃。心底里知道自己不对，就努力憋着，尽量不讲话。令我无比欣慰的是我能与嘉开怀交流。

静更改计划，非今天回田心不可。老妹，自是火急火燎的，想亲自去接静。可老妹对长沙“一抹黑”。任务自是由我接下，我承诺，下午早些去长沙，将静同学送上快巴，老妹只需到田心立交接人即可。静告诉我，她一天没吃饭，昨晚也没睡。瞧她那样，还真是没睡的模样。带她到楼下的杨裕兴吃了碗辣椒炒肉粉，满足了。将静送到快巴上，待快巴开动，电话给老妹，让她 1 小时后接人。1 小时后，接老妹电话，她焦躁地告诉我，静同学刚过收费站就提前下了车，没接到人。我告诉司机小湛，如何去马路上“捡”静。还不错，10 分钟后，老妹“捞”到了她女儿，心安。

嘉来电，我站在楼梯口等。嘉见我，说:“老妈，我今天借了同学的钱?”我:“多少?”嘉:“270”。我:“哦，怎么天天交钱?”嘉:“资料费啦。”

家中，将钱放入嘉钱包。洗樱桃给她吃。Y 出差回来带的樱桃新鲜、好吃。做准备工作的时候，嘉在客厅踱着方步，时而双手背在身后，时而在胸前指指点点，嘴上念念有词，感慨着什么，一副很兴奋的样子。

近期，嘉状态似完全放开，一些口头沮丧的词，诸如：哎，人生啦，烦死了，不想学了，讨厌之类，渐渐消失。瞧她那样，我乐在心里。

樱桃，黄的、红的，被嘉消灭。安静，我看《不适之地》，嘉沉浸于手机。

第八十二天（5 月 25 日周五）

雨啊，没完没了。连续 3 天，像断线的珍珠。

客服为满足客户需要，向我部索要随车书，与部门领导通气，提出解决之道。

部门胡主管来馆调研，设计图纸不再使用更改单，全部实施电子业联管理。作为项目实施中的一个环节，认真贯彻执行。

下晚自习，嘉来电。手机里传来不变的二胡声，每天晚上，一中年男人定时出现在营盘路地下通道，拉着永不换曲的二胡行讨。中年男人的二胡连着小型扩音器，刺耳的声音回旋在地下通道，对于每日这个时间段需从地下通道经过的人们，简直是一种折磨。

嘉总是在地下通道给我打电话。此刻，嘉连续：“喂——喂——喂”这是欢快的信号，我大爽：“好，马上下楼。”

对嘉说：“芒果博纳影城发信息，《黑衣人 3》3D 上映了。”嘉：“呃。”

我：“另外，同学，明天后天回家吃饭，让我秀秀厨艺，我做了菜谱。”

嘉：“老妈，你好像显得很忙的哦。”

我自豪：“那是。”

感觉甚好，嘉说烦死了都会面带微笑，迹象表明，成长中，健康且良性。

第八十三天（5 月 26 日周六）

早餐后，跟嘉强调，回家吃中晚餐。嘉似不太习惯，回答：“再说吧。”

中午，一份辣椒炒肉、木苋菜、两个肉粽。正吃着，隔壁 604 住着的和搭餐的高三理科班几位女生，嬉笑着、打闹着经过我家门前走廊。

嘉坐在沙发，背对她们，说：“哎，好青春哦。”

我笑笑："你不一样吗？"嘉："不一样，老妈，你不懂的。"

我："她们应与你调个个儿，文科生才会这么疯，而理科生应该文静些。"

嘉："那是——"拖长音调，明显否定我的语气。

我边吃饭，边将《不适之地》修改完成，上传 QQ 空间。一时间，兴奋地手握拳头，空中上下一划，类似韩国人加油状。说："耶！为什么每次这个时候才是我最开心的？"正在吃饭的嘉："你在干吗？"

我："写东西，上传。"

钟点工小萍来。第一次看到嘉。嘉上学后，小萍说嘉很文静，很得秀气。

我对小萍说："今天做最后一次，下周起，我不上班，卫生我自己搞。"

下午，《黑衣人 3》。经典美国大片。《幸福来敲门》中男主角出演男一号。

晚餐，肉炒土豆丝炒面，红苋菜。嘉爸来电，说明天要出差，接档出国，现有空，来长沙，看看嘉。7:10，嘉爸到。嘉从这晚开始，不再去学校晚自习。嘉对嘉爸说："老爸，我们老师让我们放轻松了。"

嘉爸："是的，这个时候，是应该轻松轻松。"

我在厨房，听到他俩对话，心想，嘉唉，你已经够轻松了，每天在我面前都在玩手机。但我嘴上却附和："你就平日的状态就行，不用刻意。"

嘉爸好像也觉得刚才接的话有点问题，毕竟嘉不是文考生，她可能一直就没有像文考生那样紧绷着，所以她应该不存在放松。于是接："是的，你只要保持即可。"

稍聊了一会儿天，嘉似乎基于她老爸在眼前，不能像在我面前那般放肆，"赤裸裸"手机上网。她开始将作业拿上桌。嘉爸见状，对我说："出去走走吧。"

带着嘉爸，来到便河边长沙古城墙故址界碑，了解长沙老城区。绕便河边走走，目睹便河巷风情。随后，他离开长沙，开车回田心。我回到陶玻家。

嘉，洗脚，标准姿势端手机，边看边笑。笑声勾引我。我从自己的状态中脱离出来。想分享她的笑点。讪讪地请求："同学，给我看看。"

"哎哟，算了啰。"嘉一成不变回答。

明知山有虎，偏向虎山行。知道无果，再一次："同学，你就勉为其难嘛。"

嘉笑着，眼神正视我，算了吧，她说："认真你就输了。"

"什么？为什么认真，我就会输了呢？"这话，嘉说过好多次，类似很多意会语句一样，心领神会，一笑即可。此刻，我不明就里，霸蛮来了一句。

热词，网络上多的是，一句话而已。嘉不错，还给了我一句不是回答的回答。嘉面前从来讨不到便宜的我，重回《不适之地》。

简直就是在写我。每日通勤所抵达就是不适之地，尽管我努力劝解自己去适应它，它始终是我生命中无奈的一个落脚点，它是似我这样众多随大流的家长，以为可以使自己孩子在高考中讨巧的一剂自我安慰的心灵鸡汤。3个月前，长在我体内，让我伴嘉相处的是一颗病态种子。我运用不擅长的伪善面具，悉心呵护，谨慎照应。这一切，只为让嘉保持平和的心态，不疾不徐通过高考。高考临近，陶玻家这不适之地将消失，取代它的将会是不变的田心家，重回安逸处，就妥了么？生活不可能从此静止，依我胡思乱想的状态，我将会在下一处不适之地，悬浮着。

第八十四天（5月27日周日）

我："同学，终于可以不用带伞了。"嘉："是的。"

我："可随之而来，空气会变得污浊。"嘉："所以广州好干净。"

心里很乐意嘉提及广州，说："广州每天都要下一阵雨，加上本身潮湿，难怪静同学说广州很干净，愿意留在广州工作。"

嘉："青岛也是。我们老师说，当长沙晴朗时，每天洒水车工作，将道路上的灰尘冲到路两旁，以致沉积泥水，偶尔被车压过，行人道的路人极易被车飞溅的泥水弄脏。"

我一笑。这是早餐间的对话，一切向好。

拿着《不适之地》，跟嘉讲《纯属好意》里发生在一对姐弟身上的事。尾部冒了一句："同学，这本书，描写的都是美国孟加拉裔高级知识分子的故事。"停了一会儿，我又说："我跟他们好像的唉。"

嘉："你把你看成是高级知识分子啊。"

有点害羞，瞬间语塞，片刻，我："你不要看得这么透彻啊。"

嘉顿时爆笑。

我："哎，你哪怕评价一句不到位的话都好一些。"嘉继续爆笑。

我翻着书，嘴里哼出小调。嘉问："你怎么会唱白日梦工场的歌。"

我："啊，是吗？不是啊，我唱的是《爱情转移》。你唱唱白日梦工场听听。"嘉随时哼出旋律，我接着她哼，还是《爱情转移》。

嘉："哦，你唱的是爱情转移。只是唱得太不像。"

我："有白日梦工场的歌吗？"

嘉："有啊，不记得是哪个卫视的啦。"

电脑没关，桌面上，有我和嘉下载的《高三湖南英语听力模拟测试》，我问："呃，同学，你听英语听力时是用 iTunes 播放吗？嘉：是啊？"

我："你怎么放得出？我那天下载后弄了好久，也放不出。"

嘉："双击它就可以放。"我："哎哟，我怎么非用暴风影音才能放呢？"

嘉："我怎么知道？"我："暴风影音还是蛮好的，我要给它做做广告。"

嘉："怎么做？"我："天天在文章中写它啦。"

嘉："那也汇集不了多少人。"

我："哪天我成名了呢？"

嘉不屑："那也可能性不大。"说完，嘉上厕所。突然，听见厕所里的嘉大声说："哈哈，高级知识分子，哈哈。"

或许她想起我前面的话，以为我太搞，忍不住还想就此说道说道。我："怎么了，这有什么怪的。就算不是高级的，也可算中级啊。"嘉："高级知识分子不是这样的？"我："那是那样的？"嘉："搞科研啦，学术研究啦。"

我："写文章就不算吗？我觉得写了这么多，一般所谓高级知识分子还不如我呢。就算我不算，你老爸也是啊。"嘉："应该在大学的当个教授什么的。"

我："你老爸可是正宗的高级知识分子，正教授级别呢！"

嘉："感觉不像。"我："同学，你太狭义了。"

嘉指正："是狭隘。"

下午计划泡书店，可一觉醒来，老天爷又下起雨来，真叫没完没了。计划打乱，居家看书、上网。正在阳台上专注地写文章，听到嘉叫：“老妈。”我一惊，啊，就下课了。赶紧给她做饭。一份长豆角炒肉炒面。

嘉边吃边叹。不过这叹气与先前的感觉不一样，带着些戏谑的味道。知道她肯定又遇到一些困难，但这些困难不致令她忧虑。

想着，说：“同学，我首次做豆角炒面，怎么样，与爷爷比，如何？”

嘉没有正面回答我，说：“今天做数学做得好坎坷。”果真如我所想，她仍旧对自己要求高。我和嘉爸都跟她说过，不必再攻数学难题，掌握基本即可。

她能把握好自己，我也不便多说什么。继续盯着她吃。嘉：“你老盯着我干什么？”我：“好啰，那我去写东西了。”嘉：“晚上上课。”我：“还上？”嘉：“政治，最后一堂补课。”

第十三周：第八十五天（5 月 28 日周一）

愈近高考，愈加矛盾。假设长沙在左，田心在右，左右区间往返，今天是第 85 天。上周起，一个声音自内心飘荡，回旋耳际，越来越强烈：歇歇吧——歇歇吧——歇歇吧——

晨，回田心的快巴上决定 5 月 28 日为通勤最后一日。上班召开主管会，通报他们我的决定。

下午，离开田心，快巴上，再没有来回奔波的压力，内心一个“侧面”，松弛。

见到嘉，未等我开口，嘉说：“我们班同学最近很浮躁。不过再怎么样，究竟是文科试验班，学习的整体氛围还是浓的。”

嘉又说：“今天看到一篇文章，很文艺，写妈妈的。”

我：“是吗，形容形容。”

嘉：“语言表达不出。”

嘉翻了翻书包，说：“对了，看啰。”

是《考生须知》，接着翻出了她讲的那篇写妈妈的文章《一方阳光》。

读着《一方阳光》，嘉说：“老师跟我们念了准考证号，我的尾号：5120。”

不知道什么原因，嘉兴致极高，滔滔不绝讲高考答题技巧与答题模式，从语文讲到数学、地理、历史、英语，讲老师讲过的各种各样高分学生考试筐瓢还考了高分的故事，跟我分析名校资源优势……

她讲得“头头是道”，我听得“云山雾罩”。

她还讲教育问题：棍棒教育的好与坏、家庭环境对孩子学习的影响、学生学习习惯的养成、学生的自主性如何提升、学习技巧、学生被家长逼迫学习的利弊。

在她喘息中，逮住机会发问：“同学，你觉得你被我逼过吗?”

嘉：“肯定有啊。”

我很疑惑：“有吗？真的有吗?”

嘉：“呃，你不能说没有的，你只是不记得罢了。”

我：“我这么好的人，会逼你？好了，换个话题，讲讲我们3个月的相处?”

嘉不正面回答，又开始口若悬河地跟我讲历史的复杂性和不可逆转，拿出历史考试卷中史学理论方法，指着某道题，让我看，让我选择。

不死心的我，岔开她的话，说：“你别从历史角度谈我的话题，抛开宏观，只讲微观，你说我们这3个月里相处得愉快吗?”

嘉真的挺像她爸，很难开口去表扬或夸奖一个人，从他俩口里要得到我想要的答案，比登天还难。

继续回避，直接让我死心，说：“哎，最近好烦的，不要问我愉快不愉快。”

“哎，你总是不正面回答我的问题。”话落处，长叹一声，死心了。

嘉：“哦，对了，我们班正在做班服。”

我：“为什么?”

嘉：“没为什么，纪念嘛。”

我：“为了照毕业照吗?”

嘉：“早照了?”

我：“啊，穿什么照的?”

嘉：“校服啊。”

嘉：“哎，老妈，你不是说晚上要出去的吗?”

我：“现在还出去啊，你刚才聊了那么久，都 8:30 了，你又同意明天中午出去吃，正省了我做饭。”

嘉：“呃，你好懒。”

我：“哎，我真的不喜欢做饭，每次你在家，我想着帮你做饭，都费好大的神。看着你吃，总觉得营养这不够那不够的，还总想讨你的赞美之词。”

嘉：“你想得好多啊。”

我：“是的，我本复杂。”

通勤 85 天，个人情绪时好时坏，面对嘉时，却只有一个表情——轻松。

## 通勤结语

没想到，通勤止于第 85 天。

意料之外，情理之中。一些事情起始和终结，无不与人的因素有关。听命于心，止步于行。

通勤时日，埋怨与感恩并存。二者相生相伴，怨得最多是嘉爸主导的租房，是因为他，我才被逼决定通勤。而要感恩的对象，首选也是嘉爸，正是因为通勤，才让我与嘉单独相处了整 3 个月。

应该感恩的，还有档案馆的同事们。这 3 个月里，她们几乎没让我操心，工作井井有条，五位主管，将工作的轻重缓急，拿捏恰当，异常出色。

基于自己对自己观察，通勤 3 个月，快巴上冥思苦想，私觉，内心深处“阴”大于“阳”，负面的想法层出不穷，此消彼长，与己独处比与他人相处，难上加难。

一切都仍在继续当中，只要愿意，人生的篇章还会一页页翻开。

# 第五章

# 高考 · 志愿

我想进入个人世界，不被干扰，很难，暂时逃避或许是值得一试的方式。置身于工作场景之外，干扰不会减少，只是一种被另一种取代。但这样的取代，未曾出现在我的生活空间。

既不能超凡脱俗，那，还趁手未厌，思未竭，再写写。通勤已结束，离高考还有周余，套用高三老师们常用的提醒注意方式，做“倒计时”。

倒数第九天（5 月 29 日）

工作责任缺失第一日。

没有了往常赶公交、乘快巴的过程，时间，一下子多出好多。

自 6 点醒，复睡。生物钟使然，没过多久，猛地惊醒，想想，又躺下。再清醒，深思片刻，续入梦。这样三番五次后彻底醒了。下床，听见嘉开房门的声音，好准时，我们俩。

我问：“你是自然醒吗？”嘉：“没有啊，我设了闹钟。”

此时，早晨 8:30。弄了个包菜炒鸡蛋炒年糕，权作早餐。

继茱帕的《不适之地》后，我开始看毛姆的《观点》。第一篇《诗人的三部小说》，毛姆写歌德及《少年维特之烦恼》。

我：“同学，为什么爱情总是各文学作品中不变的话题？”

嘉：“还有战争。爱情和战争。”

我：“是的。哎，其实，歌德，是诗歌成就他。你喜欢诗歌吗？我是不喜欢，看诗歌看得好累。”嘉：“我也看不太懂。”

我：“抛去现代诗，基本不读。有人说，诗歌是浓缩的散文，可能是对的。”

“老妈，某年北大集团与清华集团，俗称北约和华约自主招生考试，北约的试卷中就有这样的一首现代诗，让考生断句。我看得云里雾里的，”嘉忽兴奋，又说，“自主招生考试中，有一道数学题，一位老师这样评论这数学的架构，假设小明喜欢苹果，求地球的质量。”

我愣是半天没有懂，嘉重复好多次，她说题目本身不是这样，只是借这种表达方式来讲那道数学题的模式。仍然不懂。我的逻辑体系是，1 加 1 只等于 2，不能大于或小于，无法拐弯。嘉见跟我讲不清，叹着气，不再努力。

明日嘉三模，休息一天。她愿在家，我因快结束长沙的生活，想借剩下的两周，多跑跑定王台，在书店消磨时间。

翻着、看着、选着，时间蛮易打发。选购了 4 本书。到家已经 11:30，按与嘉的约定，去菜香根吃午餐。路上，我说：“同学，在新华书店，杂志专柜，看见什么《瑞丽》、《彩妆》等高瑞杂志，10 元钱两本，好便宜哦。”

嘉：“高端？《瑞丽》算高端杂志？老妈，你好搞哦。”

我：“啊，《瑞丽》不高端吗？那么厚、那么艳。”

嘉：“你怎么会把高端杂志理解成这样？哎。真正高端杂志的编辑不知如何作想？”

烈士公园南站，一对男女青年跑过我和嘉身边，女的边跑边对男的说：“你对我太好了，感激涕零。”与嘉对视片刻，我突然爆笑。嘉：“老妈，怎么了？”

我：“哎哟，正中我笑点，套用你的惯用语，就是我不行了。”

嘉：“老妈，你知道吗，笑点也叫‘HHP’。你知道什么意思？”

我：“不知道呃，告诉我啰。”嘉没有解释，走进菜香根。

吃着美食，嘉：“老妈，有没有没有味觉的人?”我猜，她大概觉得世界上，如有人不能享受美食的味道，很可惜。我：“有。”

嘉：“你怎么知道。”我：“感觉。”嘉：“呃，好不科学。”

她跟我解释笑点 HHP 的意思。P 是点 Point 的首字母，HH 表示哈哈。HHP 代表笑点。嘉情绪不错，跟我聊文综考试顺序是地理、政治、历史，选择题 140 分，需在 45 分钟内完成，论证题在一个半小时完成，占 160 分。聊以前每个学期开始，语文书一下发，就先将书中故事全部看完，等到老师教学生预习时，不知道再看什么。

我能懒则懒，餐后打了包，对嘉说，晚餐又解决了。嘉说要去学校拿书，走到陶玻家楼下，她问：“你跟我去吗?”我真想回家午休，在新华书店站了一上午，很累。但我还是愉快地答应嘉，说：“好，正好散散步，消消食。”

谈论歌德自传体小说《少年维特之烦恼》，讲为什么维特会饮弹自杀，毛姆的《观点》中谈及此。毛姆提到，依歌德的个性，他只是想想，而不会真实付诸行动。因此，极端之时，歌德借《少年维特之烦恼》，将维特杀死。我跟嘉说，偶尔的时候，我也会有这样的想法。

嘉并无惊讶之惑，坦然地听我说着这不太正常的一切。

一中，高三五班教室，总共有 3 名学生，女生在教室睡觉，男生在门口做数学。嘉轻手轻脚拿了书，与我离开教室。

问嘉，她们班一起补习的几位艺考生情况如何。嘉说她其中“大猪”（罗 QY）是她最喜欢的。高中时期，偶会见嘉与“大猪”在 QQ 中一来一往，能入嘉眼的伴，好像只有“大猪”。嘉说“大猪”也考上了江南，可能就会选择读江南。另一名艺考生考上了北服。

转至朱德庸的漫画《涩女郎》，嘉的记忆真好。跟我讲漫画中的 4 个特色女郎，其中一则是关于迷糊妹的四格漫画。一位有钱的男生追求她。有钱男敲门，迷糊妹问 3 个室友，那男生如何，3 个室友齐声说又高又帅又好，于是迷糊女开门，结果，画面上的男生站在一摞钞票上给她送花。

嘉从抱的书中，又拿出一张 A3 幅面的《高考须知》，递给我。说她们老师说，高三的书籍及资料，叠加起来比一个小个的学生还高；讲班上一女生，做了大量数学题，每次考试，都是文综前一二；讲题海战对高考生的作用，熟悉考试答题技巧、洞熟答题套路、手到擒来……吧啦吧啦一大堆。

晚餐，我将中午打包的饭菜蒸好，端给嘉。我则一旁开了一罐朝日啤酒。

嘉："老妈，你空腹喝酒，不会醉吗?"我："这是饮料，怎会醉?"

嘉尝了一口啤酒。说："嗯，真难喝。"

我："这种啤酒很苦，一般人不太容易适应，换作青岛或哈啤，会好些。"

嘉："我觉得都一样，难喝死了。"

嘉："老妈，对了，你知道香烟是什么时候流行起来的吗?"

我："不知。"

嘉："一战时期。几乎每个欧洲参战国都得到红十字会的烟草配给。二战爆发，香烟再次成为关键的战略物资。这场席卷 61 个国家，20 亿以上人口的战争极大扩展了吸烟者的群众消费，造就许多人对香烟的消费习惯。"

嘉："可口可乐也是。二战以前，有 50 年历史的可口可乐影响很小。公司第二任总裁伍德鲁夫意识到参战美军是潜在的消费者与推销员，发表声明：为支持祖国的战争，无论将士走到哪里，公司不惜成本，保证战士只花 5 美分喝到一瓶家乡的可口可乐。就这样，可口可乐随着战争，渗透到全世界。"

我："同学，你会不会有这样的感觉，看书的时候，一本书看到某处，突然就厌了，随手操起另一本内容完全不同的书，兴趣盎然继续读下去。比如，我刚才正看毛姆的书，看着看着注意力就不集中，现在我拿上这本费雪的《恋味者》，换种感觉读了进去。"

嘉："不会。我看书，肯定会从头到尾，即使不好看，也会看完。当然网络小说除外。"我："为什么呢?"

嘉："老妈，你不知道网络小说，80%虎头蛇尾。网络小说一般是写一章发一章，作者在刚开始的时候，无比热情，借一时的冲动与兴趣，开始章回。但由于没有框架，越写越开，收不回，以至烂尾。有些作者会在一段时间后重新回来，狗尾续貂，大部分，挖坑后再不回来。"

我："吸引你看网络小说的原因是什么?"

嘉："一般是作者，偶尔也会有新的网络小说吸引到我的眼球。我觉得，写书的人永远比书有意思。”

嘉：“很多写网络小说的人，都很年轻，并不以此谋生，没有经济上的压力，玩玩而已，半途而废就在所难免。如清穿小说，有固定的穿越的模式，按此去排列结构树，任意穿越到你喜欢的人身上，都可诱发出不一样的情节。网络小说分很多流派，一个流派消亡，立即会由另一分枝所取代。”

我：“你喜欢男生写的还是女生写的?”

嘉：“男生写网络小说，易按照打怪的模式，类似《仙剑》，你玩过的，一步步走到巅峰。而女生写，那可就悱恻缠绵，你情我浓的。中国小说，单一、同质，不像日本和韩国小说，类型多，有推理、有凶杀、有鬼怪、有悬疑，我多选打怪类的。”

我：“这巨量的同质的作品充斥网络，你怎么去辨别?”

嘉：“好的作品，上传到三分之一时，网管就会将它划入付费阅读区，如果你想看，可从淘宝付费，一千字三角钱。我后来支付宝的钱，就全部用在这儿了。”难怪，嘉说她支付宝里的钱都没了，原来这样。

嘉：“不过，在中国，知识产权是难以保护的。有太多的方式可以盗版，防不胜防。因此，一些有想法的作者（想出名，想发财，想得到赞美，想满足虚荣），会渐渐失去为文的动力。只有那些一直保持高亢热情且不以盗版为意的人，才会持续写下去。”

我：“同学，怎么会有这么多人趋之若鹜?”

嘉：“谁没个精神寄托？网文，可快速达成认同。”（经典啊!）

倒数第八天（5 月 30 日）

长沙一中，第三次全真模拟考，高考前最后一次。嘉的心情不阴不阳。

西红柿炒蛋炒年糕段的早餐中，我咖啡，她牛奶。我读毛姆的《散文与神学家蒂乐生》，她看《读者》。嘉每次模拟考第一天的早上，都会将胡乱丢在沙上的《读者》浏览一遍，不管有用无用。

出门前，嘉：“老妈，你什么时候回田心?”

关于我已全面休息这话题，我没跟嘉说死，只是告诉她我可以随心所欲。

一方面，我不想让她觉得临近高考与平时有什么不一样。另一方面，我是能不做饭，尽量不做。虽然我乐意享用美食，但不愿将时间消耗在做饭上。还有，根据我对嘉的观察，她更愿意待在学校而不是家中。

我：“今天看情况，我还得写点东西，如果写东西占用时间多，我便不去上班。”嘉：“呃。”我：“晚上回家吃饭啊。”嘉没有作答，离家。

天气由阴转晴，下午太阳出来了。

无事可干，决定再坐公交去长沙市七中，预知往返时间。嘉高考的地点在长沙市第七中学，步行半个小时。乘车 5 分钟。

经过湖南省博物馆，无人排队，动念，参观博物馆。凭身份证领票进场。

“辛追干尸”展出在地下一层，我曾经来过但年代已久远，记忆丧失，能挂钩的仅剩这干尸的形状。博物馆出来，准备去对面的家润多超市买菜。掏出手机看时间，发现有嘉爸的信息，连续三条，不像他的风格。

嘉爸:这段时间经常晚上在家没事干，过着你所说的时间漫长的日子。

嘉爸:我想嘉一上大学，我们的生活确实会发生巨大变化。

嘉爸:昨天没有出发，今天从吉隆坡转机到海德拉邦。

我:是啊，没事的时候，有时叫绝望。为充实，天天给自己排计划。刚从博物馆出来。

嘉爸:前天晚上，下班去吃拉面，回家打了一会儿电话，就睡了。夜里 12 点醒来开冰箱找东西，再开电视看战争片直到再想睡觉。还好自然醒。昨天下班后去打球，回家洗澡，磨叽磨叽，去桥下吃炒粉，和小店老板聊天。回家烧水泡茶，给福州大姐打电话，收拾好出差的物品，东翻西翻，再看看电视，直到想睡觉。

我:呵呵，人还是要有伴，有时，有人吵架也是一种幸福。

嘉爸:我现在出差和一个人在家都这样，除了给福建打打电话，极少打找聊的电话，可能是抑郁症前期了。

没有回答。只是想，如果按嘉爸的标准，我就应该已经是抑郁症了。是的，有时，几天与嘉爸不见，见面反而更无话可谈。

三模第一天结束，嘉回到家。情绪正常。进门时，说了句“苦啊”，之后就沉浸到手机中。直到我将饭上桌，聊起与“萌”有关的话题。

《洛丽塔》自小说改编为电影，在美国作为情色的代表，而流转到日本，却变成了可爱少女（或萌少女）的代名词，问她为什么。嘉：“原因说不清，可能是价值观，或偶尔，或意外，或解读，都可能。”

中国，很多商家也似将洛丽塔当作粉系少女代名词。我家那台中奖得来的挂烫机，牌子便是洛丽塔，产家那做企划案的人，大概脑袋已“裂变”。

由洛丽塔，谈及喜欢Cosplay的人们，嘉说很佩服他们的胆量。关于喜欢什么长相的人，嘉说小巧、秀气的。

又谈及网络小说，不知哪句话又引起嘉的感叹：“时间是把杀人刀。”

餐后，问嘉吃不吃水果，嘉猛地想“哦”了一声，转身将书包中早上给她带的水果拿出来，有些“自谑”稍上一句：“中午投入紧张的复习中，忘记吃橙子了。”

饭后散步嘉不去。我绕烈士公园一圈。烈士公园里举办庆“六一”大型特价书展书论斤卖。我想:中国书市如此之状，真是文人的悲伤。回来后嘉问我：“多少钱一斤?”我：“没问。我没带钱，不好意思问。”

晚间。嘉似乎表现烦状，抱着她卧房的枕头，走来走去。走到我的房间，我正坐在床上码字。嘉趴在我床上，眼盯着床头看。我顺着她的眼神望去——Titanic宣传海报。嘉开口：“老妈，哎，真是岁月催人老啊。这男主角当年好年轻，好显小。现在，如果不特意说明，可能很难认出他。”

我：“是的。每次乐和城看电影前，都会放OPPO手机广告，里面就有他，好老，电影里的感觉因年轻而骄傲的气质消失得无踪影。”

睡前，动了一下心思，今晚，嘉关于时间，说了两次。

倒数第七天（5月31日）

天放晴。三模第二天。

没有刻意地叫嘉起床，想着她能自我掌控。近7:30，她自然醒。

作为一种自我安慰，早餐中，嘉在看文综，看不看得进是另一回事。我接着昨晚开始看的小说《卡瓦》继续。

嘉在她认定离家的时间，支会我，然后换衣。三模老师告诉学生，高考不穿校服（为适应高考，可不穿校服到校）。我拿了一身普通休闲装给嘉穿上。

她背上书包后问：“怎么这么重?”我说：“两瓶酸奶，一个橙子。”又拿了一瓶矿泉水递她然后说：“如果中午回家，就电我”。嘉拒绝：“懒得回。”

她选择不回比选择回更让我舒服。我俩都不想因什么理由而作特别的改变，她如此，我更如此。

一个人，我全力进入《卡瓦》。对一部小说如此专注，实属难得，这本书，几个月前在网上见名人推荐过，当时就有购买冲动，后被时间冲淡。前天，去定王台，瞧到它，记忆被拉出，于是收入。

电话声打断了读书进程。档案馆原彭主任来电，力邀赴晚上饭局。抱歉地告诉他，我在长沙，女儿即将高考。彭主任说，应该的，只是不要给小孩太大的压力。我乐呵呵答：“似我这性格，不会的。”

放下电话，琢磨“压力”二字。长休，每天面对嘉，不仅仅她有压力，我也有压力。嘉的压力，是她想尽己所学将高考考好；我的压力，是要做到一切如常，摆好自己的位置，安抚好自己的心态，不能给嘉造成压力。幸福生活植根何处，不受压的生活，更容易让人产生厌倦。生活中真的不是越轻越好，当然，更不能越来越重。

去开元博物馆，门口告示不接待散客。于是向长沙博物馆走去。

长沙博物馆出来，正值清水塘小学放学。学校门前，全是接孩子们下课的爷爷奶奶们。“不立文字”来电，问我是否在做饭。我说刚从长沙博物馆出门。他说他在湘雅陪姐夫，准备回家，中午可否一聚。我说，电联已满足。

聊着就走到一中。有人叫我阿姨，是小琪，嘉的同学。招呼着继续走，又有人叫我阿姨，好熟悉，只是想不起与她的关系。女孩好聪明，说：“阿姨，我是嘉高二的室友。”哦，想起来了，她看起来胖了些。

一中门口一个个店铺闪过，我突然想，此刻偶遇嘉就好了，正想着，又一女生笑眯眯叫我阿姨。田心的，她老爸是天桥起重的，小邓，理科生，学霸。

天不遂人愿，罗莎蛋糕店前略待，眼光所落，无嘉身影。算了，回家。

同时到达陶玻四楼楼梯口公共门边，遇到了一对爷爷奶奶和一对女生。爷爷放下东西开门，女生中一位立即将门拉开，让爷爷奶奶先上，又让我，轻拉上梯道门。爷爷奶奶上楼时问："快考试了吧？"女生们答："是的。"奶奶说："一定要放松啊。"女生说："放心，我们心态好得很。"

我有意放慢脚步，落在他们身后。在六楼，女生拐入，原来她们就是604号住的理科生。她们今天没有穿校服，显得很漂亮、超动感。

家中电话铃响。第一直觉是嘉的。果真是。第二直觉是她说回家吃饭。不是，她说已吃了。紧接着嘉说的话，令我余下的半天，充实起来。

嘉说："老妈，晚上杨陈同学来我家吃饭。"

怎么会这样？同学。想着。说："好，来吧，我做饭给你们吃。"瞬间，觉不对，说："同学，我的手艺你知道，要不我请你们去自助。"

嘉："杨陈说她吃完饭还有事。"我："那好啰，我做炒面给你们？"

嘉："我让她接电话吧。"与杨同学对话，告诉她，我会展示最好的手艺，希望她不嫌弃。杨善解人意，说："我奶奶的手艺不咋地，我都能宽容。"呵呵，这就好，无论我做什么，杨都会说好，满足我基本虚荣心。

我家的这个宝贝嘉，让我说什么好呢？真是既有才，又懂我。对我这么个不懂的厨艺的人而言，她都能"忽悠"到食客，呃，佩服。

兴奋劲，从此消不下去。先是找了些碗筷，以十二分的热情，将它们洗了又洗，再烧开水，煮了又煮。直到确认它们干净了，方罢休。

制定晚餐菜谱。确定两个粽子，一份豆角炒面，一份炒青菜，一份西红柿炒蛋。人，真的奇怪，只有晓得下一步该干什么，才会快乐，至少我如此。由此，我联想到高考后，那个时候，我该干什么？想法没有持续多久，看了一会儿书，上街买菜准备晚餐，迎接小客人。

17:05，嘉回。杨陈同学跟着嘉进门，她穿了一套高级灰（偏绿）套装，高腰裤，长袖上衣绸缎面料，整体效果好复古。

我说着欢迎，将杨陈同学请进门。饭菜很快上桌。同时看着两位高三艺考生吃饭，在陶玻家，头一遭。与杨陈同学长聊过，她对我没有陌生感，她说她考上了北师大、厦大、中国院，但没有想好去哪。她对理想有“犯政治化”的追求，遇事会从人生观、价值观层面介入，所涉话题，凡她感兴趣的，情绪即刻热烈，声音也高了八度。

吃着、聊着近两个小时，最后，我们约好明天一起去吃自助，以庆“六一”为名，为嘉庆祝 18 岁生日。我们仨，你一言我一语，又邀了罗、付和“大猪”。

天快黑了，怕杨陈同学外婆担心，我催她回家。她说，我要留个纪念。于是，在我们三个人的手机里分别留下我和杨陈同学的合影。

我和嘉送杨陈下楼，坐上 112 路。对嘉说：“我从聊天中看出，她对北师大、厦大、中国院都没兴趣，她还是想冲文考。”

嘉：“是的，青春年少，谁没个远大理想。”

我：“我觉得杨陈好单纯的。”嘉：“单纯啊？哎，不好说。”

家中，看着与杨陈同学的照片，自言自语：“呃，我还是一位蛮阳光的妈妈嘛！”嘉，一旁沙发上，呵呵一笑。复进入她的手机世界。

隔壁有小孩子叫嚷声，嘉叹道：“哎，我觉得养个小孩子多难啦。”

我：“难啊，都难。可这都是过程。”

平静一刻，想起杨陈，我突然大笑，说：“刚才杨陈，当我们说到她喜欢的话题，譬如陈坤，她手舞足蹈的。同学，瞧你，怎么从未有这种现象？”

“我也有啊，只不过你没有看到。”嘉平静回复。

我：“看到过，你坐在我对面，指点江山的时候。”

嘉“那不是重点。”

我：“那还不是重点，那什么时候是重点？”

嘉“喜欢的点不一样，这一刻喜欢这个，下一刻却觉得很无聊。”

我：“喜欢东西就应该执着、专一，你怎么这么见异思迁。”

嘉：“这怎么可能哦。”

倒数第六天（6 月 1 日）

六一儿童节。早上，不知为何，写完这几字，就写不下去了。

有时，没什么事的时候，可绵绵不绝地码字；有时，真的有事可记，却不知如何开始。在陶玻家阳台上，眼望对面的出版局大厦，天空中飘落的细雨不断“亲吻”着台面。雨稍大些，定神地瞧，看见雨瞬间撞击台面洼地，撩一圈波纹。眼皮底下，不变的营盘路，从未消失过的聒噪。

眼睛一直处于不明晰状，已尽力保持双眼处休息状态。少用电脑，空闲的时间，借书打发。昨晚，一口气将《卡瓦》全部读完。假设书写完上半部就收官，便对了我口味，我仍会去买作者的其他书，可读完的下半部，既透支了眼力，又令我感到失望。

书中关于对出版界的描述，贴合我内心某种渴望或需求。3 个月通勤的日子，我曾多次徘徊在省新闻出版大厦门边，想入其内，探究竟。目的只有一个，希望我遇到某位编辑，跟他（她）谈我的《不疾不徐》如何有意义，借此出版发行。

每次一有这样的想法，便会遭遇自己的强烈抨击，不停地自责。

真是无可救药的分裂者。

昨晚，嘉带杨陈来家吃饭。杨陈饭后，看我码字，好羡慕地对嘉说：“你妈好好哟，还为你 18 岁生日写书，送你这么好的礼物。”杨陈又问我：“阿姨，你出版吧。”我于是拿出《卡瓦》，给杨陈念出打断并有出版发行念想的那段话：“是的，如果我想证明自己曾热爱过什么，那我已经做到了。我是说，我完成这本书的创作，这就足够了。至于其他，那应该自然一些最好。”

**嘉爸：今从吉隆坡飞广州。**

**我：今六一，邀了几位艺考生，以嘉 18 岁的名义，共度儿童节。**

这主意，是杨陈同学昨晚在我家，论及某个话题时，共同商议的结果。邀了嘉班上几个艺考生：“大猪”、杨陈、宸和六班的一毛，为嘉即将到来的 18 岁生日庆祝，共度高中最后一个儿童节。

嘉 18 岁生日，还有几天，紧临高考，总不能在高考生们最受煎熬的时候，让她们为嘉庆生。每当我想干一件什么事的时候，总会陷入一个怪圈，莫名地与某个节日对撞，其结果，我自投罗网于商家“血盆大口”之中。这次也不例外，逢儿童节。基于嘉的首肯，挨“宰”也心甘。

午餐来临前，转悠到烈士公园，关于“庆六一大型特价书展图书论斤卖”的活动，买了 3 本书，正好一斤，12 元。3 本书每本标价 10 元，总共 30 元，等于打四折。

下课后，接到嘉和同学们。加我共 6 人，自助餐厅，告诉同学们，自助餐最高境界:扶墙进、扶墙出。女生们爆笑。

杨陈和一毛送了嘉生日礼物，宸在自助餐进行中，极不好意思地拿出她手绘的礼物，一块劳力士和一个钻戒，解释道:有人说，18 岁生日送钻戒，会幸福一辈子。

因为过节，餐厅有礼。我厚着脸皮对送礼者说：“这帮小女生在过最后一个儿童节，我也不例外。”于是一人得到一根又大又粗又长的彩色铅笔。杨陈拿出一看，大红色。她立即对号说：“这预示着我高考红红火火。真可爱。”

有两个卡通人在餐厅中穿梭:一个是蓝精灵打扮，另一个是棕熊打扮。一个制服女负责给拍免费的快照。我对制服女说：“这都是高考生，你也帮我们照一张吧。”

“大猪”说：“我也想要一张快照。”我向制服女请求：“能否给我们拍五张。”制服女面露难色。于是改口：“那就两张吧。”我对“大猪”说：“两张，嘉一张，你一张。”对其余的女生说：“待会儿，我帮你们每人都制作两张。大伙喜笑颜开。”

当然，除了制服女的快照，我们各自用手机互拍了 N 张，相互传送。

餐后，嘉们因下午上课，先行离开。刚走不久，嘉来电，问：“老妈，你带伞了没?”我朝窗外一看，下雨了。我心头一热，说：“我带了。”嘉“哦”了一声，挂了电话。虽然我很粗，但嘉对我的点滴关心，我都能感知。吃自助餐时，我问嘉晚上回家饭否，她说算了，回来的话，还得去买菜，好麻烦。

有时，嘉对我的了解，可能更胜过我自己，只是她不似我一般，喜欢猴急着表达。

离开餐厅，我直奔快印店，将快照扫描，并各打印5张。

下午下课铃一响，等候在教室外的我，蹿入教室，将照片分发到女生们手中。她们感叹我的效率，不停地谢我。嘉问："老妈，你在哪里影印的?"

笑一笑，我暗想:同学，小瞧了吧。你老妈我，别的本事没有，最大的能耐就是自力更生，凡入陌生地，首要就要对附近摸个八九不离十，以随时调动记忆。嘴上却说道："家福菜馆旁啦，快印、打字，还晒图呢。"

嘉又说："老妈，你怎么这么亢奋哟。"这是她今天第二次说我兴奋。我说："因为跟你同学在一起啊，有人听我讲话嘛。"其实，嘉应该知道，我兴奋的原因都来源于她。

嘉爸来信息问嘉三模的成绩，**我:语文116，数学114，英语113，政治78，历史88，地理74，总分582分，年级107名。**

**嘉爸:很不错啦。我:那当然。**

嘉的老师，觉得近期取消晚自习是失策，从今起，又恢复。我高兴坏了，想着:上吧，一直上到高考前一天就好。

虽然我知道，只有明天一天的课了。3日、4日就放假。

倒数第五天（6月2日）

一毛昨儿个说6月1日是儿童节，那6月2日就该是成人节。嗯，不无道理。即使是成年人，也可以为了让自己快乐一下，而恣意为之。可这日，过得且平淡。全无可聊之事。中午看英国动画片《神奇海盗团》。

嘉爸下午到长沙，一同去看长沙市第七中，车堵的一塌糊涂。走到考场只需半小时，开车，绕圈花了一个小时。晚上，一份炒面、一份青菜、一份口味虾，给嘉和嘉爸。嘉爸饭后离开。我和嘉进入各自空间。

倒数第四天（6月3日）

只因好奇，在地摊上买了3本论斤称的书，《在人间·我的大学》、《钢铁是怎样炼成的》和《培根随笔》。封面写着教育部《全日制义务教育语文新课程标准》推荐书目，语文新课标必读书目系列，我对嘉调侃："同学，这都是必读书啊，你们读过没有?"

嘉："哪有啊，新课标推荐的必读书多了去了，怎么读得完。"

我说："还别说你们中学生，我这号称还读了几本书的人，看着这书目都汗颜。说实话，这些书名，如雷贯耳，但读过的寥寥无几。这 3 本，我真不确定是否有读过。"

有闲，读完《在人间 · 我的大学》。作者高尔基，无人不知无人不晓。记忆中，将作者与其作品挂钩，是高尔基的《海燕》，之所以如此熟悉，不是因为熟悉《海燕》作品本身，而是因为奇志与大兵的小品，让我将高尔基与《海燕》串联起来，根植脑海。

《我的大学》，写高尔基在喀山这个社会大学的经历。书中详尽地描写了作者多样的、矛盾的思想，对人生意义，不停地通过不同角色，进行发问。对于社会各种思潮，作者也借不同信仰人的嘴来表达。

作者在《沙皇就是饥饿》中写道：

"人们希求是忘却和慰藉，而不是所谓的知识"，这种思想令我大吃一惊。

"我也时常能看到，人们所谓的仁慈和博爱只是挂在口头上，而在实际上他们自己也在不知不觉中屈服于共同的生活方式。"

"我看见几乎每一个人的身上都笨拙而且简单地兼有言与行的矛盾，感情方面的粝牿。这些变化莫测的矛盾表演，尤其让我大为苦恼，烦闷不已。我伤心地发现这种表演也同样存在于我自己身上，情况就更为糟糕。"

过去相当长的时间，我保有一种固定的思维，以为依我这个年龄，再去看推荐给中学生的书，显得很没面子。于是，再优秀的名著，只要入了推荐之列，哪怕我家书柜中比比皆是，也没有热情去翻动它们，随它们静静地披上灰尘，与时间为伍。

这些超级愚蠢的想法，将随着我从陶玻回家，不复存在。

今天高三休息。鉴于本人对做菜缺乏诚意，嘉同意午餐外出消费。她 8 点起床，早餐吃过甜酒冲蛋后去了学校。有时，我恨不得她早中晚都待在学校，这样，可回避掉她时时当着我的面看手机（这引发我肌肉经挛），对于她在家做任何事，我从不恶语相向。倒是她本人，长时间低头专注于手机，会偶尔过意不去，抬头对我叹一声，再继续看下去。我近乎麻木地想:看吧，看吧。

相处的 3 个月，嘉的沉稳与淡定让我觉得，她完全有能力去驾驭自己，我多此一陪。可中国人固有的常识，或叫生存方式，我须得融入与适应。

中午，与嘉在约好的地下通道口碰面，走向另一个地下通道。通道两侧墙上的广告更新速度很快，当期灯灯箱中有整容广告、电影海报和展会信息，电影海报是《潜艇总动员》。我对嘉说昨天我在《潜艇总动员》和《神奇海盗团》中选择了后者。马上就有《马达加斯加 3》了，我们可以一起看。嘉欣然同意。我问她还有《画皮 2》上映也看吗？嘉断然拒绝，说：“我喜欢看轻松的。”哎，跟她老爸一个样。

餐厅气氛令嘉十分满意，而我，觉太过高雅，有些压抑，声音压低。嘉点菜，肉、虾、豆腐和青菜。每道菜精致、美味，令我叹为观止。我说：“同学，平日里，老想你夸我做的菜，这下，瞧人家菜做的，以后，我不会让你再点评我的菜了。”

嘉：“哎，老妈，你跟他们比，首先食材上你就跟他们差好大一截啊!”

我：“不管咋地，我不是这块料。不过，我可以去当美食家，写写美食文章什么的?”嘉：“别异想天开了，美食家不是你这样当的。”

我：“哎，同学，我以为上菜慢，带了本书，消磨时间时看。”说着我掏出《美丽的恶意》。嘉：“哦，我翻过了，知道了大概。”

我：“啊，什么时候，我怎么没看到你看呢?”

嘉：“你刚买来那天，我便翻了。说着嘉将故事梗概跟我讲了一遍。”

我才看了两节，听着嘉讲书的故事走向，似乎背离了我最初的理解。嘉好像看透了我的心思，说：“故事的逻辑可能我描述的不是很清晰，但内容不外就是那样。这种写女生与女生之间的故事，只要看过郭敬明的《悲伤逆流成河》，就不会再想看第二本。一个男生，怎么能将女孩钩心斗角，刻画得那么细腻。”

嘉又说：“老妈，你是不是听我讲了大概，丧失看完的兴趣。”

笑着，心里想，那也不一定，关键是我需要用书来打发这段时日。

倒数第三天（6 月 4 日）

高考周。周一。高三生继续休息。下床就有笑脸，心情不错。

9 点左右，嘉收拾书包，依旧选择去学校。

家中厅房的吊灯，六盏烧了只剩两盏。周六嘉爸来时，想帮助换好，可惜，触及了那盏最先烧坏的灯的源头——火线与地线近乎相连，致总开关跳闸。我害怕更大的闪失，在嘉爸欲卸下源头灯未果后，我阻止他。自嘲道："现有的两盏起码能用，算了吧。"

昨至今，终将《美丽的恶意》全部看完。早餐中，跟嘉谈了谈我对整本书的感受。作者是澳大利亚人，以两名女高中生情感变化为主线，贯穿澳州社会、家庭、学校，折射澳洲青年婚恋价值观。嘉未置可否，只顾看手机。

雨下个不停。家中光线很暗，嘉出门后，我开启电脑，越看越模糊。抬头看吊灯，冒出坚定换灯泡的想法，想即行动买了两个 40W 灯泡，小心翼翼换上，成功。寻思：灯们，拜托，挺到 7 号！

这几天，"燃烧"不久的做饭的兴趣锐减，总觉得自己不是那块料。跟嘉商量，中午继续外出。昨中餐厅，名曰：喜悦。今西餐厅，名曰：赞吧。

喜悦餐厅温馨，私密浪漫；赞吧国际餐厅冷艳，雍容华贵。

这是高考前特有的感受和体验，现代社会不会因某次高考而停下运转，无论多少人圆梦，无论多少人破梦，更不论人是否有梦。

其实对嘉而言，我从来无刻意地营造某个特定的气氛去迎合她，我喜欢咋地，征得她同意，去做即可，她不是金钱和责任的掌握者，她非常清楚，不会太过使性子。

大概我内心要的是一种深刻的记忆，才会有所想地将最后一周的中午餐弄得正式、高调。（文中多次提过，对做饭我已使不上劲，弃之也罢。）

嘉和我，对西餐套路，谙熟。偌大的西餐厅，此刻，只为我俩而设，从头至尾，400 平方米豪华空间，真的只有我和嘉。

一人手执一本菜单，我很快锁定了肉酱千层面，香草冰激凌混搭意式特浓咖啡。嘉要了一份银雪鱼、一份蔬菜汤。在帅气男侍应生的提示下，嘉同意再来一份提拉米苏。当餐厅将赠送小块熏肉、新鲜的烤面包、细棍、咸印度甩饼放于桌上，我俩顿觉点多了。

我一向吃得快，嘉自语道：“吃于无形。”不知是批评我还是提醒她自己。

餐厅的用具很值得一说。玻璃杯是斜的，问侍应生，他说这原是家意大利餐厅，杯子仿比萨斜塔。有一种圆头餐刀，抹黄油用。油壶与酱油壶一体，两个出口分别倒出两种材质。环境好的餐厅，价格可有得一说。信息告诉嘉爸，描述嘉的饮食风范，说这可真是“富养女”啊。

晚餐，自制，简单。嘉：“老妈，高考完后，陪我去买书啊。”

我：“好啊，我们去定王台。”嘉：“不用，就在校门口，不晓得还有没有？”

我：“什么书，这么‘俏’？”嘉：“外国悬幻类的。”

我：“定王台新华书店肯定有，你要多少，买多少。”

嘉：“噢，对了，老妈，我班有位同学今天被采访了。”

我：“采访什么？”嘉：“高考啊。校门口停着采访车。”

我：“问什么？”嘉：“只听同学说被采访，其余不知。”

我：“呃，同学，上次你带的巧克力，送给谁了？”嘉：“室长。”

我：“啊，原来学校寝室的。她在你们班？”嘉：“没有啊，在隔壁。”

我：“哦，四班。为什么送她？”嘉：“没什么。”

有头无尾的对答，正常。凡嘉不想说的，使多大劲都白搭。况且，有可能她就是一念之间，无需原因。是我想多了。

倒数第二天（6 月 5 日）

7 点刚过，轻推嘉的房门，说：“同学，起床了。”

被窝中的她动了动，我于是接了句：“同学，生日快乐。”

今天 6 月 5 日，“世界环境日”，也是嘉 18 岁生日。不久，她起床，很快，坐到客厅餐桌旁。早餐，似未觉这日有甚特别。吃了几口，嘉开始讲话。

第一句：“老妈，我头痛。”我有些紧张，问：“啊，哪里痛？”

第二句：“昨晚没睡好。”释怀，我说：“哦。”

第三句：“今天中午不去吃啰。”

昨天商量好，今天，我与她中午进行小型的生日聚餐。我：“啊，那回家吃，吃完你躺下休息？”

第四句：(拒绝的口气)“嗯，我在学校睡。”

你从来不睡午觉的，在学校，睡得着吗你？我心里这么想，却说：“那随你吧。你在教室睡得好吗？”

第五句：“我在老师办公室待着，反锁门就行。”

嘉的班主任李老师一人一间办公室，紧挨着教室，嘉课余偶会去办公室。

第六句：“不过我不确定能否睡着。”

泡汤，此前预设的计划。我对嘉，属“广种”型，我尽己所想去准备一切叫“爱”的东西施予她；她对我，绝对的“薄收”，无论我多少热情付出，她只按她的逻辑来撷取。

是我极想将 18 岁生日当回事，而当事者本人，毫无兴趣？她想在学校跟同学一起度过她 18 岁生日？抑或她想一个人？

我“燃情”过度？嘉已经 18 岁，18 岁！成人了！自我主导的时代从今天开始！

一个早上，竟因嘉的 18 岁，弄得自己灰头土脸的。好在，只是自己在跟自己过不去。干吗呢？吃饱撑的。对，就是这样——吃饱撑的。

接下来，意味着我将眼睁睁地，数着时间一秒秒地过。

午后，迈开脚步，逼自己出门。户外，气温渐升。刚坐上公交，天空洒下一阵细雨，把城市中即将扬灰的街区洗净。牛耳街下车，走向乐和城。阵雨将温润的空气变得潮湿，呼吸刚被雨水净化的空气，竟有些缱绻。

电影《醉后一夜》，余文乐与张静初主演。观影者加我不过五六人，剧情关乎醉后失忆（电影叫断片），影片对我，带入感不强，没太扯出我曾经的多次失忆感受，只记住一句：“我想回家”。

基于嘉生日，窃以为无蛋糕不成生日，观影后去面包新语，买了一个小抹茶和一个芝士蛋糕。嘉信息通告我，下午将所有书籍搬回家。5 点多，嘉说放学，我赴校。一中逸夫楼，好不热闹。好多班又唱又跳，整栋教学楼似有掀翻之势。嘉所在五班，平静。同学们清理各自学习用品，作鸟兽散。

嘉看见了我。此刻，一女生正拿着她们班服叫嘉签名。我问："同学，搞定了没？还有事吗？可以走了吗？"嘉点头。我弯腰搬起嘉已清好的储物箱，向教室后门走去。碰到小琪同学，她笑着叫我阿姨，然后紧紧抱了抱嘉。

出教室，走近教学楼橱窗前，迎面一位女生，径直走到嘉面前，递给嘉一样东西。嘉接过，我一看，一小盒罗莎蛋糕。女生张开双臂，紧紧抱嘉，说："生日快乐，高考顺利，加油！"然后，松开手，跑向教室。

她俩拥抱那一瞬，我眼泪夺眶而出。嘉："老妈，你怎么了？泪点也太低了。"我说："我不行了。"说着放下储物箱，用衣服角擦擦眼睛。走了几步，我问："同学，她是谁？"嘉："同座。"我："姓什么叫什么？"嘉："姓刘。"

我做了一份西葫芦炒鸡蛋，嘉吃抹茶蛋糕和刘同学送的罗莎，我则吃芝士蛋糕，当作嘉的生日晚餐。跟嘉说起我对芝士蛋糕的特有的情结，她不认同，只一味钟情抹茶。我说，今天的菜叫西葫芦。她问，西葫芦是否长着葫芦样？我说不是，有点像丝瓜。

我若有所思地说："同学，我现在每次都打 3 个鸡蛋。嘉问为什么？"

我："3 代表稳，3 可支持一个面。其实我想说，同学，我做你的第三根支柱，这样，无论如何，不易倒。"

嘉意味深长地说："那还不如去买一根油条两个油饼。"

我呵呵大笑，说，那这样，也太没有创意了。

餐后，收拾妥当，我说："好了，今天的任务完成了。"

嘉："你的任务是什么？"

我："生日晚宴吃完了。"

嘉："哦，Souka（日语原来如此）。"

嘉突然说："你帮我把高考报名取消吧。"

知道她就随口一说，做一种释放，我毫不犹豫："好，我就取消。"

嘉大约很意外我回答，问："怎么取消哦？"

我："呵呵，这还不容易，上网取消。"

短暂的不适期过后，嘉躺到床上，说："老妈，昨天睡前，突然想起一部恐怖片剧情。"我："这就是你昨晚没睡好的缘由。"

嘉："不是，是睡前就想起了。"我："什么片子。"嘉："不记得了。"

我正站在客厅镜前，对着镜子，说："同学，看我吗，这 3 个月，早睡早起，皮肤都变好了，这么白。呵呵。"

嘉："呃，老妈，你笑点好低哟。"

我："笑点低，泪点也低。刚才，小刘同学一抱你，我眼泪就哗啦啦出来了。"

嘉："我们 9 号毕业典礼，年级组长让我们带两本书，说礼堂没有凳子，用书垫。"

我："出去转转如何？"无回应。有戏。我："走吗，还早，出去走走。"

嘉："我要洗澡。"我："回来洗吧。"

嘉跟我出门，往家润多超市走。这是我俩第二次去家润多。路上，看到一对穿一中校服的男女在路旁小径间，抱着接吻。我："恋爱中高三生，要分开了。"

嘉："那不一定，也许是高二的。"

聊下午看的电影《醉后一夜》，讲男女主角如何相遇，如何共同找寻断片（醉酒后失忆）中各自丢失的东西。嘉抢白道："然后他俩就好了。"

我说："嗯嗯，是这样的。"

嘉："电影的套路，不走样的。"

家润多，我指着西葫芦给嘉看让她认识。买了鸡蛋、包菜和酸奶。

回家的路上，嘉谈班级与班级的差别，讲班长强弱，讲班主任责任心，以及对应的关系；谈高考为何不能穿校服；讲成绩好的艺考生如何防止抄袭；讲设计，讲对三星与苹果设计的比较，讲中国为何做不好设计。嘉的话茬打开，是一件令我开心的事。

倒数第一天（6 月 6 日）

听见嘉的床上有动静，估摸着她自然醒。唤她起床。

早餐，嘉："哎，时间过得好快啊。"

我："你前一阵子不是说要快点过吗？"嘉："人就是个矛盾体。"

我："是的。"于是我讲起昨天从早晨到中午的经历。

想起小王同学昨天在空间中发的一则说说，大意是他与老师聊天，很开心。对嘉说及此事，表示对小王同学主动与老师聊天甚为开心。

嘉："为什么呢?"

我："因为小王同学专业挺棒，有时甚至强过老师，当老师自以为是的时候，他喜欢挑战老师。如今，他能主动与老师亲近、聊天，肯定是种进步。"

嘉："我觉得小王长得像我们班长李某，一看就是那老好人的样子。"

我；"当初为什么选他当班长?"

嘉："是别的班的老师推荐的？高二刚分班，有一个曾当过李某班主任的数学老师对李老师说，李某不错，于是李老师就选他当班长。"

嘉："老妈，你说将东西寄到电视台去，他们会看吗?"

我心里动了动，嘉同学要行动？嘴上将《卡瓦》中对编辑们、编导们的描述讲给嘉听。我说，只有中彩的几率，才能让编辑选中。列举了过去纸媒介时代的作家们投稿被拒的 N 多故事，嘉也知道，做了补充。

这个话题，我最后说："如果坚持，可能会有结果，但不坚持，注定半途而废。"其实，哪件事不是如此呢?

不想做饭的我，怂恿着嘉外出就餐。在餐厅，嘉主动为我点了两个菜，煎豆腐和鱼香茄煲，我要了餐厅特色鸡。嘉为自己点了青菜粥和一杯橙汁。菜没怎么吃得动，都打了包。走到一中门前小卖铺，嘉建议："老妈，不如今天将我要的书都买了吧。"我说："好啊。"

中国国家地理专卖店内，嘉直接从书架上取下各两摞书。一套《冰火之歌》和一套《龙枪编年史》。

进来一位满脸笑容的穿黄色 T 恤的胖女孩，看我们拿了 6 本《冰火之歌》，滔滔不绝地讲起这系列的书。《冰与火之歌》( A Song of Ice and Fire) 由美国著名科幻奇幻小说家乔治·R·R·马丁所著，是当代奇幻文学一部影响深远的里程碑式的作品。它于 1996 年刚一问世，便以别具一格的结构，浩瀚辽阔的视野，错落有致的情节和生动活泼的语言，迅速征服了欧美文坛。现已出 6 本，还有一本尚未发行。

黄衣女又说，根据小说改编的同名电视剧正在拍摄，每部投资 3500 万美元。第一季已于 2011 年 4 月 17 日首日放映。

未等我们发问，黄衣女问嘉：“姐姐，你是哪个年级的?”我抢着回答：“高三。”黄衣女说：“高考啊，姐姐加油。”嘉笑笑未吱声。

黄衣女：“能不能将买书的积分给我啊?”我抢答：“可以的。”嘉说：“我们不会再到这店子来了。”黄衣女：“姐姐，你是哪个班的?”嘉：“五班。”黄衣女：“啊，好酷哟。”

我说：“难怪拽着我来，买这么多书。”嘉说：“那是，要没多少钱的话，我早自己买了。”说完，拎着打了包的书，来到文具店，嘉买了一套考试用签字笔、圆规、尺等。

嘉对黄衣女叫她姐姐耿耿于怀，我说，你要适应，这太正常不过。她又跟我回忆起某次去学校动漫社，低年级同学称她学姐的事。我说，是的，我还写在文章中呢。

下午 3 点，从陶玻家出发，去长沙市七中。4 点，高考生需在指定考点找到位置，聆听老师讲高考注意事项。

坐公交 4 站:烈士公园南门站上车，经烈士公园西门、湖南省博物馆、烈士公园北门站到长沙市第七中学。正常，用时 5～10 分钟。

尽管我们提前到达，七中门口，比我们早到的人还是很多。七中是艺考生考点，体育、音乐、舞蹈、美术等考生云集，帅哥靓女比比皆是。嘉不由感叹:气场强大啊。校门口，在考场安排表前，知道嘉在 251 考场。

七中考试场所，集中在广雅楼。4 点学校才开门让人进入，考前会用时一小时，5 点，学生从广雅楼鱼贯而出。

嘉出来告诉我，送考私家车不得停在德雅路，即停即走。我对嘉说：“坐公交参加高考算了。”已经体验了一次公交车的方便，嘉没有提出疑义。

坐 303 路回家，博物馆下车，想在家润多买点青菜。东风路家润多，我和嘉刚上电梯，一位年青的工作人员提醒我们，让嘉将她所带的书寄存，以免误会。我回答：“是高考书。”那小伙子“哦”了一声，没再说话。电梯向上，背后传来一句：“祝高考顺利。”我和嘉回头，那小伙子正朝着我俩笑，笑容纯净、阳光。嘉报以微笑，我也笑着回答："谢谢。"

发信息问嘉爸何时出发，要不要等他晚餐，嘉爸说下午的接待工作已完成，马上从田心出发，让我们不用等他。咨询嘉的意见，嘉说晚点吃饭没事，再发出信息给嘉爸，等他来了一起吃。

晚餐的主料是中午打包的菜，辅菜则是在家润多买的七角钱 3 个辣椒，加冰箱中存留的包菜。

餐后，嘉留家中，我带嘉爸坐公交车去七中，将我与嘉的决定告诉他。来回公交车一坐，嘉爸同意高考两日借公交出行。

高考前一夜，小家三口，汇聚长沙陶玻家。嘉与嘉爸聊着他俩感兴趣的话题，我则一旁玩游戏。不想破坏嘉 3 个月来形成的固有作息，我与嘉爸 9 点多缩身于卧房，任嘉一人，在厅房中，自行掌控入睡。

5120——我要爱你

某日，准考证拿到，班主任李老师将五班学生准考证的后四个号码念给学生们听，嘉回家就告诉我，她的准考证后四位数是 5120。我一听，大笑，呵呵，我要爱你。太好记了。嘉："呃。"

那一刻，我就想到以"我要爱你"为题，写高考两日。

6 月 7 号

隐约感觉，嘉昨晚 11:10 关上了厅房的灯。

我虽说并没想太多，但这一觉，睡得不太踏实。营盘路上东来西往的车并没有因为要高考而减少，耳边还多了嘉爸轻微的鼾声，几重奏的结果，自是扰乱了睡眠。天"睁开眼"时，我也睁开了眼。

估摸着可以唤醒嘉时，我打开了她的房间门。

早餐过后，7:40。稍事休整，8 点准时出门。

搭上 131 路，到七中时间早上 8:19。门口，嘉说要买巧克力，无比惊讶。家中的巧克力一堆，从不曾吃，此刻，确有如此需求。我说："买什么啰，外面的巧克力多已过期，忍忍算了。"嘉爸却说："买就买吧。"

兴盛小卖部，买了一瓶娃哈哈，两片德芙巧克力。

目送嘉进七中，我和嘉爸在校门口捱到近 9 点，确认无事后，离开。嘉爸去中南大学上 EMBA，我家润多买菜，准备中餐。

11:40，七中的大门打开，考生出来。

看见嘉，有笑容。我因为上网，查询湖南高考作文，事先得到题目，我问："作文题是'别把聪明打碎'吗?"

嘉："嗯，不是。是一双手。"懵了我，是的啊，我刚上网查的，就是这"别将聪明打碎"的题目。10:30 左右，网上开始疯传湖南高考作文题目为"别把聪明打碎"，甚至贴出了所谓预测网址供众人"膜拜"。

真的作文题在中午时分，得到更正。一张图片，图片的内容为一只伸出的手，四句话分别是:伸出是温暖的服务，摊开是放飞的想象，张开是创造的力量，捧起是收获的希望。看图作文，应该是嘉的强项。

我挽着嘉走向公交站，听见嘉嘀咕道："其实我好早就做完了，我想考 120 分呢。"接下来，口头语，哎哟，烦死了。不过这话说得很轻松，我参透其中的寓意:如果达到 120 分，就不烦了。

我："要求这么高啊!"

113 路，烈士公园西便门下，需走上 5 分钟到家。嘉似有些不乐意，问我为何不坐 303 路，我说，七中门口那么多人，不可能择车，能乘上一趟顺路的，就可以了。说她饿了，我说到家 10 分钟上菜。嘉说："好，那我现在就计时。"我："拜托，同学，别这么苛刻，尤其对我。"

12:20，饭菜搞定。嘉爸也正好放学回家。

午休。嘉抱着手机看网络小说。快到 14 点，她突然一头扎到床上，习惯性地将脸埋入被窝，作短暂休息。看小说看累了，我是这么想。

我和嘉爸准备出门，唤嘉。她不搭理。叫了两遍，我太明白她了，索性不再吱声，静静等在客厅，等待她。一两分钟后，嘉从床上起，出来，以一种释压的口吻说："我不想高考了。"嘉爸立复，那就不考了。我也说，是的，不考算了。这样的对话，我们仨心照不宣，它只是一种语言，就像我要睡觉吃饭洗澡一样，无需解读。

到七中，门口移动公司服务台前拿了一盒免费清凉油，嘉抹了点在太阳穴，进了考场。17:40，考生们蜂拥出校门。见嘉，不太高兴。需给她一个时间缓冲情绪，就只是挽着她胳膊，坐上公交。

到家，嘉开口，说："数学那么简单，却错了不少。"

我只想讲一句，同学，你又不是文考生，对自己要求那么严干什么？可这话不能讲，她有自我约束力，我切不可自作主张左右她思维。（后来知道，今年的文数和理数是近三年来最难的一次。）我只能打打呵呵，说，简单好啊。

嘉身上被蚊虫叮了个大包，我将免费清凉油给嘉擦上。嘉大声说："真讨厌，可恨的蚊子，发现了就拍死它。"呵呵，我听着就想笑。嘉爸下课往家赶，遇堵车，时间尚早，嘉说她先洗澡。

突然，正洗澡的嘉喊我。我一激灵，从阳台跑到厕所边，问："干嘛？"

嘉："你明天请我吃东西。"哎，我以为什么事。

我："肯定的，明天考完英语，接上你，直奔乐和城，吃东西，看电影。"

嘉："我要吃辣的。"

我："吃什么都行。只是，拜托，你不要在洗澡的时候，唤我，弄得我以为水不是热了，就是冷了。"

嘉洗完，将睡衣拿给她。嘉："怎么又穿这衣服。"

我："不穿这穿什么？哎哟，我可是奋力用手洗干净了的呀！"

嘉："我感觉，你就是在水里抖了抖。"

我："你别把我的'锅'都端了？"

嘉："'锅'是什么？"

我："就是老底都给你揭穿了。"

嘉："还有这种说法。"

我："那当然。你不记得，有一次，我们讨论破釜沉舟这个成语，特意查了"釜"字的含义。这个字不就是指古代的炊器么？相当我们现在的锅嘛。"

我老爸打来电话，询问嘉状态，我说很好，嘉一直就很淡定。老爸说，怕给我们添堵，都不敢打电话。我笑笑说没有事。接着，我厚脸皮似地对老爸提出要求，让他告诉我老妈，去田心我家将嘉的床单洗了，老爸连声说好，且说，明后天天气好。

晚上，嘉爸因工作需去机场一趟，问我是否同行。想了想，随他 8:40 出了门。机场 T2 航站楼，嘉爸见了公司领导，将近期工作简要汇报。

一切妥当，已过去两个小时。回到陶玻家，嘉已入睡。

6 月 8 日

醒着，躺在床上，和嘉爸聊了很多。

高考时节，这样的聊天未曾出现在我们中间。他总忙于工作，而我，穷极无聊。思维方式不在同一条线上，容易产生对撞，以至无言相对。此刻，打开心结。

嘉睡好了。起床没有不良反应。西红柿培根鸡蛋炒年糕，高考第二日早餐。

乘公交，去考点。高考两日，公交对高考生免费开放，我以为得了一个好大的便宜，每坐一次公交，都会不由自主地笑出声来。早上考文综。

11:40，接到嘉，嘉感叹道："在七中考试的这帮艺考生，什么时候都笑得灿烂。压根没有高考的感觉。"

我："同学，去年静同学高考时，从头到尾都是一个人在战斗。她何时着急过，笑着开心应对，高考对你们，是一个过程，又不是终极目的。"

嘉："我后面的女同学一直在抄我的。"

我："啊，这样，哎，抄不到高分的，何况，她所考的艺术门类与你不搭。"

这话，对嘉起不了任何安慰。嘉叹道："哎，我原以为偷看是一门技术活。"

言下之意，怎么样都应该是偷偷摸摸的，而那女生似乎不曾受约束。

我问："你没受影响吧，时间还够吧？"

嘉："答倒是都答完了。"我于是，尴尬一笑，说："算了，算了，过去了。"

当我做好饭，端着盘子从厨房出来，大喊着："同学，来啰，楼上请。"

话落处，将一碗青椒肉炒面，一碗白丝瓜炒鸡蛋端上桌，说："同学，来，为我骄傲和祝福。"

嘉从沙发上转坐到凳子上，问："为什么?"

我呵呵大笑。嘉猛然醒悟，说："噢，因为这是你在这儿做的最后一餐。"

哈哈，整个客厅被笑声包围。

我："哎，同学，你知道吗？今天早上，你老爸狂批评我。"

嘉："批评什么?"停顿了一下，嘉又说，"哦，我知道了。饭做得不好吧。"

我："对，你以为呢?"嘉："还可以。"

我："你待会跟他对抗一下。"嘉："对抗什么?"

我："你就说老妈不容易，一个从来不做饭的女人，这是何等的境界?"

我："有的时候，我觉得我的人生观价值观都是那么那么的……"

嘉："你想说什么?"我："你觉得呢?"嘉："我怎么知道你想说什么?"

我："我是想说我的人生观和价值观是多么的大气包容。"

嘉："人生观价值观与大气包容有何干?"

我："啊，不相干么？那我表态有问题。"

嘉："老妈，你真是个奇怪的老妈。"

我："你绝不会发现有别外的一个我。"嘉："本来就不会有。"

我："你知道你老爸今天还批评我什么嘛?"嘉："批评什么?"

我："他说，你看人家一毛的妈妈，多么贤惠，每日为三餐奔波，不七想八想。而你大脑复杂得不行，有空就看什么什么书，弄得自己好像无比的与时俱进，读书多了坑爹啊。"

我："当然，你老爸的原话不是这样的。他说不出坑爹这样的话。"哈哈，客厅中回荡着我执着的笑声。这声音是为今天发出的，因为，我要解放了。

下午的英语考试，2:45，禁止入场。需提早半小时，我和嘉爸建议嘉提前10分钟出发，她却不紧不慢，悠哉游哉。

一直目睹嘉入考场的那一刻，四场考试，算是安全顺利进行完毕。

原以为，会内心狂喜般吐上好长好长的气，不曾想，好象异乎寻常的平静，不知道有什么气好喘，又有什么兴奋可言。

晚上，按预定计划，我接上考完英语的嘉，并会合学习 EMBA 的嘉爸，坐公交到乐和城。五楼新开张的黄记煌——百年美味焖于一锅，吃了一顿焖锅，再观影《马达加斯加 3》，晚 9 点，电影结束，我们一同走路返回。

路上，嘉急于买高考答案，询了两家报刊亭，一中报刊亭，买到《长沙晚报》高考试卷答案特刊。就着昏暗的路灯，嘉边走边对，速度超一流快。不过 50 米，她已对到只剩英语试卷未核对。一中门口，某店，我和嘉爸索性不再迈开脚步，等待嘉对完为止。

家中，嘉又累积了一下分数，才放下《长沙晚报》特刊。我说："同学，报纸多此一举，对什么对啰，又不是先填志愿后出分。"

嘉激动万分地用手拍着大腿，说："这是关系国计民生的大事，这怎么不登呢，你连这都不知道？哎。"

我："同学，今晚开始，我们约法三章，凡事都得听我的安排。现在你的任务，是将所有书的清理一遍，带回家的、捐出去的、不要的，分类放好，其余的我来办。"嘉爸接着说："你今晚会睡不好，嘉今晚也睡不着。"

嘉的回答，出人意料，有挑战和反驳她老爸的意味，说："我绝对会睡得好，你太看得起我了，我绝对心安理得。"

是因为对了答案，心中有数？不得而知。

6 月 9 日

嘉爸陪嘉早餐，并送她去学校。一中，8 点在礼堂召开毕业典礼。

我留在陶玻家，打包。六楼到一楼，一楼到六楼，我和嘉爸三下三上，将陶玻家物品转至汽车上。嘉爸由此感叹，哎，这搬家公司的搬运工，每天挣 100 元，也太不容易了。一切编制好的计划，在这个早上，全部打乱：首先，计划下午领取的《高考生源计划专辑》上午已领取；其次，嘉高三五班计划请老师吃饭的日子由 10 日改到今晚；计划嘉与我们一同回田心的计划，也因此变成我与嘉爸先回，晚上再回长沙接嘉。

回到田心，上五楼下五楼，又折腾了三下。我们俩，每趟之间，休息好长时间。拿回的衣被，全部清洗。晚上，我和嘉爸赶赴长沙，我陶玻家的主人——朱老师收房，钱物两清。

故先到五一路的玉楼东，找同学们请老师吃饭的餐厅，结果他们在火车站的玉楼东。嘉爸停好车，我们找了家餐厅，边吃边等。近晚上 9 点，嘉还没发信息。我和嘉爸径直到玉楼东接人。火车站玉楼东一楼，一中高三五班的同学们嗨得热火朝天，6 桌人，全并向一桌，里三圈外三圈，喝得、闹得兴起。嘉看见我。我问是否回家，她说走。

玉楼东门口，杨陈同学正坐在人行道台阶上，为扑朔迷离的前途神伤，一旁小黄同学安慰着她。嘉也顺势过去，与杨陈告别，俩人紧紧拥抱，良久，未曾分开。我上前，将此情此景一一拍摄。分开时，我借着小酒劲，跟杨陈同学好一顿谈人生、谈未来、谈幸福，弄得小黄同学爆笑。

路上，跟嘉说她清理出来的一堆资料及书籍，做价 10 元，全部处理。嘉爸说，这堆资料，高考前无价，高考后一文不名。嘉说："有高考生说过，曾经那么珍惜的高分卷，到了高考后全都是两角钱一斤。"

宸与我们一同回田心。宸在车上给小黄同学发信息，并念给我听。其中小黄同学评价我的信息，宸转发给我："她妈妈真是一朵奇葩，太有意思了，她和杨陈讲人生的时候，我笑得差点撞了电线杆。"

宸同学敞开胸怀，讲她的家庭，讲我家和她家风格上的区别，特别有意思的是，她提到情商，讲述她心目中对情商高或不高的理解。

聊兴高的永远是我，嘉基本是安静的听众。

3 月 5 日离开田心，6 月 9 日回到田心，97 天。

再写一点

10 日早晨，嘉接到一毛的电话，说黄红蓝长沙基础部翁校长，晚上在长沙请她们吃饭。嘉高二时，在田心黄红蓝，师从翁老师。

嘉决定，下午去长沙。她告诉我决定的那一刻，我不知为何，异常窝火。

平日里，我要跟嘉说个什么事，希望她给出决策的时候，她总是不吭不哈的，求她半天，才会给出相对专一的答案，而当她决意要做某件事时，十头牛也拉不回，表述方式，直截了当，毋庸置疑，常使我有窒息之感。

我骨子里为自己诉说着不平，表面上，只能“垮”着脸，不言不语。

嘉午餐后，意向坐快巴去长沙，我因过度担忧，很反感，没有理会，嘉爸接下尴尬局面，主动担负起送嘉去长沙之职。

傍晚 5 点，天降暴雨，能见度极差。倾盆大雨中，嘉爸安全返回。

这晚，“提提”和老公请众兄弟及家属吃饭，为她庆生。借酒局，放肆张狂，大有不醉不归之感。而内心清楚，一定不能醉，我得随时关注嘉回家的信息。

21:00，嘉没有反馈消息，我给翁老师发出信息，翁老师给我回了电话，说马上出发。

嘉几乎是到了家门口，才跟我发信息，而我，因不知她确切的回家时间，所以还没回家。电话给嘉，让她在门口等着，我就回。

气喘吁吁到了家门口，嘉平静等在那儿。开门，进门，关门。我的火又冒出，对嘉大吼：“如果你出门，不告诉家人去哪里，什么时候回家，你就不要指望家人守在家里等你回家。”

11 日一早，憋气的我，早早上班。近中午，与即将起程去台湾的嘉爸联系。嘉爸告诉我，早上在家，已和嘉商量好广美的志愿填报，嘉同意她老爸为她所作分析，因而也同意将广美的环艺作为第一志愿填报。

晚上，我将他俩商量的结果上网填报、提交、打印。12 日一早，嘉在填报志愿表上签上了她的名字。我随之将表格按广美要求寄出。

关于高考的一切，告一段落。寻找下一阶段的人生目标，开始。

梳理全部记录，倍感记忆真是奇怪，回头一切，好多情节早已抛到九霄，压根不记得曾经发生过。

人会要经历好多，以高考为例，艺考中，会看到代考、替考、以赞助、培训为名等诸多不良现象。长沙市七中这艺考生汇聚处，什么样的人都有，如果内心定力不够，人云亦云，很容易连自我都丧失去。

一路伴随着嘉走过高考，我想再抒发一些感叹。

1. 幸福，需要用力去够，在高于自己能力层面上，一点点去企及，而不是我要什么，父母就给到什么，轻而易举得到的，不易珍惜；

2. 如果父母帮了孩子第一步，就会要连续帮助下去，孩子会被动触及世界；

3. 人得到资讯太多，反而易引发自身固有的判断能力缺失。只有个人有足够定力，相信这世上，总找到有一处可供自己谋生之处。一处就够。

2012 年 6 月 12 日

分数与志愿（一）

2012 年 6 月 25 日 17:26，嘉爸开车驶向长沙。

车上三人，嘉爸、我和嘉。

长沙一中，19:30 召开高三学生及家长会。

内容:志愿填报指导；领取考生动态口令卡；领取各大学咨询联系方式。20:00，湖南省高考分公布。

东西向，车进入年嘉湖隧道，嘉接一毛信息，分数已可查询。我打开手机，按联通的信息输入 GKCJ＃（考生号后十位）发出，未得回复；用嘉爸手机拨通 12580，一串的提示需要操作，放弃；拨通 16858168，被告知我的手机未开通语音服务。

出隧道，嘉拨通了 16858168，输入考生号后，语音报出了嘉各门成绩及总分:数学系 113，语文 95，外语 119，文综 236，总分 563 分。

语音播报时，我已经听到了嘉的总分，正常。嘉也随即向我和嘉爸通报了分数。我俩异口同声说:不错。

像若干次结果呈现，指向:取乎上，得乎中。这次非例外。

人，奇怪的东西，对事预期希望好了再好，对结果的接受总会有那么一段缓冲期。

因为傍晚，营盘路堵，得知分数后，车内处于沉默态。563 分，对嘉来说，不满意，与她的预估有差距，看分数便知应该是语文不尽人意。

基于嘉对分数代入的适应，我与嘉爸也不吱声，任车随车流缓缓前移。

嘉是艺考生，手执广美和江南专业合格证，文考 563 分，按两校计算方式，常态下，她都如探囊取物。

广美，综合分计算方法:文化总分÷文化满分×30＋专业总分÷专业满分×70。去年最低录取分数 72 分，最好专业环境艺术设计录取分 75 分～79 分。

江南，综合分＝专业总分＋文化总分。最好的专业工业设计去年录取分数 1040 分。

嘉成绩，按广美计算，77. 35 分；按江南计算，1050 分。两校最好专业，可从容选择。

分数志愿（二）

在湘招生的重本院校，如同济等承认湖南省联考成绩的院校，嘉的联考成绩加文考成绩，按学校录取计算方式，过线。嘉爸将嘉的分数计算并一一排列，征求嘉的意见，语言中，暗示着劝嘉，希望嘉能改变方向，重新考虑江南抑或同济。嘉却一意孤行，非广美不选。弄得嘉爸灰头土脸，再无分析其他学校的必要。

从出高考成绩到决定填报哪所学校，嘉爸与嘉，在“密集”相处的一天半时间里，暗暗较劲。结果可想而知，嘉胜出。虽在专业的选择上，嘉爸有片刻的得意，但就嘉爸个性而言，在嘉面前没有得到百分百的认同，就是沮丧。

27 日中午，嘉要与一中高三五班的艺考生们一起请老师们吃饭，AA 制。我和嘉爸一同送她去迎宾路的大蓉和。路上，下起中雨。

从住处到迎宾路，嘉爸和嘉的认知完全不同。嘉自己基于在一中周围待得久，平日里虽方向感较差，但对这段距离心中有数；而嘉爸，也自以为知道距离长短，所以没有选择开车送嘉。一路上，随着雨的增大，俩人对距离判断的言论升温。我属于无所谓型。看着他俩议论，我笑着紧随。

走到清水塘路口，雨达到峰值。在某银行门口，他俩驻足，我则在小店购两把伞。

送伞到他俩前，他俩已互不吱声。我知道，矛盾激化了。

当看嘉进入大蓉和，嘉爸的手握着拳，空中挥舞着砸向地面，故作生气状。我则，一旁大笑，说："哈哈，遇到对手了吧!"

我继续说："你们俩面前，我一直就是乖乖崽，你们俩说什么我都说好。呵呵，你们俩在我面前强势惯了，强强相遇，必有一伤。看，伤了吧。只有她能治你，我纵容你惯了，你在工作和生活中都已经顺应了做指挥的气场。"

我好像一瞬间抓到了在嘉爸面前谈资的救命稻草，可劲地表达："你们俩不能相互抬杆。平日里，我都让着你，无论你对错，我都不会发表对抗的言论。而你与她就不同，她平时从不主动顺应我，但她会给你足够的面子，你讲的，只要是她不知道的，她就听你的，也会点头称是。而但凡她知道的，你要跟她对着抬，她立马就会翻脸。"

"她知道我会让着她，从不说不，即使她对我爱理不理，也知道我不会介意。而你与她相处时间太少，像昨天和今天都属于"密集"相处，观点的对撞与交锋一定爆发。"

嘉爸说："这家伙真淡定，知道广美动漫专业没有漫画，就随便了，顺从我的分析与专业排序。"

我："是啊，如果真的有纯漫画专业，你跟她商量的余地都没有了。呵呵。"

分数志愿（三）

26 日、27 日，提前批志愿填报，变成简单的事情:广美，不二选择。

这两日，央设班 QQ 群，嘉黄红蓝的同学相互咨询，确保个体能填好志愿，上得心仪的学校。可这事何其难，两头的考生，也就是好的与差的，好选。大批中间考生却如丈二和尚，黄红蓝某君，27 日下午 2 点多，在央设班 QQ 群中写下:这两天的志愿填报，是我有生以来最纠结的事情。道出了大部分艺考生的心声。

嘉的志愿，因其对美院以外的学院不予考虑，只有唯一性，相对说好填。可今年的志愿填报，较之以前完全不同。过往填报志愿，家长和学生需到学校确认填报结果，并签字画押。此次，每位学生对应一张口令卡，志愿填报学校不承担任何责任。

提前批也就是同学们的志愿填报，先将动态口令卡与考生号进行绑定，再进入《湖南省高考招生考试信息管理平台》进行填报。填报中，密码由动态口令卡中提供。当我和嘉爸在家中按步骤将嘉的志愿填报完毕、核实无误、确认提交、打印后，我们的心中仍充满了不安，不知道，那是否算完成了全部的步骤。纠结继续。理性思维强势的嘉爸，用惯有的数学模型，在多方电话咨询广美招生办和上网查询报考广美考生实力的情况下，一一分析嘉面临的竞争，得出嘉有5%的几率会与广美失之交臂。在服从分配的前提下，如果专业的划分不尽如人意，嘉有5%的机会放弃广美。

如遭遇这5%，我将崩溃，因为那意味着嘉会去复读。

6月30日，午餐后，我和嘉在回家的路上，嘉又蹦出想复读的想法。那一刻，我浑身虚脱，不能言语。直瞪着嘉，似从她那“狡黠”的眼神中，挑出真实考量。然则，我什么也没得到，只能回避这样的话题，并肩与嘉行进着。

分数志愿（四）

提前批志愿填报26、27日结束。

6月28日至7月2日，本科一批至高职高专的志愿填报。

嘉还可在这个范围内进行选择，以纯文考分选择对应的二本学校。嘉本人，几无此方面的考量。嘉爸和我，依年龄、依经历，在填与不填间，惴惴不安。5天，终以没有下载客户端，放弃填报，决绝地附着嘉的作定，奔广美而去。

7月2日，嘉爸上网做功课，将全国各省市高考分数的增减一一对比，对提高了分值的省重点分析，以确认嘉的分数能在广美排名靠前，借以挣得录取前的心灵宽慰。晚上，一家三口，去万达看《画皮2》，行至东都商圈。嘉班主任李老师来电。询问嘉是否报了除提前批之外的志愿。我告诉李老师，除了在提前批报了广美，我们放弃其他任何志愿的填报。如果广美不能录取，则复读。

7 月 10 日，查询得知:嘉被广美录取。

审定

7 月 4 日，曹家巷午餐后，欲回家午休。

路上，我很兴奋，右手向空中划着圈，握拳落下不住地大吼：“耶！耶!”

嘉爸和嘉诧异看着我，并不言语。他俩太了解我神经质倾向，习惯我某些非常人的举动。见他俩无反应，厚着脸皮主动问：“哎，知道我为什么激动?”

他俩默契般麻木地向前，置我的情绪于空气。我只能自问自答：“我今天终于将《不疾不徐》一校完成。”

“呃，你还没有拿给我把关的。”嘉爸终开金口，不动声色地说。

“会的，会的，待我把二稿装订后就交你审定”。喜的我，赶紧附和。下午，火速完成了二稿小样装订并带回家，指望着第一时间让嘉爸阅读。可惜，他有应酬。5 日，我才郑重地将书稿交到嘉爸手中。

6 日早，谈及《不疾不徐》。嘉爸说，他快速看完了全书，认为基本不用做改，保持原状。我一方面暗喜，嘉爸对我的肯定；另一方面又怀疑，那么厚的书，他是否真的认真看了。

嘉爸接着提了两处，建议斟酌。我翻到书中，揣摩，以为他说得在理，同时，打心眼里佩服他的阅读中的解读能力。

嘉爸又说，就书的整体而言，两篇前言与两篇后记写得出彩。中间的流水，阅读者不但不会认真读，且会觉得有冗长之嫌。我明白。世界上，没有人愿意花时间关注一个不属于自己工作或生活范畴的事件。如果不是有跟我类似境遇的家长，很难从日复一日的流水中找到共鸣。

这日，我随运营与精益管理部去水府庙疗休，8 日回到家中，尝试征询嘉对《不疾不徐》的意见。“同学，问你啰，我准备开印了，你有意见吗?”

嘉：“你印吧。”

“这么爽快，谢谢啊”，我说，“哎，跟你说啰，你老爸仅用了几个小时就审定完了全书，我超级沮丧唉。”

“那你还想怎样？”嘉：“老妈，你的东西那么通俗，很容易看的。那么多画漫画的人，他们花很多时间在创作上，而看者，可能几秒钟就看懂了。”

我：“也没想怎样，就是觉得我花了那么多心思，自家人都只是一扫而过，有点不是滋味。”

嘉：“你这还算好的，没有什么目的性，受众也少，喜欢看的多看一点，不喜欢看的不看。不会像韩寒那样，写什么东西，都会毁誉参半。只要你不作商业出版，保持自我创作的态势，不受控于人，就好。”

我：“是的，是的，我自行处理自己的作品，才能保持自我。”

《不疾不徐》即将分娩。我相信，它是健康的，但这不代表其此后成长空间从此一帆风顺，担忧仍然如影随形。

《不疾不徐》，是一个阶段，一方土地，一些人儿的足迹。

# 第六章

## 挣扎·选择

连续十几天35度以上的高温，并不是构成生活颓废的借口。对温度，我从不计较，无论寒冷或高温。只又是一个等待期——等待录取的信息。

提前批志愿的填报上月26日完结，7月10日开始，湖南省启动普通高校招生本科提前批录取工作，预计7月11日基本完成录取任务。

7月10日上午7:00，湖南招生考试信息港公布第一批《2012年湖南省普通高校招生本科提前批外省院校艺术类专业已录取（已投档）院校名单》，名单上，提前批录取高校寥寥无几，广美不在其列。已填报志愿的考生在湖南招生考试信息港中均呈自由可投状。随着第一批院校名单公布，渐变为已经投档、院校在阅、预退档、预录取、录取待审和录取状态。

名单每天更新三次，分别是7:00，12:00，19:00，每个时间节点到来，我都不由自主地守候查看。

10日，三次更新，广美未上榜，嘉的状态:自由可投，等——期盼。

11日，三次更新，广美未上榜，嘉的状态:自由可投，再等——担心。

12日，多次更新，广美未上榜，嘉的状态:自由可投，继续等——焦急。

12日，广美官网公布《广美2012普通本科招生录取结果查询》，说明:仅可查询港澳台和广东省考生录取情况。

13 日，湖南招生考试信息港《热点新闻》发出专稿《本科提前批录取基本结束，本科一批录取拉开序幕》，内容:省 2012 年普通高校招生本科提前批录取工作从 7 月 9 日开始，至 7 月 11 日已基本完成录取任务。参加本批次录取的院校共 451 所，计划在湘招生 12008 人。截止至 7 月 12 日 16 时，该批次实际录取本科新生 10522 人（含院校在阅 5141 人)。由于艺术类招生种类繁多，投档排序规则和操作程序复杂，省外艺术类招生计划要根据生源情况在全国范围进行调整，本科提前批艺术类录取时间会适当延长。截止至 7 月 12 日 16 时，已录取（或已投档）院校达 286 所，未录取(或未投档）的院校有 96 所，预计我省本科提前批艺术类录取将于 7 月 21 日前全面完成。

13 日，更新的院校名单中，仍无广美，嘉的状态:自由可投——煎熬中。

14 日，已经是第五天，早 7 点和午 12 点，广美杳无音讯。晚上，与嘉出门，满足她吃卤粉愿望。回家，例行打开湖南招生考试信息港查看，广美终露面。嘉的状态由“自由可投”转换成“已投院校”。

15 日，嘉的状态由“已投院校”变成“院校在阅”。

16 日，嘉的状态仍为“院校在阅”，而广美官网公布《广美 2012 普通本科招生录取结果查询》更新，说明:本查询系统可以查询广东省第一批本科批次及广东省外（除湖南省）考生的录取结果。磨人啊。

17 日，下午，嘉的状态由“院校在阅”转变为“预录取”。投档院校名称:广州美术学院；投档专业名称:艺术设计（信息视觉设计)。

18 日，状态一如昨日。

19 日，《不疾不徐》拿到手，这篇记录我等待结果的文章朝着“审定”中最后一句的方向行进。靴子虽未落地，心已安。

19 日、20 日，嘉的状态“预录取”。

21 日，嘉的状态由“预录取”转变为“录取待审”。

21 日、22 日、23 日，状态：“录取待审”。

23 日，《广州美术学院 2012 年普通本科招生录取结果查询》:

＊＊＊同学（考生号:12430105110241）

祝贺你！你被录取入广州美术学院本科学习，是国家任务生。报到时间定于二〇一二年九月五日，届时请凭录取通知书到校报到。

广州美术学院招生办公室

2012年7月12日

31日，湖南省招生信息港，嘉的状态："录取"。

下午，嘉爸从北京回来，发信息我:湖南网广美录取。

我:终于落地。

挣扎

通篇文字，成形于我精神极度混乱状态时。

那些天，天天以泪洗面。长时间将电脑作为发泄的唯一渠道，麻木却依序写下自己的心态。

这是一段需要我自己挺过去的日子。

在2012年将要逝去的时刻，拎出来。我以为，应该面对；显然，时间让它变得容易面对。(以下文字，照搬原样，未作修饰。)

（一）

其实，有很多的不快，因为时间流逝。

回头去看发生的事，很多会被浓缩，被屏蔽。经提炼的、愿回忆的，定与那曾经发生产生偏差。等待录取中，嘉的情绪反转，令我沦陷。

(7月) 17日，华子在丽岛请客，携嘉同往。在路上，我们聊到广美，嘉蹦出一句:LZ（老子）想复读。令我"花容失色。"

18日，嘉陪同学去长沙一中、黄红蓝画室合影留念。

中午时分，我发信息问嘉是否同我一起去福建彰州，说小姑邀她与冠林哥一道去采风，写生。

嘉回复我:我在做一个重要的决定。

见信，我浑身虚脱，太知道她在说什么了。

晚上，嘉回家，起初神态正常，有讲有聊。不经意聊至她去长沙一中合影照相的目的，神态大变，复读的话题重新勾出，嘉内心的挣扎一时暴露。我，第二次见识了嘉狂泄情绪的状态。无语，回避。

（二）

从18日到23日，期间，断断续续，嘉有意无意间，提示我，让我同意她复读，我刻意回避，但凡她提出，我则不假思索打断。

24日，单位包场电影《搜索》，这是第一次，我和老姐陪同老爸老妈一起去看电影。电影后，很开心地回家，边上网，边与嘉聊天。

嘉：“哎，老妈，跟你商量个事啰。”

这样的语气，令我心一沉。我想完了，嘴上问：“什么事?”

嘉感知我沉重，说：“哎，算了，讲了你会睡不着觉的，明天再说好了。”

反正要开天窗的，一步到位，我说：“你说吧。”

嘉拽着我的胳膊，不停地说：“我要复读，我要复读。”

我说：“不行，除了这事，什么都好商量。”

嘉说：“老妈，你说过的，无论我做什么决定，你都支持我。”

我：“是的，我说过，唯独这事，不行。”

离开电脑桌，害怕自己把握不住。躺到床上，给女儿写了一封信。

《给女儿的一封信》

嘉：

你好！纠结了很久，终决定用书信方式来与你沟通。

自打你7月17日，在我俩去丽岛的路上，你以一种近乎“痞子语气”说你想“复读”，我便沦陷其中，每日不知所终。

我尝试着跟你探讨此事，可无论我说多少句话，你总能用你自己的理由强势地反驳我，其实，所有理由，无是无非，无对无错，但却彼此自相矛盾，这可能是你自己无从判断下一步从何开始的原因。

我不是不想说服你，而是因为：一则语言表达苍白，从来不是我的强项，我的语言组织能力差，即使组织好了，表达起来也可能背离初衷；二则，我本身就是一位讨厌他人说服我的人，怎么可能用这样的方式来说服你呢；三则，我不喜欢在你面前说“不”，就算我再不愿意，说“不”，难开其口。

正如，你满 18 时，我说过 18 岁，成人分水岭，你的青春你做主，人生重大的决策，只能由你自行掌控，作为家长，绝不能代替你做出决定。

然则，老妈我，内心一直所希望的你，是像我书中无数次描写的那样:淡然、平缓。每一步，不疾不徐向前，无需刻意，无需费劲，生命的历程，只要自己努力到了，就顺势而为。

人，这一辈子，沟沟坎坎，会很多。目前，你只是在一个相对狭小的家中调节自己的情绪，这样的通道虽小，但受众是你的父母，你怎么抒发，我和你老爸都不会计较。终有时日，你会颠簸在社会的浪潮中。那里，没有可依靠的人，没有可输出的对象，一切靠自己定力；那时的你，可能已经成熟，遇到多大的困境，都会铁肩自担，化坎坷于无形，不会让父母担忧。可，无论在家，在社会，我和你老爸，一定能感知你的喜怒哀乐，知道你所经历事事的不易。

年轻的我，也曾强势，总在不甘中纠缠，以为社会对己不公，总会与一些自认为比自己差却混得好的人去比，比来比去，既无力改变社会，反而把自己给比颓了。幸而，我终没有在现实中丢失自己，顺应环境的同时，我渐渐地找寻到了自己的喜好。

有一天路上，我对你说，我好像又没有了方向。你说，那你尝试着扩大自己的兴趣范围。这话，对我启发很大。我想来想去，试来试去，发现，码字仍是我当期乐于为之的事，一旦进入文字状态，我即心无旁骛，时间，变得易逝。

道理你比我懂得多，我年近半百，道理虽懂，但有时会刻意装不懂，而你懂。懂得多，就会权衡多，真不知是好是坏。

即使是信的方式，也只能点到为止，强势灌输非我所好，你非常明白我的想法，却总在挑战我的表达。如果不是因为面临选择，我本可以天天傻傻伴着你，笑着闹着，此刻，却因为这痛苦的选择，让我们都不知如何是好。

我不想七上八下地晃荡着，也不想左右你的思维，只希望这样的状态尽快过去，让我们开心地面对。

老妈

2012 年 7 月 23 日

（三）

悲情第一天:7 月 25 日

太不让人省心了。我之与嘉，思维出发点完全不一样。我想的最多的是结局，我害怕面对下一个结局。

上班不久，就待不住了，回到家中，在床上躺了一天。七想八想，告诉自己，女儿 18 岁，自己的青春自己做主，我无需自寻烦恼，劝自己尊重她的选择。

终在情绪回稳后，楼上的我，跟楼下的嘉发出信息。

同学，我快熬不过去了，尽管我坚持反对你复读，但我尊重你的选择，不想在忐忑中过日，别再问我意见，亮出你的决定。

嘉:我要复读。

我:去哪里，什么时候去?

嘉:这周之内，去黄红蓝。

我:那文化学校呢?

嘉:长沙的，这个可以暂时不定。

我:没有学籍怎么复读? 你跟谁去?

嘉:没有约人。

我:怎么去?

嘉:看时间安排，先清东西。

我:你必须直面你老爸。

嘉:我已经跟他说了。

我:自己的路，自己走好。

一个下午，我都在挣扎中度过，近 5 点多，我再向嘉发出信息:我想了想，要不先报个黄红蓝暑期班，跟着谢爹和张老师，边画一个月边考虑，行不?

嘉:好啊。

悲情第二天:7 月 26 日

一早，和嘉爸心情低沉，一句话也没有，如常上班。

在 QQ 与叶文竹聊天。

叶文竹:怎么了，没事吧。

“欢生喜心”（我）:我家宝贝想复读，我没有办法说服自己同意，太有个性了。

叶文竹:你不是每次都说会支持她吗，她是对自己不满意啊。

“欢生喜心”:是啊，是这样说的，但是，就是说服不了自己，她也没有理由让我接受。

叶文竹:人有时候就是矛盾的个体，可以说服所有的人却无法说服自己。

“欢生喜心”:是啊。

叶文竹:姐姐，不要难过，嘉做这个决定也需要很大的勇气，换作我真不敢。

“欢生喜心”:我也知道，但我本人很不接受高考，最关键的是广美已经很好，实在不清楚她想上哪所学校，她也没有确定的方向。

叶文竹:但您绝对是会支持她的啊。

“欢生喜心”:是的。

叶文竹:我懂您的难过。

“欢生喜心”:谢谢。

叶文竹:我妹妹高考就复读了。

叶文竹:第一次我妈妈比我妹妹还难过，好几天没有吃饭。我们对一件事情太在意就越难过。

“欢生喜心”:可是没有办法不在意的。

叶文竹:我很多时候会因为办公室的事情难过，但是我也总是和自己说 5 年后，这还算什么，亲爱的，时间会是最好的药。

“欢生喜心”:该来的都会来。

叶文竹:会好的，还有时间。

“欢生喜心”:但愿。

叶文竹:要不你先和嘉出去放松一下吧，过些天也许会有改变。

嘉爸来电，说：“嘉说你昨天答应去画室了?”

我："是，先去画一个月，画画时，再考虑考虑。"

嘉爸："那等她将东西清理好后，我们送她去画室。"

我："如果真的复读，我除了满足她基本需求，不会再过度关注，你也别再逼我注入更多的精力，所有一切，她自行完成。"

嘉爸："好。她说，她在校考时就想好了，如果发挥不好，就复读。她还说，到了大学，就是学习设计的时间了，再也不会系统学习画画的理论知识，就因为自己知道这些，还想再学一年。"

我根本不愿自己的小孩有所谓远大理想，甚至，说什么呢，说什么也都是多余的。

这一向，不能提复读话题，一提起，心就碎，泪便会不由自主地流。这个坎，我必须自行跨过。

我是因为太新潮，太强调自由与民主，所以才劝自己尊重嘉，无论这果儿是甜是酸，我都得吞，她终究要从我身上剥离下去，而她的成长，取决于我这棵"果树"的环境。如果我是被圈养的，那她会在日晒雨淋后，自行脱落或被人工采摘，两条路，无一例外，逃不了被自然或世俗蚕食；如果，我自己本就生在荒郊野外，那她在自生自灭中，瓜熟蒂落、肉身腐烂后，遇合适的环境，会生发出新芽，重新孕育出新的生命。（我把自己比喻成果树而嘉是果实）

一个小时，我想通了，会挤出些笑意，一个小时，某个情绪因子蹿出，眼泪即会浮满眼眶。

总告诉别人要坚强，轮到自己，却需无数次反复后，才靠着时间的力量从被迫接受到故作坚强，接着因忘记而显得坚强，最后，直观示人的便是。我本就是一乐天派，从来都是坚强的。煎熬中。

城轨营销的程部长来索书，强忍往外冒出的不良情绪，与她互聊与家人相处之道。她与我的性格有很多相似，开朗、大方、不拘小节，是外人眼中强势女人的代表。

QQ闪，有人加好友："我是L＊＊家里的，加好友！确认一下啰！"看见便心领神会，立加好友。新加好友"瑞雪"，11点多，来我办公室，知道嘉考上大学，特来贺喜。我自是拒绝，将理由委婉相告。作为妈妈，“瑞雪”特别理解。她说，如果嘉选择上大学，请一定通知她。

中午，又没有回曹家巷的家，我选择逃避，不去面对。我害怕面对嘉，害怕面对父母。不想让父母看到我的不快，更不想见到嘉时，强作欢颜。

跟嘉爸发了信息，告诉他我不回家吃饭，让他对我父母说我中午有饭局。他告诉我，昨晚吃饭时，他已经跟我老妈讲了嘉想选择复读的事。

我回复:无论他人如何作想，我坚决反对。

我知道，嘉爸该和我一样，不同意嘉选择复读，可基本素质要求我俩，只要是嘉的决定，一定要尊重。面对复读，挣扎的本不是我俩，而是嘉本人，既然她想通了，我们除了佩服，就应该还是佩服。

只是，嘉的理由太让我觉得牵强，我想对她说，如果你觉得自己绘画的基础不好，我可以每个假期都送你来黄红蓝集训。不必非得花上一年功夫，且再次遭遇高考。你只是想学画，而不是学一些无用的数理化，抑或无用的“八股文”。

中午，空荡的家中，躺在床上，任电视开着，思想在挣扎。

嘉一个人回家。我猜嘉爸大概将她送到楼下，就上班去了。嘉爸怎么想，我不可能一一透析，但，难过是一定的。一个家，一名高考生，好不容易，考了一所不错的学校，却因为莫名其妙的原因，要去复读。这情形，不易理解。而当事者，又是自己的孩子。我们无数强调，要尊重他人，用心倾听，站在他人角度思考问题……这一刻，变得很假，不理解、不包容、不赞成、不接受，不字当头，迈不过去。

上班的路上，我给自己作下结论:坚决不同意复读，无论时间如何推移。

坐在办公室，在空间中写下:遵从自己，也尊重他人。

我希望有奇迹发生，可奇迹发生后，几方的想法、行为、思维方式、追求、理想，又会产生何种变化，不知道，真的不知道。

像极了中国的美食，千人千面，没有统一计量，没有统一标准，有谁能找到正确方向?不摸索，不浪费，不坚持，不实验，如何成为百年老店?可百年老店对我们，有什么实在意义。维系一家百年老店，会牺牲掉多少代人的青春。什么都是赌，只有生到死，没有人会去赌，因为永远也赌不赢。

我的注意力完全无法集中，我的思维快速旋转，不知道事情何以至此，我在折磨我自己，我没有办法说服自己。

悲情第三天:7 月 27 日

凌晨 0:56，惊醒，辗转，思考着嘉曾跟她老爸说再读一年是为了打基础的话。掂量着找出驳斥理由。突然想到陪她写生的主意。于是操起手机，在这个凌晨发出:同学，你老妈我无法入眠，你跟你爸说去黄红蓝是为了系统打基础，绘画是熟能生巧的活儿，我陪你去郴州农村写生，如何?

6 点多，我在迷糊中感觉嘉爸醒了，翻了翻身，嘉爸轻问:你想通了吗?

我断然回答:“没有，不行。”

早上，在办公室。我还是不知如何是好。

只要有信息声，我便希望是嘉发来的，可惜，一条条看过，失望接着失望。

9:32，信息声，缓缓拿上手机，想着又是无聊信息。屏幕显示:没有老师和同学啊亲。

这是嘉对我凌晨信息的回复。

我不假思索（内心酝酿良久）地在手机上写:同学，画画是一件单调而具备纯个人体验的事，在画室有画室的优点，有对比有讨论，更有你追我赶;大学期间，虽孤独，虽无人指正，但却能做到平静开阔，专注个体的独特视野，真正达成自己想要的感受。如果你愿意，我可每个假期全程陪你写生练习。

嘉很快回复:打基础不是找感觉，何况上了大学肯定有假期写生。

见信，我一下短路，嘉要打基础正中我死穴，就是这点我无力说服她。

怎么办? 怎么回? 曾经黄礼攸老师的话出现，他说过，他反感高考用速描和画静物来考查学生，这容易让学生没有创新。

于是，我:记得黄校长说过，他很反感学生们对着静物写生，对着石膏画像，这容易将人变得约定俗成，这点你懂的。

嘉没有再回复。时间一秒秒地过着，我反复查看与嘉的短信，看着我自己写的黄校长那条信息。越看越觉得有“救命稻草”在向我招手。

拿起办公室电话，打电话给黄校长。

很快，电话那头听到黄校长熟悉的声音。我：“黄校长，我贾某某，有事相求。”

跟黄校长将原委道了一遍。黄校长说：“广美很好，我也不同意嘉复读，这样吧，你们这商量好后，来一趟画室，提前与我约定时间。我来跟嘉说。”

这一刻，N多天的阴霾瞬间散去了大半，我的眼泪又一次夺眶而出，激动啊，我觉得这可是一条能让嘉回归的渠道。老天，保佑!

激动过后，我有了与嘉对话的冲动，几天来，第一次敢于拿起电话，打向家中。铃声响了多遍，嘉低沉着回应：“喂。”

“同学，是我。”声音一下哽咽。嘉：“哦，怎么了。”

“要不，我请黄校长出面，听听他的意见，如何?”我说。

“要是你事先跟他讲好你的意见，还有意义吗?”嘉超前感知。

“黄校长决不会只关照我的意见，我们一起听听他如何说，好吗?”我恳求道。“随便你吧。”嘉丢下这么一句。

“好啰，那我约好黄校长，我们一起去画室一趟。”

“随便你。”

持续的无欲，什么欲都没有，包括食欲，压根不觉得饿。

中午下班，拖着酸腿回自己家，丢下包，扔身上床。似乎只有平躺，才能感知呼吸。嘉爸发来信息，说有应酬，不回家吃饭。

嘉如常去曹家巷吃饭。饭后回家，我俩依旧不言不语。

实在无地方可去，下午，只能选择到办公室。关着门，泪水狂流，无法止住。好在，周五的下午，档案馆的来往的人不是很多，无人瞧到我的丑态。

下午完成了一件事，跟嘉爸和黄校长商量好，周六，10点去画室，黄校长约见嘉，面谈。

撑不下去。关上办公室。回家，又躺下。

晚餐前，嘉离开家前，居然主动唤我：“老妈，你去吃饭不?”

这是否在预示一种迹象？当时，我丝毫没有预料到。不知道如何回答。

片刻，对嘉说："我随便煮点饺子吃，不去曹家巷，你跟奶奶说，我没事，只是有应酬。"

傍晚时分，金色的夕阳洒落床边，伴着我滚滚的泪水。

思绪纷飞中，给嘉发出信息：同学，每时每刻，我都逃不开复读的话题，无时不刻在想理由。我相信你如复读可正常发挥，即便不佳，你也有承受力。问题是，踏入画室，随着基本功的增加，脑袋中还会刻入联考、校考、高考这一系列体制模式，而这，极度扼杀人的个性。你已经凭自己的实力摆脱了体制约束，为何又要走回头路呢？

这次事件，不论结果如何，我已见识了独立思考的你和一个脆弱的我。尤其是我，丝毫经不起任何考验，拜托了同学，请加入考虑你老妈的感受。

可想而知，无回复。

嘉在曹家巷吃完饭，回家。嘉爸随后回家。嘉爸："别睡了，起来散步去。"

问嘉去散步否，嘉拒绝。于是，我和嘉爸，走向田心立交。

翁老师来电，他知道嘉有复读的想法，我给他发出过求援的信息。翁老师问嘉状态如何，我们谈得怎样。我说，黄校长答应，明天约嘉面谈。翁老师说，那我就放心了，黄校长出马，一定没有问题。

散步回转时，老妈来电。带来好消息。她说："嘉晚上情绪很好，当我劝她别复读时，嘉说，放心吧，奶奶，我不会复读的。而且，嘉出门时，还跟我们说，你们明天去长沙。我问，是去报名复读吗，她回答，不知道我老妈搞什么名堂。"

听到这，我真的难以置信。我对老妈说："不可能吧，她真这么说的？"老妈肯定回答我："是的。"老妈还说："我跟嘉说，当你提出复读想法时，我的心都要跳出来了。"嘉回答："奶奶，不可能吧。"我对嘉说："真的，不骗你的。"嘉坦然回答："没有那么严重吧。"我问嘉："你老妈最近不吃饭，是不是因为你要复读啊。"嘉说："可能吧。"

放下电话，我对嘉爸说了跟老妈通话的内容，嘉爸满脸狐疑："不可能吧。"

“是啊，我也不相信，不会来得这么快吧。”我说，“不过，从早上嘉答应我去见黄校长，我就觉得天好似渐渐变亮。”

不管怎样，种种迹象表明，一切，正在好转。

（四）

7 月 28 日，黄校长的开导

嘉爸安排好其他工作。一家三口，8:40 出发，取道长潭西。快到黄红蓝时，我拨通黄校长电话。

到画室不久，黄校长也到了。他带着我们到行政校长张校长办公室，开始与嘉对话。

黄校长说，他昨晚听一毛说嘉想复读，虽不知道什么原因，但是坚决反对。他说，如果嘉考了某些美院，他可能会劝嘉复读，但广美是所很好的学校。黄校长列举了他在广美的同学及学生的事例，讲广美的优势，讲广州这座城市的包容性和开放性，讲广美学生所拥有的诸多学习、考察、实习机会。对比九大美院的优劣时，黄校长说，艺术设计领域，南有广美北有清华，这说明，广美艺术设计即宽且强。在造型方面，央美则具有不可比拟的优势，但嘉学的是艺术设计，而且所录的专业，是超前且热门的专业，不可放弃。

黄校长说：“许多人，使出浑身解数，只为进广美，而你，考上了，却想放弃，怎么想的？”

嘉说：“其实我也没怎么想，就是想复读而已。”

黄校长又说：“高校只是一个平台，或说是一张壳，内核还是个体。壳再好，个体不发力，毫无作用。你已经到了一个很高的平台上，已经跳出没有思维创造的应试模式，却还想回来，说句不好听的话，是虚荣。”

说及理想，黄校长问嘉的理想是什么，嘉说，没有理想，上不上大学都无所谓，只是喜欢漫画而已。

说到漫画，黄校长讲得颇有些意外。虽说，他是艺术圈中人，但对漫画，知之甚少。他提到老一辈漫画家华君武，说画漫画都不是主业，画者自有固定职业，只不过因为喜欢，所以才画，纯属兴趣爱好。

黄校长还说了一句让我都吃惊的话。他说，学漫画很幼稚。

7 月 29 日，游离中

嘉叹了一天的气。

我知道她有心事，没有理会她。等待她开口。终于晚上，家中，电脑前的嘉唤我。

主动唤我，好讯息。我非常开心，跑到她面前。

嘉问："老妈，学校什么时候开学?"

我："9 月 5 号。"

嘉："我要去画室画画"。

我："好呀。"

嘉："你帮我在外面租房吧。"

我："那不行。我不放心。"

嘉："没事啰。"

我："除非有人与你合租。再说，你只去 1 个月，房子不好租的，这样吧，我回头跟禹打电话，请她帮忙，我们在画室包一间房，如何?"

嘉极不情愿，说："去租啰。"

我："我不放心。我会跟禹说，让她单独发通行证，自由出入画室，好不?"

嘉不再理会我。

7 月 30 日，父母的误会

上班，将档案馆扩容的可行性报告写毕，电话给禹。说嘉想去画室一个月，请她调剂。快下班时，禹告诉我，已经安排妥当，让我们去画室找唐主任。画室安排嘉住代队老师房间。房间很脏，需要做卫生。另，如有代队女老师需临时留宿，可能会与嘉同房。我非常爽快地说好，感谢禹。

跟嘉汇报了画室方面的安排，嘉无言。跟嘉爸信息说清了嘉的想法与画室的安排，嘉爸回信说好的。

中午时分，在曹家巷吃饭，跟父母说，将嘉在学校读书的垫被拿出来，我有用。父母满眼狐疑，但没有问什么。我不太想将嘉去画室的事又一次拿出说，因为当着嘉的面跟父母解释怕刺激她。

晚饭后，拿着垫被离开父母家时，我才抛出一句："嘉后天去画室。"

我知道，父母肯定以为嘉是去复读。也后悔没有能在下午时分打电话给父母。但这时依然不是解释的时候。

回家放下垫被，我对嘉说出去散步，拿着手机下楼。其实，我想跟父母说清楚嘉的决定。可惜，电话打过去，他俩已经出门散步。而后，我渐忘了此事，由此，让父母提心吊胆了一晚。

7 月 31 日，尘埃落定

早上，办公室。老妈来电，询问嘉去画室怎么回事。我说嘉只是去画一个月的画，使自己在色彩方面巩固基础，不是去复读。老妈长舒一口气，说她和老爸昨晚一夜未合眼，以为嘉仍坚持复读。我道歉地对老妈说，昨晚我准备给你们解释来着。老妈又补充道："尤其是你老爸，失眠还加上噩梦，呃，一个晚上呢!"

我说，没事了，我同意送嘉到画室，画一个月，也跟禹沟通好学习和住宿问题。老妈放心地放下电话。

多余的话

心神不宁的阶段，应该算过去了。

可令我大踏步向前迈步的那个方位在何处?

这个 7 月，史上最为纠结的一个月，让我将怀疑这个词注入心房。

首先怀疑一种引导模式，再怀疑成长模式，接着是怀疑沟通模式，棍棒教育、赏识教育、圈养、放养，哪种适合哪类人，想不明白。

《不疾不徐》完成，嘉也放弃了复读的念头。我，重回困惑期。对嘉说："同学，你老妈我即将步入无序自由状，我该怎么办?"嘉："你尝试着扩大兴趣面嘛，抑或去看书?"我："我正在读高晓松的《如丧》，试图从他狱中写的文章中找寻。"嘉："如丧? 什么丧?"我："丧失的丧。"嘉："丧尸? 老妈，我们想的肯定不是一个词。”我：“丧失会不是一个词？怎么会?”嘉：“你一讲丧失我就想起了《生化危机》中的‘丧尸’”。我：“尸体的尸?”嘉：“是的。”我：“什么意思?”嘉：“你没看过《生化危机》?”我：“没有”。嘉：“丧尸是人类受 T 病毒感染的产物……”

我，表情附和她，频点头，频说“哦”，一副以为听懂状。内心开起了小差。

嘉——我抽风的最佳对象，我开怀大笑的最好玩伴，我整合语言能力的最强对手，我下笔生风最愿拾掇的素材来源，若她起程进入大学时代，我不知我能否维系能量守恒，保持嘉在我身边时的那个我。

（完）

# 拂了一身还满

一个人，认定了某种风格，就像沾染上了某种习惯。

我所做书的系列就是如此。这第四本书，虽是以女儿高考为主，但通体刻着我的思维烙印，难改积习。

前言《找自己》、《不疾不徐》完成，这后面的写作如期而至。标题早已确定，素材已俯拾皆是，剩下的是揉捏它们成型。

然则，几番正视标题、重读素材，矛盾、顾虑和不安齐聚心头，平日里信手拈来的整合本领，顿失。

先说标题。自 2011 年 12 月 31 日，联考开始，艺考生系列故事一一呈现在我的眼前。一个局外人，如果不是血肉相连的缘故，艺考的空间即使全裸开放，也无心关注，艺考的一切，是与非，不会激起我任何兴趣。而上苍，偏喜与我玩笑，硬是生生在我不惑之年刨出一“天坑”，将一个与我全无关联的行业，借女儿暂不可逆转的喜爱，让我一点点奔“坑”而去。

湖南 2012 年冬春，非常有特色，绵绵雪雨，雨雪绵绵。一次联考，七场校考，我伴着嘉，穿梭在湖南师大，与“花花绿绿”的艺考大军为伍。

记得第一场校考川美，2012 年的第一场雪，元月 15 日，雪花曼妙起舞。那日，站在师大工学院旁的体育馆外等嘉，见到嘉时，她正跟同学共伞，揽嘉入怀，手触及她灰色布棉衣，全身湿润润，询问才知，她早晨没有赶上校车，慌忙中未带伞，搭了黑车，赶到考场。

雪越来越大，我已将伞全数护着嘉，仍未能挡住翻飞的雪花“亲吻”她，一手拿伞，一手忙着掸去她身上的雪花，孰弗知“拂了一身还满”。儿女情长的愁惨状，袭上身，刹那间李煜的“别来春半，触目柔肠断。砌下落梅如雪乱，拂了一身还满……”入得脑海。

“拂了一身还满”，漫漫艺考路的真实写照。

再说素材。此后的征途，我如实记录了每一次事件或遭遇，每遇不平、每遇伤感，即刻提炼。回看后记素材，满当当全是泄愤与阴郁。“什么东西，只要深了，都是一把刀”，我对艺考的认识就是这样。人都有一种特质，谈自己，愿意说好，写负面，定涉体制或他人，我知道这样有失偏颇，内心为文恪守的原则：“只及自己，少及其他。将经历本真呈现。多顾及真善美，删除假丑恶。”基于此，在连贯的苦笑中，看一段，删一段；看两条，删一双。让曾经阻碍我向善的文字“恰似一江春水向东流。”

这个世界暗藏着不幸的定律：“减肥的胃和挨饿的胃看起来完全一致，脸皮薄的人反而最像无耻者。”生活中有太多冷酷到残酷的教训，久而久之，人容易什么都不信，尤其对美好的存在难以置信。纷繁的世界，很难平常心，很难不卑不亢，做到客观与从容。我知道，那些删除的我以为不堪的片断与事件——事实也许不是这样。

我的认知，永远存在缺陷。

2012 年 6 月 14 日

碰巧了。

碰巧嘉高考这年，她的这位傻、大、空的老妈正喜欢码字。

就像嘉喜欢画画，却并非定选其成为将来职业一样，我的字码着也没有目的。没有目的，不受约束，文字才能由自己掌控。文字带走时间，带来每日心安。

乍看成书的缘由，似乎是讲述一个高三学生乃至一个家庭的熬战高考的点滴，其实，只有记录者自己知道，这书中内容，都是在写一个人在中年的妇女，如何对赌时间的故事。时间嘀嘀嗒嗒，个人走着写着，饱满而独立精神时常呈现文字当中，不经意累积着，蓦然，达成书的厚度，主题，也悄然生成。

重复地审视自己的文字，在为其定文名时，我确认，它是在以自我为中心，偶及其他。很多次写作中，我都在问自己:你想要什么？爱自己？还是爱他人？

我是一位自我感觉超棒，但行为举止有些夸张的老妈，而嘉却是一位貌似“御宅”气质，平缓淡然的女生。

人到中年，因为社会角色、家庭角色的需要，一点点地出卖自己，成全别人，导致不开心。到最后，最难忠于的人变成自己。女儿高三这年，触发我重生，怎么面对中年，如何处理中年危机？在这里，好像找到了自己的定位，尽管这个空间很狭小，但总有自我存在。

通勤 3 个月，我傍着嘉，从她身上求安慰、求乐活、求力量。傍晚，华灯初上，孤单的我，行走在长沙街头，将这个朦朦胧胧、细雨翻飞的春天，点点滴滴绽放在《通勤的日子》当中。渐渐成型的文字，令一个没有归属感的中年妇女，有些许的快乐与温度。

曾经不能逾越的坎，到尾部却觉易如反掌。究竟是过程重要还是结果重要？只有跳开事件本身，才能观照对未来的影响。人，喜欢什么，去做就是，用个人的能力，个体能掌控的条件，排除内心障碍，坚持。唯有坚持，才有收获。

因为坚持，才有书的轮廓突显、才有成书的冲动、才有继续的动力。不过，后期，一次一次校稿中，已全然做不到书写时的宁静，又写、又校、又成书，酷似一种慢性折磨。

正文打印完毕，我对嘉说：“同学，我将《不疾不除》整理，打印，哇，300 多页呃。”

嘉：“嫌厚你就删一点嘛。”

我：“我已经删了很多，再删就舍不得了。”

《一花一世界》，本为多余的篇幅，只因我在《拂了一身还满》中删除了太多，作为补充，努力为之。

女儿为书，推波助澜，没有她对喜欢东西的追求，我不可能坚持。希望社会，给有爱好的孩子，营造纯粹、干净的环境。

2012 年 6 月 15 日